Oficina Iuris

Oficina Iuris

DIREITO PENAL – VOLUME I

2023

Bruna Capparelli

ALMEDINA

OFICINA IURIS
DIREITO PENAL – VOLUME I

AUTORA
Bruna Capparelli

CONSELHO CIENTÍFICO DA COLEÇÃO *RATIO IURIS*
Alexandre Miguel Mestre, Anja Bothe, Armindo Saraiva Matias, Bárbara Lobo, Bruna Capparelli, Manuel Monteiro Guedes Valente, Maria Constança Urbano de Sousa, Maria João Guia, Pedro Trovão do Rosário, Ruben Bahamonde Delgado

EDITOR
EDIÇÕES ALMEDINA, S.A.
Avenida Emídio Navarro, 81, 3D
3000-151 Coimbra
Tel.: 239 851 904 • Fax: 239 851 901
www.almedina.net • editora@almedina.net

DESIGN DE CAPA
EDIÇÕES ALMEDINA, S.A.

PRÉ-IMPRESSÃO
EDIÇÕES ALMEDINA, SA

IMPRESSÃO E ACABAMENTO

Junho, 2023

ISBN
978-989-40-1283-2

DEPÓSITO LEGAL
...

ALMEDINA | GRUPOALMEDINA

Aos alunos dos cursos de Direito

ÍNDICE

PARTE II
CASOS RESOLVIDOS

PARTE III
CASOS NÃO RESOLVIDOS

APÊNDICE
ARGUMENTOS DA PARTE GERAL RELEVANTES PARA A ANÁLISE DOS CASOS

AGRADECIMENTOS

É difícil agradecer a todos aqueles que contribuíram para amadurecer as minhas ideias, os estímulos e as reflexões trazidas neste livro.

Durante meu caminho académico, tive a grande sorte de encontrar pessoas extraordinárias que apoiaram-me, fizeram-se em quatro pelo meu crescimento professional e humano, inspiraram-me e enriqueceram-me com as suas intuições, competências e carinho. Muitas dessas pessoas se tornaram não somente colegas, mas também amigos, os quais encontro com assiduidade. Com todas elas tenho uma dívida indescritível. O Professor Manuel Valente acolheu-me na Universidade Autónoma de Lisboa, instituição com a qual tenho o privilégio de colaborar e onde conheci pessoas excepcionais. Apoiou, favoreceu e acompanhou, desde o primeiro instante, o projeto da *Oficina Iuris* e incentivou-me a perseguir uma missão social naquilo que eu faço quotidianamente.

O Emanuel Carvalho, com seus conselhos sobre como implementar o projeto da Oficina e com a sua colaboração ativa na revisão deste livro, me ajudou muito mais do que eu pudesse esperar.

Além disto, em relação aos muitos alunos que, ao longo destes anos, me foram confiados, tanto em Portugal quanto na Itália, tenho um especial sentimento de gratidão. De facto, é graças a estes encontros didáticos que pude reorganizar as ideias e os instrumentos trazidos neste primeiro volume.

Sobretudo para mim foi fundamental me circundar do apoio institucional da Universidade Autonoma de Lisboa e, em particular, do Doutor Reginaldo de Almeida e do Doutor Pedro Trovão do Rosário, que contribuíram a concretização deste projeto.

Tenho, também, um grande reconhecimento aos colegas e amigos Professor Luís Greco, da Universidade de Berlim, Professor Paulo Pinto de Albuquerque, da Universidade Católica Portuguesa, que mais do que outros me forneceram noções de partida com as quais pude desenvolver a minha abordagem pessoal da *Oficina Iuris*, e Professor Mário Ferreira Monte, da

Universidade do Minho, que, inclusive, prefaciou com grande generosidade o livro.

Um agradecimento especial também a equipe da Editora Almedina que organizaram todas as fases do trabalho com grande profissionalismo.

Bologna-Lisboa, 9 de maio de 2023

PREFÁCIO

Este livro, com o título apropriado de *Oficina Iuris. Direito Penal*, no seu primeiro volume, é o resultado do trabalho da Doutora Bruna Capparelli, docente na Universidade Autónoma de Lisboa (UAL), na lecionação do direito penal, nomeadamente nessa instituição.

Trata-se de um esforço de concretização casuística com utilidade didática de muitos tópicos teóricos do direito penal.

Como explica Bruna Capparelli, aplicar os conhecimentos teóricos aos casos reais nem sempre é fácil. De modo que a ilustração dos conhecimentos, em momento de lecionação, com casos, vem a ser – sempre foi – muito relevante no ensino do Direito. Tenho mesmo a ideia – talvez nem sempre acompanhado... – de que são tão importantes as aulas práticas como as aulas teóricas e, por vezes, aquelas podem ajudar a melhor compreender estas ou, o que seria desastroso, a confundir os fundamentos teóricos – quando não são bem preparadas. Imagine-se que se explica o conteúdo e o alcance dos crimes agravados pelo resultado, mas depois dá-se um exemplo prático, e na explicação, utiliza-se a figura do crime preterintencional para o solucionar. Não só confundiria o estudante, como passaria uma mensagem errada. Isso seria completamente indesejável. E o contrário também é verdade: uma boa ilustração prática permite compreender com mais facilidade certos conceitos e institutos por vezes densamente teórico-dogmáticos. Dou um exemplo: mais do que muitas palavras, para explicar a diferença entre o erro sobre a factualidade típica, quando este incide sobre proibições, e o erro sobre a ilicitude, pela experiência que tenho, é muitas vezes com dois casos que se torna clara a distinção.

Já não é a primeira vez que aparecem coletâneas de casos práticos. Tenho sempre o maior apreço por tais iniciativas, até porque nos inspiram na preparação das nossas aulas. Mas não são suficientes. Não basta enunciar casos. É necessário apresentar a sua resolução. Também já temos alguns exemplos deste esforço. Mas o livro que tenho a honra de prefaciar vai ainda mais longe e torna-o verdadeiramente original: enuncia os casos, apresenta a sua resolução, mas previamente explica o método dessa resolução.

Portanto, este livro é triplicemente importante: tem uma base teórica muito relevante; tem uma escolha e respetiva solução de um grupo exemplar de casos; e sugere metodologias de resolução de indiscutível utilidade.

De facto, apesar do escopo didático vocacionado à resolução casuística, o livro tem um objetivo ainda mais nobre: servir à compreensão de conteúdos teóricos. Por isso, utilizar este livro é aprofundar muitos conceitos, institutos e princípios do direito penal.

Depois, não é fácil selecionar exemplos que ilustrem aqueles tópicos teóricos. Não podem ser tão complexos que se tornem imprestáveis; mas também não podem ser tão simples que se tornem irreais. É que, muitas vezes, a realidade esconde uma certa complexidade que vai muito para além do trivial "Suponha que A matou B...". Por isso, a escolha e seu enunciado já obriga a um esforço não pequeno e muito menos desprezível. Ora, o que este livro demonstra é que houve um trabalho insano para cumprir este objetivo. De tal modo que o título da obra faz justiça a esse esforço: *oficina iuris*!

Finalmente, o método, *rectius*, a escolha dos métodos para enunciar e resolver tais casos é naturalmente de crucial importância. E aqui podemos dizer que a proposta é muito criteriosa: são enunciados os vários passos de abordagem de cada caso, com explicação de cada um. A sequência que é sugerida não é aleatória. Ela tem um duplo fio condutor: por um lado, os passos práticos a serem seguidos; por outro, a sistematização ligada à dogmática jurídico-penal. Esta segunda vertente é sobretudo relevante no quarto passo: "a análise de cada figura de crime prospetada". Primeiro, os elementos objetivos, depois, os subjetivos, percorrendo todos os pertinentes até chegar às condições de punibilidade ou não e às causas de extinção do crime. Não só é feita a escolha desta sistematização, como são explicados os elementos de cada etapa desta sistematização. E aqui está fundamentalmente o grande valor teórico do livro.

Depois da escolha e respetiva explicação dos métodos e recursos a serem utilizados na resolução dos casos, a obra segue com um conjunto de casos onde são aplicados aqueles métodos. Duas palavras se impõem aqui.

Destaca-se em primeiro lugar a criatividade dos casos. Ensinar não pode ser uma tarefa enfastiante. Nem para quem ensina, nem para quem aprende. Todos sabemos – já o experimentámos, quer como estudantes, quer como professores – que se pode ensinar com o mesmo rigor e a mesma qualidade, quer se usem casos tradicionais, que cumpram certos cânones de uma certa rigidez social ou cultural, quer se usem exemplos mais criativos e até com uma certa dose de humor. Pois bem, os casos aqui escolhidos, além de cumprirem exigências de rigor, são interessantes, porque são criativos. Desde logo, pelos títulos, mas sobretudo pelo conteúdo.

É igualmente de salientar o esforço de abrangência temática dos casos. Não é fácil. Mas foi bem conseguido. Não são exaustivos. Mas não podemos esquecer que este é o primeiro volume. Naturalmente que outros casos virão que implicarão outras matérias que não podiam caber agora. Mesmo assim, já temos um leque muito apreciável de tópicos.

Por todas estas razões e outras que aqui não cabe pormenorizar, percebe-se que é um gosto muito grande para mim prefaciar um trabalho desta natureza. Mas não só. A Doutora Bruna Capparelli é credora da nossa maior admiração. Vejamos.

A Autora, ainda antes de se licenciar, foi premiada como estudante de mérito. Licenciou-se com *summa cum laude* na Universidade de Bologna, por onde se doutorou em 2018, em processo penal, mas também em dupla titulação com a Pontifícia Universidade Católica do Rio Grande do Sul (PUCRS), em ciência criminal. Tem colaborado com várias universidades de prestígio, entre as quais a universidade de Bologna, mas também com a Universidade Autónoma de Lisboa, onde é investigadora do *Ratio Legis*. É igualmente investigadora integrada do Centro de Investigação em Justiça e Governação (JusGov) da Universidade do Minho. É autora de numerosas publicações científicas, que aqui não cabe detalhar. E uma nota pessoal: sendo italiana, tem tido com a comunidade jurídica de língua portuguesa – sobretudo no Brasil e em Portugal – uma interação muito relevante. Num mundo cada vez mais globalizado, é muito importante esta visão cosmopolita. Ganha a Autora, mas também ganhamos nós. Veja-se que, neste livro, em muitas passagens, Bruna Capparelli nos traz ilustrações jurídicas do direito italiano. Por isso, tendo em conta a sua experiência pedagógica e a sua já demonstrada capacidade científica, cremos que o Leitor se sentirá confortável com esta proposta metodológica de abordagem do direito penal através da análise de casos paradigmáticos.

Como se vê, a experiência pedagógica e causídica, casa-se perfeitamente com o desenvolvimento de estudos científicos, o que acaba por ser relevante para uma obra desta natureza. Estou certo de que ela vai contribuir positivamente para o estudo e a aplicação do direito penal.

Lisboa, 4 de maio de 2023

Mário Ferreira Monte
Professor Catedrático.
Investigador Integrado do Centro de Justiça
e Governação da Universidade do Minho (JusGov).

INTRODUÇÃO

Entre as principais dificuldades que se apresentam ao estudante de direito penal identifico a aplicação aos casos reais das noções teóricas, muito refinadas, que são ministradas nos cursos e manuais da nossa disciplina.

Acontece com todos os estudantes e tenho, hoje, bem presente na memória essa dificuldade de aplicação, que surgiu logo após a formatura. Após meses de intenso estudo sobre, por exemplo, o nexo de causalidade, o dolo eventual, o concurso de pessoas no crime e o concurso de crimes, bastava uma pessoa amiga ou parente pedir uma opinião sobre um caso divulgado no (tele)jornal, sobre o qual toda a comunidade estava a discutir, e, de repente, todas aquelas noções se confundiam mentalmente de forma indistinta, dando a sensação de que se tinha esvaído o conhecimento sobre a aplicação das regras de direito penal à realidade.

Essa dificuldade advém, como se explica de modo breve, do ensino do direito ser marcado, na maioria das faculdades europeias, por um cunho essencialmente teórico. Tal explicação vale tanto para os cursos básicos do direito penal, nos quais se ensinam e se estudam os conceitos abstratos, por exemplo, de nexo de causalidade, de dolo, de antijuridicidade, de culpabilidade ou do concurso de pessoas no crime, como se estende aos cursos da parte especial, na qual é explicada os vários tipos legais de crime, oferecendo-se de exemplo o crime de homicídio, o crime de furto e o crime de apropriação indevida.

Entretanto, a realidade apresenta-se muito mais complexa e até mesmo confusa em relação às teorias abstratas. A realidade é *messy*, diriam os anglo-saxónicos. Quando confrontados com um caso concreto encontram-se muitas *nuances* e dificuldades inesperadas, que os manuais – e, às vezes, os comentários jurisprudenciais, ainda que sejam bastante analíticos – nunca dão uma resposta.

Não é de se admirar, então, que um estudante de direito fique perplexo diante um caso real. E sinta uma sensação de desorientação quando, após a formatura, entrar num escritório de advocacia ou num tribunal para efeitos de estágio e for confrontado, no momento em que manuseia o código de direito penal e processual penal, com a dificuldade de identificar as disposições substantivas e processuais aplicáveis ao caso concreto, sendo possível que nunca tenha ouvido falar das mesmas, mas que um advogado ou magistrado experiente está apto para as reconhecer de modo preciso e imediato.

Sempre pensei, então, que para preencher, ou pelo menos reduzir, essa lacuna entre o ensino universitário e a prática, a técnica mais eficaz passa por confrontar imediatamente o aluno – desde as suas primeiras abordagens ao direito penal – com a análise de casos, com vista à aplicação das regras e princípios que lhe são gradualmente ensinados.

Afinal, a matemática é ensinada não apenas com teoremas, mas também e, principalmente, com os problemas, aos quais os teoremas devem ser aplicados. E o mesmo deveria valer para o direito.

*

No entanto, falando em *estudo do direito através dos casos*, surge uma alternativa fundamental. Por um lado, existe o método que podemos associar à matriz *anglo-saxónica*, que se baseia no estudo de *casos já decididos*, isto é, em julgamentos de jurisdições superiores, que são fornecidos ao aluno através de manuais especiais de *cases and materials*, com os quais se estimula uma discussão crítica apresentada durante as aulas ou seminários, ou mesmo em trabalhos escritos exigidos para avaliação do aluno. Por outro lado, existe o método de matriz *germânico*, que convida o aluno a trabalhar em casos que *nunca foram decididos*, ou seja, em casos fictícios, mesmo que muitas vezes aqueles sejam livremente extraídos de casos reais e concebidos por professores para fins didáticos, de forma a que o aluno adquira a capacidade de aplicação das regras e dos princípios ensinados durante o curso e apreendidos no estudo do manual.

Sem subestimar a importância do estudo crítico das decisões da jurisprudência, sempre pensei que o método germânico é particularmente proveitoso para o aluno, que é estimulado não (apenas) a refletir criticamente sobre soluções predeterminadas, mas também a *encontrar* por si só – no exato espírito da *inventio* medieval – as normas que devem ser *interpretadas* e *aplicadas* ao caso concreto.

Desde os meus primeiros anos de ensino, estruturei o curso com o objetivo de apresentar aos alunos, o mais rapidamente possível, a análise de casos problemáticos. Em suma, incentivá-los a manusear o código, a identificar as normas adequadas, compreendê-las, desfazer os seus nós exegéticos e, finalmente, alcançar as soluções plausíveis para o caso – por exemplo, *X* é punível pelo crime *Y*? ou terá que responder pelo crime *Z*? ou poderá ser absolvido?

Esse método, acredito, é a melhor forma de transportar o aluno para a relevância prática do que lhe é ensinado e, ao mesmo tempo, despertar o seu interesse pela matéria, que se torna, assim, uma chave extraordinária para compreender a realidade que lhe vai sendo continuamente apresentada pelos meios de comunicação.

Por outro lado, a recusa de avaliar o aluno somente com base em conceitos teóricos nunca, recorrendo ao adágio popular, perturbou o meu sono. O aluno que *sabe* trabalhar com os casos necessariamente *conhece* os princípios do direito penal, mas também tem a capacidade de usar os princípios como ferramentas para ler com inteligência as regras do código e aplicá-las a casos concretos.

*

Dessas experiências pessoais nasceu a ideia de escrever um livro para assentar e compartilhar com colegas e alunos de outras universidades, alguns dos frutos dos meus sete anos de ensino, inspirado por uma abordagem *de casos* associados aos grandes problemas do direito penal.

Na redação deste volume, a fonte de inspiração e modelo encontra-se na vasta literatura didática de língua alemã, infelizmente pouco conhecida, que apresenta casos e soluções de direito penal[1], de todos os níveis: elementar,

[1] Limitadamente as obras de parte geral do direito penal, destinadas aos alunos do curso de base de direito penal, v.: W. BEULKE, *Klausurenkurs im Strafrecht I (Ein Fall– und Repetitionsbuch für Anfänger)*, C.F. Müller, VI ed., 2013; T. DRÄGER, E. RUMPF- ROMETSCH, *Die Fälle. Strafrecht AT, Fall-Fallag*, VIII ed., 2019; U. EBERT (Hrsg.), *Strafrecht AT – 16 Fälle mit Lösungen*, C.F. Müller, 2003; K.E. HEMMER, A. WÜST, B. BERBERICH, *Die wichtigsten Fälle zum Strafrecht AT, Hemmer/Wüst Verlagsgesellschaft*, XII ed., 2020; E. HILGENDORF, *Fälle zum Strafrecht I*, C.H. Beck, IV ed., 2020; T. HILLENKAMP, K. CORNELIUS, 2 *Probleme aus dem Strafrecht Allgemeiner Teil, Vahlen Franz*, XV ed., 2017; H. KUDLICH, *Fälle zum Strafrecht Allgemeiner Teil*, Vahlen Franz, III ed., 2018; H.J. RUDOLPHI, *Fälle zum Strafrecht.* AT, C.H. Beck, V ed., 2000; R. SCHMIDT, *Fälle zum Strafrecht* I, Verlag Dr. Rolf Schmidt GmbH, VI ed., 2018; W.F. SCHNEIDER, *Fälle Strafrecht Allgemeiner Teil*, Alpmann Schmidt Verlag, VIII ed., 2019; W. SCHWABE, *Lernen mit Fällen. Strafrecht Allgemeiner Teil*, Boorberg, R. Verlag, XI ed., 2020.

avançado e "profissional". Tais casos visam preparar gradativamente o aluno para os exames universitários (*Klausuren*) e, posteriormente, para os exames estaduais, sendo este um passo necessário e comum para o acesso a todas as profissões jurídicas tradicionais (advocacia, judiciário e notariado).

Todos esses exames realizados na Alemanha baseiam-se na análise de um caso fictício, que se torna cada vez mais complexo à medida que o candidato avança no estudo do direito penal. A superação dos exames pressupõe a aquisição pelo aluno não apenas de noções abstratas, mas também – contemporaneamente – de uma técnica segura para enfrentar todas as questões que o caso propõe. Por sua vez, o domínio desta técnica pressupõe um prévio exercício assíduo por parte do aluno. Nesse ponto, Werner Beulke – um dos indiscutíveis mestres da literatura didática do direito penal alemão – recomenda que o aluno, na preparação para as provas universitárias, dedique metade do tempo à teoria e a outra metade aos exercícios de resolução de casos[2].

Então, tentamos propor algo semelhante, também, na academia universitária portuguesa. Ao certo, pretendemos apresentar não um volume de *casos e materiais* ao estilo anglo-saxónico, mas uma colheita de casos fictícios construídos *propositadamente*, embora às vezes livremente inspirados em eventos reais, de modo a ajudar o aluno a *reconhecer* os problemas que está a estudar contemporaneamente no manual e durante o curso, e a aplicar as regras do código em face dos princípios ilustrados na teoria. Cada um deles é seguido por uma análise detalhada, que percorre todas as etapas que o aluno deve idealmente realizar para apreciar o caso na sua totalidade, incluindo todas as componentes relevantes das normas pertinentes do código penal, com vista a dar resposta à seguinte pergunta fundamental: quais os possíveis tipos de responsabilidade penal atribuídos a cada pessoa envolvida nos casos.

*

Falar de *técnica do direito penal* levantará, de modo provável, algumas resistências, principalmente para aqueles que consideram o nosso ramo do direito uma ciência "especulativa". A minha impressão é, no entanto, que a referência feita, também, a essa dimensão do direito é conveniente. A tradição de nosso ensino jurídico concentra-se em *princípios* e na análise detalhada de

---

[2] W. BEULKE, *op. cit.*, p. 1.

questões difíceis e limítrofes. Mas, o quotidiano do direito penal é constituído, também, e sobretudo, por questões fáceis, que permitem uma solução única e que exigem, sim, ser enfrentadas e decididas de forma unitária e coerente, no interesse da justiça, visto que visa garantir soluções iguais para situações semelhantes. E para reconhecer o caráter *fácil* de uma determinada questão, é necessário possuir uma técnica sólida, que permita enfrentar com confiança e rapidez uma série de problemas de subsunção que cada caso apresenta, para, então, poder dedicar a justa atenção ao exame de questões realmente difíceis.

Os casos que delineei alternam entre questões fáceis – sendo a maioria – para as quais é possível imaginar uma única solução correta, e questões mais difíceis, às quais o aluno deverá aplicar as teorias estudadas nos manuais e ao longo do curso.

*

O confronto com questões elementares é de grande utilidade para o penalista consolidar o conhecimento técnico que, no mínimo, deve possuir, mas é na análise das questões mais complexas que o aluno poderá exercer, da melhor forma, a sua perspicácia, em busca de soluções para o caso analisado.

Em primeiro lugar, serão consideradas as habilidades retóricas do aluno, que, em última análise, consistem na capacidade de tirar proveito dos eventos narrados – sem frases desnecessárias! – argumentos pertinentes em apoio às diferentes teses, e apresentá-los de uma forma que seja o mais logicamente coerente e convincente possível. Isso exige, também, não só o domínio da linguagem jurídica, como uma posse sólida das técnicas de argumentação, que têm na expressão escrita um campo de aplicação privilegiado, mas injustamente negligenciado pelo ensino jurídico tradicional nas nossas universidades.

Mas o direito não se esgota na retórica, que também é necessária para se ser bom jurista. O direito é, ainda, a busca de uma solução socialmente aceitável, capaz de dirimir equitativamente os conflitos de interesses que são inerentes à existência de relações, e que emergem dramaticamente no direito penal, onde estão em causa os direitos fundamentais da pessoa acusada, os interesses coletivos que são essenciais proteger e – muitas vezes – os danos (físicos e morais) das vítimas.

Contudo, o jurista autêntico não é um sofista, capaz de argumentar qualquer situação; mas é uma mulher ou um homem que tenta, com a sua própria atividade, contribuir para a busca de soluções *justas* ou – pelo menos – o menos injustas possíveis. E essa busca necessita, primeiramente, de *intuição*. Uma espécie de *faro* que se adquire mediante o contacto diário com casos – primeiro com casos escolásticos, depois com casos reais –, atrás dos quais se encontram "pessoas em carne e osso", com a sua humanidade palpitante, sem preterir as pessoas coletivas que podem ser arguidas ou ofendidas no âmbito penal.

Como Piero Calamandrei escreveu nas suas deslumbrantes palestras mexicanas, em 1952: «*Os leigos acreditam que os juristas são aquelas pessoas oniscientes, que sabem de cor todas as leis. Infelizes juristas, se tivessem que aprender mentalmente dezenas de milhares de artigos em constante evolução! Mas o jurista (Vittorio Scialoja, por sua vez, já nos ensinou isso) é quem sabe estudar um caso jurídico, é quem conhece o método para descobrir os perfis jurídicos dos casos humanos; mas acima de tudo ele é aquele que sente que um caso deve ser resolvido*»[3].

Para *treinar* esse *sentimento*, creio que sejam necessárias duas grandes qualidades, para as quais não me canso de chamar a atenção dos meus alunos na primeira aula de cada curso.

1. Por um lado, o *bom senso*, que nos ensina a evitar soluções extravagantes ou soluções contrárias à intuição de justiça difundida na comunidade, mesmo quando a lógica dedutiva do raciocínio jurídico parece conduzir a elas.
2. E por outro lado, a *humanidade*, que é acima de tudo – como Calamandrei ainda ensinava – *compaixão*, a capacidade de compreender os assuntos humanos não só com a razão, mas também com o *sentimento*[4].

São precisamente essas qualidades, enraizadas na intuição, ao invés do raciocínio abstrato, que fornecem ao jurista os anticorpos necessários contra o *direito injusto*. O jurista e, antes mesmo, o aluno, deve ser estimulado e treinado a manter esses sensores em alerta e a reagir imediatamente dinate das soluções que – mesmo que aparentemente decorrentes de premissas normativas que pareçam rigorosas – não estejam de acordo com o bom senso e o sentido de humanidade.

---

[3] Agora em: E. BINDI, T. GROPPI, G. MILANI, A. PISANESCHI (a cura di), *Processo e democrazia. Le Conferenze messicane di Piero Calamandrei*, Pacini Giuridica Ed., 2019, p. 104, (tradução livre).

[4] *Op. ult. cit.*, p. 91.

O direito vigente – e em particular os princípios constitucionais – oferecem com frequência meios viáveis para chegar a diferentes soluções, sem que seja necessário comprimir o princípio da legalidade, tendo também em vista, como pano de fundo, a possibilidade de se levantar questões de legitimidade constitucional contra soluções normativas que parecem irremediavelmente injustas ou que se tornaram inadequadas para a consciência social contemporânea.

Por isso, os nossos pareceres não se limitarão a apresentar soluções tecnicamente sustentáveis. Tentaremos também destacar, nos casos realmente problemáticos, o caráter *injusto* de determinadas soluções, ainda que compatíveis com os dados normativos e com a interpretação jurisprudencial consolidada, evidenciando desse modo as disposições do código penal atual que podem levar necessariamente a soluções sancionatórias que são *desproporcionais* à gravidade concreta da conduta criminosa (por exemplo, a matéria de responsabilidade do cúmplice num crime diferente daquele pretendido, como veremos, em particular, na análise do caso n.º 5).

*

Como nos modelos alemães, nos quais nos inspiramos, a *primeira parte* do volume contém uma série de indicações gerais dirigidas à análise do caso. Concretizando, o papel essencial exigido a quem emite um parecer relativo a acontecimentos complexos, consiste na identificação dos *núcleos factuais* dotados de autonomia em sentido jurídico-penal, de modo a verificar quais as acusações que podem ser imputadas a cada pessoa interveniente no(s) crime(s). Cada hipotética imputação deve, então, ser analisada levando em conta todos os seus elementos constitutivos, que devem repercorrer necessariamente todos os degraus da teoria geral do crime – conduta, tipicidade, ilicitude, culpa – antes que possamos questionar a possível presença de circunstâncias agravantes e atenuantes, bem como a efetiva punição e repressão do crime.

A nossa estrela-guia foi, portanto, fornecer ao aluno indicações claras e simples sobre a ordem a seguir na análise do caso. Indicações essas que fossem na sua aplicação conjunta o mais próximo possível dos esquemas usados na prática e, suficientemente, flexíveis para poderem ser adaptadas às várias escolhas sistemáticas propostas pelos manuais de direito penal contemporâneos.

*

A *segunda parte* do manual é composta pela análise de sete casos práticos, que o aluno pode consultar depois de tentar resolver o caso de modo autónomo. Os perfis problemáticos dos casos aqui trazidos giram em torno dos grandes temas da parte geral, percorrendo-se temas genéricos – como o nexo causal, o dolo, a culpa, a tentativa e o concurso – e temas específicos – como a *aberratio ictus*, o *error in persona* ou o *dolus generalis* –, todos repletos de dificuldades inerentes.

Portanto, o aluno deve começar imediatamente a trabalhar com a parte especial do código, ou seja, com as normas específicas alusivas à incriminação, sem as quais as questões da parte geral ficariam destituídas de objeto, visto que a parte geral do direito penal vive na comparação com a parte especial.

Cada caso é introduzido por uma *narração* articulada dos factos, intencionalmente mais extensa do que aquela que é habitual se apresentar nas provas para o acesso à profissão de advogado ou na literatura especializada atual. A partir dessa narração, o aluno é convidado a selecionar apenas aqueles elementos que podem ser enquadrados nos elementos tipificados pela lei ou, que poderiam ser usados para argumentar uma ou várias soluções possíveis.

A *narração* do caso é seguida por um *esquema* analítico, que sintetiza o resultado de todas as verificações realizadas em relação aos possíveis crimes que podem ser configurados contra cada pessoa, na ordem sugerida pelo *vade-mécum* contido na primeira parte.

Em seguida, o leitor encontrará o desenvolvimento do parecer, dividido em parágrafos e por diferentes níveis de dificuldade, correspondendo cada um às *etapas* lógicas identificadas na primeira parte e reproduzidas no esquema resumido, que acabamos de mencionar.

Como já destacado, diante das questões complexas não iremos propor soluções exatas, mas simplesmente as soluções possíveis, sempre acompanhadas por uma sintética avaliação da sua maior ou menor plausibilidade e da sua compatibilidade efetiva com os princípios constitucionais.

Ao longo do texto foram inseridas citações do sistema penal italiano, sendo o ordenamento ao qual pertencemos, com a finalidade de favorecer a assimilação do método da comparação com específica referência à matéria penal, na acessão consolidada na jurisprudência da Corte europeia dos direitos humanos e no quadro normativo da União Europea.

*

Por fim, a *terceira parte* do volume contém alguns casos não resolvidos, mas já utilizados na nossa experiência de ensino, e aqui propostos como uma *academia de treinamento* para os alunos mais dispostos, com vista a serem resolvidos a par dos colegas e com o apoio do professor.

*

Os pareceres aqui trazidos foram concebidos para ser resolvidos através do manuseamento do código penal, para o aluno familiarizar-se gradativamente com a lógica e a estrutura do código.

*

Os casos foram pensados para ser resolvidos num período de tempo estimado em *quatro horas,* sendo este um prazo adequado para se encontrar as devidas soluções. À primeira vista, quatro horas podem parecer escassas para analisar todos os perfis possíveis de responsabilidade criminal que emergem contra as pessoas visadas. Mais uma vez, a nossa experiência didática ensina que os alunos são perfeitamente capazes, se devidamente treinados, para resolver com sucesso todos os problemas presentes nos casos práticos no referido período de tempo. Experimentar para crer...

Bologna-Lisboa. abril de 2023

PARTE I

ANÁLISE TÉCNICA DO CASO: UM BREVE *VADE-MÉCUM* PARA A REDAÇÃO DO PARECER

O objetivo da presente parte é iniciar o aluno à **análise técnica do caso**, visando capacitá-lo a emitir um parecer sobre a possível responsabilidade penal das pessoas intervenientes.

A análise do caso requer a aquisição de uma técnica, que não se ensina através dos manuais tradicionais, sendo indispensável executá-la com determinada ordem e método, com o desígnio de – a final – minimizar os riscos de erro na aplicação das normas.

As páginas seguintes são dedicadas a fornecer indicações sobre a técnica de análise dos casos em direito penal e ilustrativas de como funciona a redação de um parecer sobre possíveis perfis de responsabilidade penal das pessoas intervenientes nos casos.

Ademais, as indicações presentes neste manual devem ser consideradas como meras sugestões. O aluno tem autonomia e liberdade para estruturar de forma diferente o próprio parecer, desde que seja capaz, em sede de exame, de demonstrar um conhecimento cabal dos princípios e das noções ensinadas durante o curso e pelo manual, e uma capacidade de saber aplicá-los aos casos que lhe serão submetidos.

1. UM PRIMEIRO PASSO: A LEITURA DO CASO (OS FACTOS A SEREM QUALIFICADOS)

Diante de um caso a ser analisado, vertido num texto, a primeira tarefa a ser realizada é... ler o texto com a máxima atenção.

A recomendação parece óbvia, no entanto, não o é. Quanto mais o aluno progride no conhecimento do direito penal, mais os casos a resolver se tornam complexos, passando estes a envolver a hipótese da responsabilidade ser atribuída a mais do que uma pessoa, agindo esta(s) *per se* ou como cúmplice(s), e ser enquadrada num ou mais crimes, e a atuação delituosa ser tão complexa que é reveladora de agentes com poucos escrúpulos. É, então, fundamental que, antes de começar a escrever, o aluno despenda o tempo adequado para ler com atenção o texto, para sublinhar as partes mais relevantes, aconselhando-se a utilizar cores diferentes para cada sujeito, e para começar a anotar nas margens as primeiras ideias sobre possíveis enquadramentos jurídicos-penais que veem espontaneamente à sua mente.

Refletindo sobre o caso, é necessário ter sempre em conta de que os factos narrados devem ser considerados como **verificados**. Os problemas de prova, dimensão muito importante na *práxis*, ainda não podem ser enfrentados num curso de base de direito penal substancial. De qualquer forma, não é tarefa de quem redige o parecer contestar a reconstrução dos factos feita pelo examinador, nem propor reconstruções factuais alternativas.

Por outro lado, e por via de regra, os factos narrados não necessitam de nenhuma interpretação particular e devem ser assumidos no seu **significado mais pleno e natural**. Devem ser evitadas interpretações que desviem, de modo forçado, os acontecimentos ilustrados e leituras tendenciosas dos mesmos, ora para a ótica acusatória, ora para a ótica defensiva. O esforço de quem redige o parecer deve ser dirigido, essencialmente, aos perfis relativos à qualificação jurídica dos factos propostos e não aos perfis atinentes à reconstrução dos próprios factos. Se o aluno nutrir uma dúvida (razoável!) sobre a sua interpretação, poderá explicitar a própria escolha pela interpretação que lhe parece mais plausível, colocando sem hesitar tal interpretação como base da própria análise jurídica, sem prospetar qualquer hipótese alternativa (que o levaria a correr o risco de perder tempo precioso para a resolução do caso).

Ademais, com base no que precede, a narração do caso não exclui que se possa deixar margens de interpretação relativas a determinadas questões – pertencentes, em bom rigor, aos perfis que processualmente definiríamos *de facto* e *não de direito* – como a existência de um **nexo causal** entre a conduta do agente e o evento, de um **perigo** para o bem jurídico tutelado, ou do **dolo** (intencional, direto ou eventual) contra o agente.

Neste caso, o aluno é chamado a avaliar se os elementos de facto expostos na narração – a serem levados em conta como verificados – são ou não suficientes, em face das noções apreendidas durantes as aulas e nos manuais, para considerar existentes tais elementos, objetivos ou subjetivos, do facto de crime (v. para um exemplo ilustrativo, o parecer desenvolvido em relação ao caso n. 1, com referência tanto ao nexo causal quanto ao dolo eventual).

Mais, os factos narrados não devem ser integrados com a criação de novos elementos de fantasia. Os dados fornecidos são pensados como suficientes para consentir o enquadramento jurídico dos factos.

> Se o caso narra simplesmente que o Emanuel disparou sobre o Pedro, matando-o, o aluno não deve pela sua própria iniciativa supor que o Pedro tivesse agredido o Emanuel ou o tivesse provocado, nem que o Pedro tivesse expressado um consenso na ação homicida do Emanuel.
>
> Quando o examinador pretendesse exigir a reflexão do aluno, por exemplo, em respeito a uma possível aplicação da legítima defesa, certamente inseriria no caso elementos factuais que evidenciassem a possibilidade de se invocar para o caso a referida causa de justificação.

Na falta de indicadores em sentido contrário ao caso narrado, deve-se supor que o facto foi cometido ***aqui e agora***, ou seja, **no território do Estado** e **em face ao direito vigente no momento do exame**. Por via de regra, não deverá ser levantada nenhuma questão relativa à aplicabilidade da lei penal no espaço e no tempo.

Analogamente, na falta de indicadores em sentido contrário ao caso narrado, o facto deverá ser considerado cometido por uma pessoa **maior de idade** e **capaz de entender e querer** (e, portanto, **imputável**), não se devendo colocar questões relativas a eventuais **imunidades pessoais**.

2. A QUALIFICAÇÃO JURÍDICA DOS FACTOS

A partir do momento em que o aluno esteja seguro da boa compreensão do texto, poderá passar à fase seguinte, que se prende com o enquadramento jurídico dos factos narrados.

2.1. A perspetiva geral da análise

A técnica de análise do caso proposta neste volume diz respeito à aquisição e ao aperfeiçoamento da capacidade de assimilar, em primeiro lugar, quais os **riscos da responsabilidade penal** em que incorre cada pessoa interveniente no caso.

Na falta de instruções contrárias, o aluno deverá avaliar a possível responsabilidade penal de **todos** os sujeitos do caso, para todos os crimes supostos contra cada um. Contudo, é possível que a narração do caso conclua com **solicitações específicas** ao aluno, o qual pode ser convidado a concentrar a sua atenção somente na responsabilidade penal de alguns sujeitos ou na abordagem de alguns crimes, com a exclusão de outros (v. por exemplo a conclusão da narração do caso n. 2). É fundamental que o aluno siga escrupulosamente estas instruções, pensadas no seu próprio interesse (por exemplo, em relação à dificuldade de análise de algumas figuras de crime, que poderiam ser levadas em consideração, ou à limitação do tempo disponibilizado para a solução do caso).

Por muito óbvio que possa parecer, vale a pena sublinhar que a **responsabilidade penal dos mortos** não deve ser objeto de análise separada. As suas condutas deverão, porém, ser objeto de análise se forem relevantes aos fins da responsabilidade penal de outros sujeitos (como eventuais cúmplices no mesmo crime ou, aos fins da verificação da existência da legítima defesa ou da provocação do autor do homicídio).

Para analisar os riscos da responsabilidade penal que poderiam se apresentar contra cada pessoa interveniente, pensamos que o caminho mais eficaz – e didaticamente mais produtivo – passa por idealizar, **primeiramente**, quais possam ser as imputações formuláveis pela acusação pública.

Uma vez identificadas estas possíveis imputações, poderão ser analisadas – em modo de resolução defensiva – as **possíveis objeções** que poderiam **derrubar as acusações** num hipotético julgamento e poderiam eventualmente ser verificadas **outras hipóteses de crime menos graves**, nas quais tais acusações poderiam ser derrubadas.

Desta forma, o aluno assumirá idealmente primeiro **as vestes do Ministério Público e, em seguida, do defensor**, avaliando todos os possíveis elementos em sentido favorável e contrário a ambas as perspetivas.

O ponto de partida ideal para a análise é, portanto, a individualização de **crimes mais graves,** que poderiam ser equacionados contra cada pessoa interveniente no caso. O estilo aqui sugerido consiste, como veremos melhor dentro de instantes, na formulação por extenso de verdadeiras **acusações** contra cada pessoa interveniente, tal como seriam formulados por um verdadeiro Ministério Público. De facto, uma boa acusação fornece um excelente traço para a subsunção do caso na *fattispecie* abstrata de crime, que se supõe poder ser imputada a cada sujeito envolvido.

As hipóteses acusatórias devem ser **plausíveis**, em relação ao caso a ser analisado, ou seja, devem ser fundamentadas com base em argumentações que sejam razoavelmente possíveis sustentar em julgamento, em face dos elementos de facto expostos na narração do caso. Portanto, não seria correto supor acusações *manifestamente infundadas*, que jamais um juiz poderia levar em consideração.

Se o caso se refere ao cirurgião Pedro que durante uma operação causa a morte de Caio, cortando-lhe uma artéria e causando ao paciente uma grave hemorragia, seria totalmente extravagante supor contra o Pedro uma acusação por homicídio doloso, a não ser que a narração não ofereça algum elemento que faça supor uma vontade homicida do Pedro (por exemplo, a existência de um ressentimento anterior contra o Caio por ser "culpado" de ter mantido uma relação sentimental com a esposa do Pedro). Na falta de tais elementos, convirá certamente iniciar a análise com a hipótese de homicídio culposo.

Por outro lado, **não é necessário** que as hipóteses acusatórias sejam **seguramente fundadas**. No parecer deve-se, também, encontrar espaço para argumentações contrárias àquela da acusação pública, as quais poderão conduzir – por sua vez – a uma negação de qualquer responsabilidade do agente ou à sua responsabilização por um crime menos grave. O aluno deverá sempre se lembrar, a este respeito, que um juízo de responsabilidade do agente por cada crime pressupõe a *prova além de qualquer dúvida razoável* (art.º 127.º do C.P.P.[5]) de todos os elementos da *fattispecie* criminosa suposta.

[5] Art.º 533 do C.P.P. italiano.

Se o Pedro causa a morte do Caio, dando-lhe um golpe de bastão na cabeça, o parecer deverá ser iniciado pelo exame da possível responsabilidade do Pedro por **homicídio doloso**, de modo a ser valorizado – em particular – a zona vital atingida. Contudo, deverá também ser analisada a hipótese de uma responsabilidade pelo menos grave a título delituoso de **homicídio preterintencional**, valorizando outros elementos – dos quais salientamos a natureza em si não necessariamente letal do instrumento utilizado e a unicidade do golpe dado – que não são claramente indicativos de uma vontade homicida (*animus necandi*) e igualmente compatíveis com uma mera vontade de provocar lesões (*animus laedendi*), que integrariam a hipótese menos grave ex art.º 143.º do C.P.[6].

Assim como, seria erróneo supor uma responsabilidade, *ictu oculi*, não sustentável em julgamento, devendo-se também evitar **argumentações defensivas manifestamente infundadas**, que – uma vez mais – nenhum juiz poderia considerar seriamente. Se não há espaço para possíveis linhas defensivas, então dever-se-á limitar tranquilamente a indicação de hipóteses acusatórias, sublinhando-se a correspondente fundamentação.

No último exemplo referido, seria totalmente inútil supor, na falta de qualquer elemento, que se possa sugerir tal solução, isto é, supor que o Pedro tenha agido em legítima defesa ou que tenha agido sem qualquer vontade de causar danos físicos a Caio, para se sustentar, por hipótese, a respetiva responsabilidade (totalmente implausível) somente pelo delito de homicídio culposo.

2.2. A subsunção do facto concreto entre a previsão normativa abstrata: observações preliminares

A análise dos riscos penais, aos quais são expostos as pessoas intervenientes nos casos, pressupõem uma série de operações de **subsunção** de factos

[6] Art.º 584 do C.P. italiano.

narrados entre a *fattispecie* abstrata de crime. Em particular, o aluno deverá **selecionar** entre os acontecimentos narrados no caso – como, de modo natural, os riscos particulares não necessários aos fins da análise jurídica do caso –, os **elementos de facto** idóneos a integrar os **requisitos específicos** (objetivos e subjetivos) da norma incriminatória. cuja relevância no caso concreto se supõem, ou a integrar os **requisitos específicos** da eventual circunstância agravante, causa de justificação, causa de exclusão da culpa, causa de não punibilidade, cuja existência se supõe.

De facto, a operação de subsunção consiste, essencialmente, num juízo de **correspondência** entre cada dado da realidade e cada requisito normativo específico; juízo que deve ser feito **analiticamente**, sem deixar nenhum requisito da norma cuja aplicação ao caso concreto se discute.

Ademais, a atenção, como é óbvio, deverá concentrar-se nos requisitos cuja aplicação em concreto seja **mais problemática**, enquanto deverá ser muito menos sintética a verificação da existência dos requisitos cujo resultado parece evidente no caso concreto em exame.

Por exemplo, a parte da narração que ilustre o caso do Pedro ferir, durante uma luta violenta, o Caio com uma faca, atingindo-o somente uma vez e numa zona do corpo em si não vital, ainda que tenha causado a rutura de uma artéria e consequentemente a morte por sangramento, deve permitir a quem redige o parecer que se limite a evidenciar **sinteticamente** a existência certa do **nexo causal** entre a conduta do Pedro e a morte do Caio (isto é, o evento letal não teria, certamente, se verificado se o Pedro não tivesse atingido o Caio). Ao invés, o aluno deverá insistir **amplamente** na análise do nó do **elemento subjetivo**, aferindo se pode ser sustentado um homicídio praticado com dolo, pelo menos na forma do dolo eventual (e, então, seria possível prospetar uma responsabilidade por homicídio voluntário ex art.º 131.º do C.P.[7], como hipótese acusatória), ou se, em sentido contrário, deverá ser considerada que foi exercida contra o Caio uma mera vontade de causar lesões (com a consequente aplicabilidade da norma mais favorável em matéria de ofensa à integridade física agravada pelo resultado, conhecida como homicídio preterintencional ex art.º 147.º do C.P[8], como linha de defesa).

---

[7] Art.º 575 do C.P. italiano.

[8] Art.º 584 do C.P. italiano.

Para efeitos de correspondência entre o facto concreto e cada requisito normativo é, geralmente, necessário esclarecer, de modo preliminar, como devem ser **interpretados** os próprios requisitos. Isto posto deve ocorrer, em particular, quando:

1. a sua interpretação não seja pacífica na jurisprudência e/ou na doutrina.
2. a decisão do caso concreto dependa da solução daquele problema interpretativo.

Nestes casos, o aluno deve, em primeiro lugar, se esforçar para **ilustrar, a nível abstrato, todos os possíveis significados dos requisitos** problemáticos, antes ainda de avaliar a possível subsunção do facto concreto com o próprio requisito.

Assim, no exemplo precedente, o aluno que já tenha excluído a existência do dolo intencional ou do dolo direto contra o Pedro deverá discutir a **definição abstrata do controvertido conceito de dolo eventual**, antes de verificar se, no caso concreto em exame, o coeficiente psicológico do Pedro possa ser correspondente àquela definição.

Analogamente, a parte da narração que faça referência a um grupo de pessoas presa pela polícia, armados e mascarados, nas proximidades de um banco, deverá permitir a quem redige o parecer que o foco primordial seja o nó da interpretação a se fornecer – em abstrato – ao ainda mais controvertido requisito da **não univocidade dos atos** (art.º 30 do CP[9]), antes de avaliar se a conduta concreta daquelas pessoas integra ou não o requisito em questão.

Esta operação de esclarecimento preliminar respeitante ao significado do requisito problemático, permitirá ao aluno identificar aquelas reconstruções teóricas que melhor possam sustentar, respetivamente, a possível suposição acusatória e eventuais linhas defensivas. Cada suposição poderá ser fundamentada desta forma até mesmo em respeito a uma diferente interpretação do mesmo requisito.

[9] Art.º 56 do C.P. italiano.

No último exemplo proposto, a perspetiva acusatória que sustenta uma tentativa de roubo deverá se fundamentar na letra do requisito da não equivocidade dos atos em face do teste que os **atos *falam por si próprios***, segundo o qual os atos são diretos de forma não equívoca a realizar um crime quando não podem ser interpretados, de acordo com o juízo de um observador externo, se não como endereçados a realização daquele delito.

Uma linha defensável plausível, que vise excluir uma responsabilidade por tentativa de roubo – e a afastar uma mera eventual responsabilidade pela detenção e pelo porte ilegal de armas –, poderia se basear nas leituras alternativas do mesmo requisito, como aquela que exige o **início da execução** do delito (a ser identificado, aqui, no momento em que os sujeitos iniciam a realização da ação típica e, portanto, no momento em que, encontrando-se a entrar no banco, retiram as armas começando a realizar a conduta ameaçadora descrita pelo art.º 210 do C.P.[10]).

Uma discussão sobre a interpretação de cada requisito é indispensável quando as diferentes reconstruções comportem, também, resultados diferentes no caso em exame, mas **não o é** – e, aliás, corre o risco de se transformar num desperdício de energia – **quando todas as reconstruções teóricas convirjam, no caso concreto, para o mesmo resultado**. Neste caso, o aluno poderá se limitar a uma brevíssima constatação da convergência de todas as opções teóricas para o mesmo resultado.

Seria, portanto, inútil discutir sobre as diferentes interpretações do requisito da não equivocidade dos atos na análise do caso de Pedro que dispara um tiro de pistola em direção a Caio, em execução de um mandato homicida proveniente de Marcos, tratando-se certamente de um *ato executivo* e interpretável como direto a matá-lo. Se da narração do caso resultasse que o Caio se encontra no limite extremo da pontaria balística da arma ou que a arma fosse defeituosa, o aluno deverá se concentrar sobre o diferente requisito da idoneidade dos atos e/o da existência de um crime impossível (art.º 23, n.º 3 do C.P.[11]).

---

[10] Art.º 628, c. 1, do C.P. italiano.

[11] Art.º 49, c. 2, do C.P. italiano.

Uma vez identificada e escolhida uma interpretação de um requisito problemático, a sustentação de uma hipótese acusatória ou defensiva dirigida ao afastamento da acusação, será possível seguir adiante com a **verdadeira subsunção**, ou seja, a verificação que o facto concreto corresponda aquela noção abstrata. Realizando esta operação, o aluno não poderá, por via de regra, dar por certa uma tal correspondência (a menos que pareça evidente), mas deverá **motivar pontualmente** este propósito, esforçando-se para individualizar os elementos de facto idóneos a suportar tal motivação e procurando ser o mais persuasivo possível.

Portanto, no exemplo de Pedro que esfaqueia o Caio, provocando a sua morte, a suposição acusatória contra o Pedro (por exemplo, homicídio voluntário com dolo eventual) deverá ser motivada pontualmente com a valorização dos dados idóneos a sustentar tal qualificação (por exemplo, a natureza potencialmente letal da arma, ao ponto de não poder ser percebida por qualquer sujeito com faculdades intelectuais normais, como se supõe ser o imputado; a falta de qualquer elemento do qual se infira que o imputado confiasse na não realização do evento letal, etc.).

Analogamente deverá ocorrer para a suposição oposta a uma linha defensiva, de modo a sustentar a exclusão do dolo eventual e a existência de um mero dolo de lesões, com a consequente responsabilidade pelo delito de homicídio preterintencional de menor gravidade (por exemplo, a parte não vital do corpo atingida, a não reiteração do golpe, a eventual desproporção entre o movente e a gravidade das consequências provocadas, ao ponto de levar a duvidar da efetiva aceitação de tal risco pelo imputado, etc.).

3. OS PASSOS ESSENCIAIS A SEREM PERCORRIDOS NA ANÁLISE JURÍDICA DO CASO

Na avaliação possível da relevância jurídico-penal de um facto é necessário seguir uma **ordem lógica** que deixe transparecer um domínio seguro, por parte de quem redige o parecer, da teoria geral do crime.

O método aqui **aconselhado** para reduzir, ao mínimo, os riscos de não individualizar crimes, que poderiam ser imputados aos sujeitos do caso, consiste em seguir estas três etapas lógicas:

1. em primeiro lugar, individualizar **cada núcleo factual** no âmbito da narração do caso;
2. dentro de cada núcleo factual, analisar individualmente a **responsabilidade penal de cada sujeito;**
3. relativamente a qualquer sujeito de cada núcleo fatual, analisar **todos os crimes** dos quais aquele possa ser considerado responsável.

3.1. Primeiro passo: a descomposição de caso em núcleos factuais

A primeira operação a ser realizada é, portanto, individualizar, dentro de cada caso, os **núcleos factuais individuais**, representados por aquela porção de narração que pode ser isolada do resto da história e analisada de forma separada em relação à sua relevância penal.

A decomposição do caso em diversos núcleos factuais é funcional para facilitar a individualização dos perfis de relevância penal das condutas de cada sujeito e, não responder a regras precisas e inderrogáveis, nem sequer na ampla literatura alemã na qual o presente trabalho se inspira.

Contudo, em linha geral, é útil que a cada conduta, que possa ser considerada **uma única ação** aos fins penalísticos, corresponda – por via de regra – um **núcleo factual autónomo**, que naturalmente permanece único até ao momento em que a ação seja constitutiva de *mais crimes,* entre si em relação de **concurso formal** ex art. 81, c.1, cp. italiano.

Além disso, as condutas múltiplas, que são **constitutivas de uma única figura de crime,** devem ser sempre tratadas dentro de um único núcleo factual (por exemplo, o acesso abusivo ao domicílio, a subtração e a usurpação da coisa no delito de furto em habitação, ex art.º 204, n.º 1, alínea f), do C.P.[12], a violência à pessoa, à subtração/apoderamento no delito de roubo, ex art.º 210, n.º 2, alínea a), do C.P.[13]).

[12] Art.º 624-bis do C.P. italiano.

[13] Art. 628, c. 1, do C.P. italiano.

Por exemplo: o Pedro dá um soco violento a Caio, causando-lhe a perda de três dentes, e subtrai-lhe literalmente o relógio. Estamos aqui diante de uma única ação do ponto de vista jurídico-penal, que, porém, integra duas figuras criminosas (roubo e lesões graves), em concurso formal atenta a unicidade da ação. Portanto, o **núcleo factual será, também, único**.

Se, ao invés, após ter-lhe subtraído o relógio, o Pedro também lhe desse uma facada no abdómen, simplesmente para descarregar o seu ressentimento contra o Caio (acumulado por vários anos devido a uma relação sentimental que o Caio teve no passado com a esposa de Pedro), esta segunda ação geraria um **segundo núcleo fatual**, que mereceria ser analisado separadamente. O contexto espácio-temporal seria o mesmo, mas a finalidade que sustenta a segunda conduta é completamente diferente.

Da mesma forma, devem ser reunidas num único núcleo factual as múltiplas condutas que, embora realizadas em diferentes circunstâncias de tempo e local, constituem um **único crime habitual e permanente**.

Devem, também, ser tratadas como um único núcleo factual **as ações de todos os concorrentes no mesmo crime**, ainda que sejam cometidos em tempos e locais diferentes, visto que as condutas dos participantes adquirem relevância penal somente como consequência de suas relações com as condutas do autor ou coautores. Além disso, poderia ser oportuno reunir num único núcleo factual as condutas constitutivas de uma **comparticipação criminosa,** ex art.º 26 e 27 do C.P.[14], caracterizadas pela consciência do agente da própria interação com os demais sujeitos, sobretudo quando as condutas pareçam estreitamente interligadas entre si (para um exemplo: v. o caso n. 2).

No exemplo precedente, quando o roubo seja cometido pelo Pedro juntamente com o Bosco (que ficou de vigia), as condutas de ambos devem ser analisadas dentro de um único núcleo factual.

[14] Art.º 113 do C.P. italiano.

O **evento** do crime deve ser analisado dentro do mesmo núcleo fatual caracterizado pela ação que o causou, embora se verifique após algum tempo com respeito à realização da ação. Se o mesmo evento é causado por mais ações de sujeitos diferentes, que não agem em concurso, nem em cooperação culposa entre si, este deverá ser objeto de exame mais vezes, em conexão com cada conduta que o causou.

Se o Caio morre no dia seguinte devido ao esfaqueamento levado a cabo pelo Pedro, este evento deverá ser analisado dentro do mesmo núcleo factual caracterizado pela ação de Pedro (que será qualificada como homicídio doloso consumado, ao invés da tentativa de homicídio doloso).

Porém, se a morte do Caio fosse causada – no dia seguinte ao esfaqueamento – pela negligência do enfermeiro Bosco, que erroneamente lhe tenha administrado um fármaco letal em vez do anestésico (que deveria preceder a operação necessária para curar a ferida causada por Pedro), o mesmo evento, leia-se a *morte de Caio* – já analisado como evento constitutivo do homicídio doloso consumido cometido por Pedro – se tornará objeto de análise até mesmo no núcleo fatual seguinte construído em torno a figura de Bosco, constitutiva do diferente delito de homicídio culposo.

Cada núcleo factual poderá ser evidenciado por um **título**, que ajudará a diferenciar as várias camadas da análise. Considerando que em cada núcleo factual podem ser encontrados mais crimes (por exemplo, roubo e lesões pessoais), o título não deve conter a denominação de cada crime, mas limitar-se a colher sinteticamente um fragmento significativo da narração do caso.

Os títulos apropriados para núcleos factuais no caso que acabamos de exemplificar poderiam ser na seguinte ordem:

I – A subtração do relógio – II Uma facada letal – III Um erro fatal.

Cada núcleo factual deve ser analisado na **ordem cronológica** (que corresponde, geralmente, com a ordem em que são narrados na descrição do caso).

3.2. O segundo passo: a individualização dos sujeitos de cada núcleo factual

Dentro de cada núcleo factual devem ser analisadas, de modo **singular,** as responsabilidades de todos os **sujeitos que tenham eventualmente concorrido no crime**.

> No exemplo precedente discutir-se-á, no núcleo factual I, a responsabilidade do Pedro e Bosco, no núcleo factual II, somente a responsabilidade do Pedro e, no núcleo factual III, a responsabilidade do enfermeiro Bosco.

A análise deverá iniciar-se sempre pelo **autor** do crime, ou seja, por quem realizou a conduta descrita na norma incriminatória. A responsabilidade dos meros **cúmplices** (ou seja, as pessoas que não tenham realizado diretamente a conduta descrita na norma incriminatória, mas que simplesmente cooperaram com os autores do crime, fornecendo ajuda material ou moral) deverá necessariamente seguir aquela do autor (ou dos coautores), visto que a relevância penal da conduta do cúmplice depende da (é acessória à) realização de um facto antijurídico de crime pelo autor ou pelos coautores. Caso faltasse a prova de tal realização, a responsabilidade dos cúmplices deveria certamente ser excluída. Em respeito a todos os perfis de concurso de pessoas no crime, v. mais amplamente *infra*, parágrafo 4.3.

3.3. Terceiro passo: a individualização de crimes hipotéticos contra cada sujeito (e a formulação das possíveis acusações)

Em relação a cada sujeito deverão ser avaliadas, em ordem, todas as hipóteses de crime imputáveis a cada um em face da ação constitutiva do núcleo factual em exame, **começando geralmente pela hipótese mais grave**.

No fim da análise, o método aqui proposto é – como antecipado em seu tempo – supor as acusações que a acusação pública poderia formular contra cada sujeito.

Como ocorre na realidade, uma imputação é composta, essencialmente, pela:

1. **indicação dos artigos de lei,** cuja violação se contesta;
2. **descrição sintética do facto concreto contestado**, que contém todas as circunstâncias factuais correspondentes a cada requisito indicado pela *fattispecie* abstrata de crime (qualificações subjetivas, pressupostos, condutas e suas modalidades, objeto material, evento, etc).

Para tornar mais clara a exposição convirá preceder a análise de cada hipótese de crime apondo um **título** referente à **denominação do crime** analisado e, entre parênteses, **o artigo (ou os artigos) de lei** que preveem tal crime.

Além disso, o título deverá conter a indicação dos eventuais **artigos da parte geral do código penal português** necessários para conferir relevância à conduta do sujeito (exemplo: art.º 10, n.º 2, do C.P.[15], em caso de realização mediante omissão; art.º 22 do C.P.[16] em caso de tentativa de delito; art.º 30 do C.P.[17], em caso de concurso num crime cometido por outros).

Por fim, o título deverá indicar as eventuais **circunstâncias agravantes** prospetáveis, com indicação dos respetivos artigos legais. Não é necessário, ao invés, indicar as eventuais circunstâncias atenuantes que podem ser consideradas e que, geralmente, não são indicadas nas acusações (mas que, naturalmente, devem ser analisadas durante o parecer).

Após o título, a análise poderá ser introduzida pela **enunciação**, o mais sintética possível, mas completa, da **acusação,** que poderia ser formulada contra cada sujeito, tendo o cuidado de indicar **todos e somente os elementos de facto concreto correspondentes aos requisitos indicados pela *fattispecie* abstrata de crime** e, – eventualmente – pelas normas da parte geral do código penal português extensivas da punibilidade e pelas normas que estabelecem as circunstâncias agravantes pertinentes ao caso concreto.

---

15 Art.º 40, c. 2, do C.P. italiano

16 Art.º 56 do C.P. italiano.

17 Art.º 110 do C.P. italiano.

Se a norma pertinente estabelece **requisitos alternativos**, o parecer deverá individualizar, pontualmente, o requisito que poderia se apresentar integrado no caso de espécie.

Por exemplo, a análise da possível responsabilidade do Pedro pelo crime de roubo poderia ser conduzida desta forma:

Concurso em roubo (art.º 30 e 210 do C.P.[18])
O Pedro poderia ser chamado a responder pelo crime em epígrafe, por ter – em concurso com o Bosco – se apoderado de um relógio de pulso pertencente a Caio, com um murro dado na face do próprio Caio, com vista a obter um lucro injusto.

A descrição que precede seleciona da narração do caso todos os elementos essenciais da hipótese de crime indicada, bem como os artigos da lei que poderiam ser considerados violados, introduzidos logo no título. Concretizando, é feita a descrição do facto cometido em concurso com outro sujeito, da subtração e apoderamento da coisa móvel alheia (o relógio de Caio), da violência exercida contra pessoa (requisito alternativo relativo à ameaça e aqui integrado pelo murro) e do dolo específico (fim de obter um lucro injusto).

*

Em sentido diferente, caso o Pedro tivesse usado uma arma para ameaçar e realizar o roubo, o facto poderia ser considerado agravado pelo art.º 210, n.º 2, alínea b), do C.P.[19]. A relativa análise poderia ser, então, conduzida desta forma:

Concurso em roubo (art. 110, 628, c. 1 c.p. italiano), agravado pelo art. 628, c. 3, n. 1 c.p. italiano.
O Pedro poderia ser chamado a responder pelo delito em epígrafe, por ter – em concurso com o Bosco – se apoderado de um relógio de pulso pertencente a Caio, usando ameaça contra o próprio Caio, com vista a obter um lucro injusto e com a agravante de ter cometido o facto com uso de arma.

[18] Art.º 110, 628, c. 1 do C.P. italiano.

[19] Art.º 628, c. 3, n. 1 do C.P. italiano.

Como é possível constatar nos exemplos, a técnica aqui sugerida consiste em introduzir a hipotética acusação com uma formulação problemática (*o Pedro poderia ser chamado a responder pelo...*). No fim da análise (sobre os quais v. *infra*, parágrafo 3.5.) de todos os requisitos constitutivos do crime, antecipados pela sintética indicação contida na acusação, será necessário **concluir**, cabendo ao autor do parecer esclarecer se, **em consequência do juízo**, o crime **será ou não considerado integrado**.

A este propósito, são possíveis três tipos de conclusões:

1. o crime em exame será, verosimilmente, **considerado integrado** (tendo sido apurados todos os elementos constitutivos e, não existindo causas de justificação, causas de exclusão da culpa ou de não punibilidade);
2. o crime em exame será, provavelmente, **não considerado integrado** (não existindo um ou mais dos seus elementos constitutivos ou, existindo causas de justificação, causas de exclusão da culpa ou de não punibilidade); ou ainda,
3. **é possível**, mas não certo, **que o crime em exame seja considerado integrado** em resultado do juízo (sendo duvidosa a existência de um ou mais de seus elementos constitutivos em face das diferentes interpretações possíveis dos requisitos da *fattispecie* criminosa, ou sobre a existência de uma causa de justificação, causa de exclusão da culpa, ou de não punibilidade).

Visto que os factos presentes na narração do caso devem ser considerados como plenamente provados (v., *supra*, parágrafo 1), a dúvida sobre a integração do crime dependerá da possibilidade de haver diferentes interpretações, do ponto de vista de direito, de um ou mais requisitos normativos (salvo o caso em que a existência do requisito, do ponto de vista do facto, tenha que ser demonstrada com a operação de inferência lógica das evidências disponíveis, como no caso da prova da causalidade ou do elemento subjetivo do crime – por exemplo, v. o parecer desenvolvido a propósito do caso n. 1).

Nas hipóteses *sub* 2 e *sub* 3, ou seja, nas hipóteses em que o aluno tenha concluído pela *inexistência* do crime ou pela mera possibilidade do crime ser considerado integrado em contexto de julgamento, será necessário prosseguir analisando a possível **responsabilidade pelo crime menos grave,** que poderia ser contestado pelo Ministério Público ao sujeito em face da mesma conduta ou que poderia ser considerada pelo juiz *ex officio* após uma **atenuação** da mais grave imputação originária.

No exemplo do Pedro que esfaqueia o Caio na coxa, causando-lhe a rutura da artéria femoral e a morte por sangramento, poderia logo ser avaliada a possibilidade de uma responsabilidade por **homicídio voluntário** (art.º 131 do C.P.[20]).

Se em resultado da análise parecesse *inexistente* ou fosse *incerta* a responsabilidade para este título delituoso (por exemplo, em relação à possibilidade que o juiz considere não superável uma dúvida razoável sobre a existência do dolo eventual em respeito ao evento letal), seria necessário prosseguir o exame para a possível responsabilidade do Pedro pelo diferente e menos grave delito de **ofensa à integridade física agravada pelo resultado** [*homicídio preterintencional*] (art.º 147 do C.P.[21]).

Em regra, a possível responsabilidade por crimes que se encontram numa relação de **especialidade** em respeito a outras figuras criminosas com carácter mais geral deverá ser examinada primeiro, visto que – no caso em que fossem considerados existentes os requisitos especializados – seria inútil o exame da possível responsabilidade no sentido da norma incriminatória geral.

O critério que acabamos de expor não encontra dificuldades quando a norma incriminatória especial é, também, punida **mais severamente** (por exemplo, no caso do furto em habitação *ex* art.º 204, n.º 2, alínea e), do C.P.[22] por confronto com o furto simples ex art.º 203 do C.P.[23]). Contudo, este entra em contraste com a indicação geral, até aqui delineada, segundo a qual durante a análise é necessário se iniciar pelo crime mais grave concebível, em todas as hipóteses em que a ***lex specialis*** **preveja um crime menos grave do que** aquele contemplado pela *lex generalis* (como ocorre com as denominadas *fattispecie* privilegiadas pelo crime – por exemplo, o crime de

[20] Art.º 575 do C.P. italiano.

[21] Art.º 584 do C.P. italiano.

[22] Art.º 624-bis do C.P. italiano.

[23] Art.º 624 do C.P. italiano.

homicídio consenciente ex art. 579 c.p. italiano em comparação com o crime de homicídio voluntário ex art. 575 c.p. italiano).

Neste último caso, parece aconselhável se **iniciar pela análise com a figura criminosa especial, embora que menos grave**, visto o *focus* do caso – e da previsível dialética entre o Ministério Público e a Defesa – será quase sempre colocada sobre o próprio requisito especial, que convém discutir. Desta forma, evitam-se possíveis erros, concluindo-se logo pela existência dos requisitos do crime mais grave previsto pela *lex generalis* (no nosso exemplo, o homicídio doloso) sem ter a necessidade de se examinar também a possível existência do crime menos grave previsto pela *lex specialis* (o homicídio consenciente).

Portanto, no caso em que o Pedro administre a Caio, gravemente doente e em condições de consciência diminuta, um fármaco letal com o seu consentimento para lhe poupar mais sofrimentos, será necessário avaliar a possível responsabilidade do Pedro pelo delito – menos grave, mais especial – de **homicídio consciente** (art. 579 c.p. italiano). Caso o resultado da análise da responsabilidade por tal crime pareça duvidosa (por exemplo, em relação ao requisito da existência de *deficiência psíquica*, ex art.º 135 do C.P.[24]), será possível prospetar a possível responsabilidade de Pedro pelo delito de homicídio voluntário na forma agravada (aert.º 131 do C.P.[25]). Naturalmente, tal análise poderá ser muito rápida, visto que todos os seus elementos constitutivos (conduta e nexo causal) deveriam já ter sido avaliados em sede de exame da eventual responsabilidade no sentido previsto pela *lex specialis*.

Ao invés, caso se iniciasse a análise com a possível responsabilidade pelo delito ex art. 575 c.p. italiano, o aluno deveria necessariamente concluir pela existência de todos os seus requisitos constitutivos e, portanto, pela responsabilidade de Pedro por tal delito. Desta forma, haveria o risco de não se captar a possibilidade de uma responsabilidade do Pedro por um delito muito menos grave, como aquele previsto pelo art. 579 c.p. italiano.

---

24 Art.º 579, c. 2, n. 2, do C.P. italiano.

25 Art.º 575 do C.P. italiano.

3.4. Quarto passo: a análise de cada figura de crime prospetada

Em respeito a cada crime que poderia ser considerado integrado, o parecer deverá analisar, por ordem, todos os elementos em hipótese correspondentes à figura abstrata (ou típica) do crime, a ausência de eventuais causas que comportem a não punibilidade do facto (causas de justificação, causas de exculpação – ou de exclusão da culpabilidade – causas de não punibilidade em sentido estrito), e a existência de eventuais circunstâncias agravantes ou atenuantes, que possam modificar o *quantum* do tratamento sancionatório de um crime já verificado no *an*.

Remetemos para as análises *ad hoc* as situações em que a punibilidade do sujeito derive da conjugação do disposto entre uma norma incriminatória da parte especial e uma norma da parte geral extensiva da punibilidade (v. *infra*, parágrafos 4 seguintes), sendo a ordem aqui recomendada para a análise a seguinte:

1. verificação da existência de todos os **elementos objetivos** do crime (ou segundo outra terminologia, verificação da *tipicidade objetiva* do facto, isto é, da sua correspondência com os requisitos objetivos estabelecidos pela norma incriminatória);
2. verificação da existência de todos os **elementos subjetivos** do crime (ou seja, verificação da tipicidade subjetiva, compreensiva do significado do dolo e da culpa)
3. verificação da **antijuridicidade do facto** e, portanto, da ausência, na situação de facto considerada, dos elementos previstos por uma **causa de justificação**;
4. verificação da **culpabilidade** do autor e, mais em particular, da ausência, na situação de facto considerada, dos elementos previstos por uma **causa de exclusão da culpabilidade;**
5. verificação da eventual presença de **circunstâncias agravantes ou atenuantes**;
6. verificação das **outras condições de não punibilidade do agente** e, portanto, da ausência, na situação de facto considerada, dos elementos previstos por uma **causa de não punibilidade em sentido estrito**, ou de uma causa de improcedibilidade da ação penal ou de uma causa de **extinção do crime**, que tornem excecionalmente não punível ou não persecutório um facto típico, antijurídico, culpável, e qualificado por eventuais circunstâncias agravantes ou atenuantes.

Com respeito à sistemática adotada por vários manuais portugueses, o método aqui recomendado prevê a **análise dos elementos subjetivos do crime** (essencialmente o dolo e a culpa, nas várias formas em que tais elementos subjetivos podem se manifestar) **logo após o exame dos elementos objetivos e *antes* da análise sobre a presença de eventuais causas de justificação.**

Qualquer que seja a opção teórica pela qual se inicie a abordagem à *vexata quaestio* da colocação sistemática do dolo ou da culpa (na categoria da *tipicidade* ou naquela da *culpabilidade*), não há dúvidas de que para qualificar o facto concreto, como correspondente, ou não, a uma figura abstrata de crime (o homicídio *doloso* ex art.º 131 do C.P.[26], ou a ofensa à integridade física agravda pelo resultado [o homicídio *preterintencional*] ex art.º 147 do C.P.[27], ou o homicídio *culposo* ex art. 589 c.p. italiano, assim como a burla ex art.º 217 do C.P.[28]) será necessário, em primeiro lugar, demonstrar a existência no caso concreto de todos os elementos objetivos e subjetivos solicitados, explicita ou implicitamente (em particular, das regras gerais ex art.º 10 do C.P.[29]), pela norma incriminatória levada em consideração cada vez que seja solicitada: a existência – a segunda dos casos – do dolo (genérico) e da culpa, e de eventuais elementos subjetivos expressos pela norma em questão (a finalidade de ferir ou lesar ex art. 584 c.p. italiano); a finalidade do lucro injusto, mas também a necessária componente subjetiva do conceito de artifícios ou fraude – que necessariamente pressupõem uma finalidade decetiva do agente – no art. 640 c.p. italiano.

Uma vez demonstrada a presença de todos esses elementos, o aluno saberá que está diante de um facto (concreto) correspondente ao paradigma desenhado pela *fattispecie* (abstrata) contida na norma incriminatória; deste modo, poderá seguir adiante – sem dificuldades – a verificação da existência se tal facto possa dizer-se *justificado* (e, portanto, típico, mas *antijurídico*) ou *desculpado* (e, portanto, *típico* e *antijurídico*, mas *desculpado*).

As últimas duas verificações aqui indicadas sub 5 e 6 poderiam, na verdade, ser invertidas. Aliás, sendo rigorosos, a verificação relativa à ausência de causas de não punibilidade em sentido estrito – que exclui já no *an* a pena

---

[26] Art.º 575 do C.P. italiano.

[27] Art.º 584 do C.P. italiano.

[28] Art.º 640 do C.P. italiano.

[29] Art.º 42, c. 2 e 4, do C.P. italiano.

– deveria logicamente preceder aquela relativa à existência das circunstâncias agravantes ou atenuantes – que incidem somente no *quantum* da pena.

Contudo, no direito penal português, existem várias causas de não punibilidade em sentido estrito, cujos pressupostos de operabilidade dependem também da presença ou ausência de circunstâncias agravantes ou atenuantes (por exemplo, a causa de não punibilidade de especial tenuidade do facto, ex art. 131-bis c.p. italiano é aplicável à condição de que o facto seja punível com pena da prisão não superior no máximo a cinco anos ou da verificação das circunstâncias específicas previstas no artigo 74.º do CP; e no fim da determinação do máximo da pena, devem ser levadas em consideração as circunstâncias pelas quais a lei estabelece uma pena com espécie diferente daquela ordinária do crime e daquelas com efeito especial).

Portanto, por razões meramente práticas, parece recomendável **avaliar a existência de circunstâncias agravantes ou atenuantes antes da verificação da existência de eventuais causas de não punibilidade** em sentido estrito.

Feita esta premissa geral, convém agora examinar brevemente cada uma das verificações elencadas acima, tratando conjuntamente as verificações sub 1 e 2, dedicadas respetivamente à *tipicidade objetiva* e *subjetiva*.

3.4.1. Elementos objetivos e subjetivos do crime (a denominada **tipicidade objetiva** *e* **a tipicidade subjetiva***)*

3.4.1.1. Considerações gerais

Com respeito aos **elementos objetivos** e **subjetivos** do crime, o aluno deverá ter o cuidado de verificar a presença, no caso concreto, de *todos* os elementos correspondentes aos requisitos solicitados pela *fattispecie* abstrata, cuja existência deve ser apurada para que o facto possa ser qualificado como crime.

Para evitar esquecimentos (que, certamente, comportaria a perda de pontos preciosos em sede de exame!) pode ser útil elencar, no rascunho, todos os requisitos da *fattispecie* (objetivos e subjetivos), anotando ao lado o símbolo ***√***, ***X***, ou **?** consoante, respetivamente, o requisito seja identificado, não identificado ou esteja por identificarno caso concreto.

Este esquema poderia corresponder, aproximadamente, àquele que se apresenta na abertura deste volume em cada parecer, logo após a narração do caso.

Preliminarmente, o reconhecimento dos requisitos a serem avaliados no caso concreto, que aqui sugerimos, requer uma **leitura atenta da norma incriminatória** e, em particular, da **estrutura de sua *fattispecie* abstrata**, da qual deverão ser isolados todos os elementos constitutivos que possam obter um significado autónomo e selecionado a partir dos factos que o legislador quis sancionar de modo prévio. De facto, cada requisito tem uma função de eliminar da área penalmente relevante algumas tipologias de factos concretos. A exata compreensão de tal função é fundamental para avaliar se o facto concreto em exame corresponde, ou não, ao modelo de crime desenhado em abstrato pelo legislador. Além disso, não deverão ser preteridos eventuais **requisitos implícitos** da *fattispecie*, individualizados como tais pela elaboração doutrinal e jurisprudencial, como o ato de disposição patrimonial na burla (precisando, de mais a mais, a individualização de tais requisitos é matéria do curso de direito penal da parte especial e, ainda, não pode ser pretendida por um aluno do curso de direito penal da parte geral).

Não é necessário, durante o desenvolvimento do parecer, **elencar todos os requisitos da *fattispecie***, parafraseando ou recopiando o texto da norma incriminatória. Tal operação faria somente perder tempo precioso ao aluno. O parecer deve falar por si mesmo, encontrando diretamente a presença no facto de todos os requisitos postos pela norma incriminatória, que se supõem conhecidos ou que podem ser facilmente extraídos do texto da norma.

Como já sublinhamos, a intenção de quem rediz o parecer – e o relativo esforço argumentativo – deverá dar enfoque somente aos requisitos cuja existência pode causar (razoáveis) dúvidas no caso concreto; enquanto para os demais será suficiente uma **breve abordagem**. Com respeito aos requisitos com verificações mais problemáticas ou mais relevantes no caso concreto poderá ser necessária uma discussão sobre a relativa **interpretação**, que fornecerá as necessárias **premissas em direito** para, então, realizar as operações de subsunção dos elementos do facto concreto ao requisito em questão (v. *supra*, parágrafo 2.2.).

A **ordem na análise de cada requisito é geralmente discricionária.** Não existem regras precisas que imponham, por exemplo, que no roubo seja avaliada antes a existência da violência ou ameaça, ou os requisitos da subtração e apoderamento.

Contudo, é necessário **evitar escolhas ilógicas.**

Certamente **é errada a análise dos elementos subjetivos antes daqueles objetivos** (salvo, como veremos *infra*, parágrafo 4.2, no âmbito da tentativa).

Até mesmo quando a existência dos elementos objetivos seja pacífica e todas as questões problemáticas se concentrem sobre os elementos subjetivos (como em muitas hipóteses de homicídio), é necessário levar em conta, embora sinteticamente, a existência de todos os elementos objetivos da *fattispecie* porque o dolo e a culpa devem ser contrapostos a todos aqueles mesmos elementos objetivos. Processualmente, a falta de apuramento dos elementos objetivos terá como consequência uma decisão de absolvição com base na inexistência de factos imputados ao agente, enquanto que a falta de apuramento dos elementos subjetivos determinará uma decisão absolutória com base *nos factos não constituírem crime*, pressupondo-se neste caso a prévia verificação dos elementos objetivos do crime.

Ademais, dentro dos elementos objetivos, responde-se a um imperativo lógico ao se analisar os requisitos respeitantes à **conduta** antes daqueles que se referem ao **evento**, o qual se define como a modificação da realidade causada pela conduta e que, portanto, pressupõem a própria conduta. Analogamente, os **pressupostos** da conduta – que devem, portanto, preexistir à mesma – deverão ser, geralmente, analisados antes da própria conduta. Até as **qualificações subjetivas** eventualmente solicitadas pela norma merecem uma análise o mais antecipada possível, visto que são as tais qualificações que caracterizam as figuras criminosas denominadas próprias ou de mão própria em respeito aos crimes denominados comuns.

Para que seja integrado o facto típico, ou seja, para que corresponda a *fattispecie* abstrata designada pela norma incriminatória, é necessário verificar a presença de **todos** os elementos objetivos e subjetivos previstos **cumulativamente** pela norma, e, pelo menos, um daqueles previstos em modo alternativo (por exemplo, violência à pessoa ou ameaça no roubo). Quando, durante a análise, se constate que não existe um requisito previsto em modo cumulativo ou que não existe qualquer requisito previsto em modo alternativo, a análise poderá ser concluída sem a necessidade de se avaliar todos os outros requisitos (e a eventual existência de causas de justificação, causas de exculpação etc.). Neste caso, o crime não será integrado. Será, então, possível seguir adiante e analisar um diferente título de crime (geralmente, menos grave), que pode ser integrado em face dos factos narrados.

Se, ao invés, a existência de um destes requisitos for **duvidosa** (ou seja, sejam prospetáveis argumentos plausíveis a favor e contra a sua existência), a análise deverá, de qualquer forma, continuar. Se não existirem razões para negar com certeza a existência de outros requisitos, dever-se-á concluir pela *possível* existência de um facto típico no sentido das normas incriminatórias em análise, com a consequente necessidade de se avaliar a aplicação de causas de justificação, causas de exculpação, etc.

Portanto, na prática é necessário interromper a análise sempre que no esquema se coloque um sinal ***X*** ao lado de um requisito (ou a todos os requisitos alternativos), sendo necessário prosseguir toda a vez que o sinal colocado for ✓ ou **?**.

3.4.1.2. *Em particular, sobre os elementos objetivos*

Entre os elementos **objetivos** do facto recomendamos, também, a verificação de eventuais **condições objetivas de punibilidade, devendo-se examinar a sua presença** no caso concreto.

Em linha teórica, afirma-se com frequência que as condições objetivas de punibilidade são estranhas ao facto típico, pertencendo, ao contrário, à categoria sistemática da punibilidade.

Contudo, do ponto de vista do aluno (e, mais tarde, do prático do direito), a falta da condição de punibilidade estabelecida pela lei implica que o facto concreto em exame não pode ser correspondente à *fattispecie* abstrata designada pela norma incriminatória. Sendo assim, seria inútil prosseguir a análise dos elementos subjetivos do crime e, em seguida, da falta de causas de justificação, de exculpação, de não punibilidade, e a eventual existência de circunstâncias agravantes ou atenuantes. A única peculiaridade que o aluno não deverá esquecer é que, relativamente às condições objetivas de punibilidade, **não deverá ser demonstrado, nem o dolo, nem a culpa do agente** (art. 44 c.p. italiano).

3.4.1.3. Em particular, sobre os elementos subjetivos

Os elementos subjetivos exigem que seja lembrada, em primeiro lugar, a regra contida no art.º 14, n.º 3 do C.P.[30], segundo a qual sendo o crime qualificável como **delito** torna-se necessário demonstrar o **dolo** do agente, salvo se for expressamente requerida a culpa, ao passo que numa contraordenação é necessário demonstrar alternativamente o **dolo ou** a **culpa**. Portanto, tais requisitos deverão ser sempre objeto de prova, até mesmo quando – como geralmente ocorre – a norma incriminatória não faz qualquer indicação ao elemento subjetivo requerido.

Quando se suponha um **dolo eventual** do agente, o aluno deve ter o cuidado de avaliar a existência tanto do **elemento representativo** (a efetiva previsão do evento como consequência da própria conduta), como do **elemento volitivo** (segundo as várias reconstruções feitas em sede teórica). Em caso de existência do elemento volitivo ou em caso de dúvidas sobre o mesmo, dever-se-á avaliar a possível responsabilidade do agente pelo correspondente delito culposo (agravado pela culpa com previsão ex art. 61, n. 3, c.p. italiano), quando previsto.

Tanto o dolo como a culpa devem abarcar **todos os elementos objetivos do facto de crime**, com a exclusão somente daqueles qualificáveis como meras condições objetivas de punibilidade.

A ordem de análise aqui proposta exige enfrentar já no capítulo dos *elementos subjetivos* a eventual existência de um **erro sobre o facto**, que no sentido do art.º 16, n.º 1 do C.P.[31] exclui o dolo, deixando eventualmente espaço para uma responsabilidade a título de culpa e recorrendo às respetivas condições.

Portanto, diante de um erro sobre o facto deverá ser negada a existência do dolo de *fattispecie* e, em particular, do elemento representativo do próprio dolo. Consequentemente, deverá ser posto um ***X*** ao lado do termo dolo no esquema de análise.

Às vezes, a norma incriminatória requer uma forma de dolo particularmente intenso (em especial, um **dolo intencional**) com respeito a todos ou alguns dos elementos objetivos do crime, sublinhando desta forma a insuficiência

---

[30] Art.º 42 do C.P. italiano.

[31] Art.º 47, c. 1, do C.P. italiano.

de um dolo meramente eventual. Nestes casos, será oportuno notar já no esquema – e fundamentar no parecer –, que o dolo solicitado pela norma é intencional (ou pelo menos direto). Analogamente ocorrerá quando a *fattispecie* requeira um grau particularmente intenso de culpa (por exemplo, a culpa grave).

Por fim, constituirá um elemento subjetivo por si mesmo o eventual **dolo específico** solicitado pela norma (nos termos de uma intenção de realizar um resultado, cuja verificação não é necessária aos fins da consumação do crime), que deverá ser objeto de verificação *ad hoc* com respeito ao genérico dolo de *fattispecie* (que tem por objeto os elementos objetivos e que devem se realizar para que o crime seja consumado). Idêntica análise separada é exigida por outros eventuais elementos subjetivos expressivos de particulares fundamentações ou estados de espírito (por exemplo, o *só fim de ajudar a mãe* ex art.º 136 do C.P.[32]).

A respeito, por exemplo, da hipótese criminosa de roubo ex art.º 210 do C.P.[33], o parecer deverá verificar a existência dos seguintes requisitos:

Elementos objetivos:
- violência à pessoa ou ameaça (requisitos alternativos!)
- subtração
- apoderamento
- coisa móvel
- alheia

Elementos subjetivos:
- dolo genérico (em respeito aos elementos objetivos elencados acima)
- finalidade de um lucro injusto (dolo específico)

*

No caso concreto de Pedro que dá um soco a Caio, subtraindo-lhe o relógio e que, em seguida, se afasta na posse daquele, com a finalidade de satisfazer

[32] Art.º 42 do C.P. italiano.

[33] Art.º 47, c. 1, do C.P. italiano.

um antigo crédito vencido, o esquema poderia ser completado pelo aluno com os seguintes símbolos:

Elementos objetivos:
- violência à pessoa ~~ou ameaça~~ (√)
- subtração (√)
- apoderamento (√)
- coisa móvel (√)
- alheia (√).

Elementos subjetivos:
- dolo genérico (√)
- finalidade de um lucro injusto (*X*).

A existência de violência dirigida à pessoa torna supérflua a verificação do requisito da ameaça; enquanto a finalidade de se satisfazer uma dívida anterior torna inexistente o elemento subjetivo do dolo específico, que requer que o agente aja com o fim de obter uma vantagem patrimonial à qual não tenha direito.

Algumas particularidades invocam, também, o exame da **culpa**. Neste sentido, é necessário ter o cuidado de não se esquecer qualquer das seguintes verificações, todas indispensáveis nos crimes culposos de evento:

1. **individualização da conduta sujeita a dever** na situação concreta (em face da norma cautelar escrita, na denominada **culpa específica**; ou a ser reconstruída pelo juiz em face das *leges artis* ou as comuns normas de cautela observadas no contexto social, na denominada **culpa genérica**), tendo em conta também os limites decorrentes do princípio de confiança e, da divisão do trabalho e da responsabilidade (até mesmo em função da atribuição de delegações) presente nas equipas ou nas estruturas com organizações complexas;
2. verificação da **discrasia** entre a conduta do imputado e aquela previamente individualizada como sujeita a dever;
3. verificação (em particular, na hipótese de culpa específica) da possibilidade do evento ser reconduzido do modo que a norma

cautelar violada pretendia prevenir (denominada verificação relativa à **finalidade da tutela da norma cautelar**);
4. verificação relativa à presumível eficácia impeditiva prevista na norma cautelar violada no caso concreto (denominada **causalidade da culpa**);
5. verificação da **individual exigibilidade** prevista na norma cautelar atentas as circunstâncias concretas, em particular em face das capacidades individuais do agente e a eventual anormalidade das circunstâncias nas quais a conduta foi realizada (denominada **dimensão subjetiva da culpa**), como o excessivo cansaço (não reconduzível a uma própria culpável escolha voluntária) ou a anormal afluência dos pacientes às urgências devido a uma pandemia;

Dos pontos indicados *sub* 1 e 2, nos quais se reprova o facto de se ter realizado uma conduta culposa – e, portanto, não se tendo observado o dever de conduta que recaia sobre o agente –, deverá ser fundamentado de forma sintética e mais precisa, até mesmo na formulação da acusação, parecendo difícil a mera indicação do evento ter sido causado *com culpa* ou *por culpa*.

Para sustentar a responsabilidade por homicídio culposo de Pedro, que atropela o Caio enquanto este atravessa a rua, causando a sua morte, poder-se-á desmontar, por exemplo:

1. que naquele trajeto de rua a velocidade máxima consentida é de 50 km/h;
2. que o imputado viajava a 70 km/h;
3. que o limite máximo de velocidade de 50 km/h pretendia, também, prevenir o atropelamento involuntário dos peões na rua;
4. que se o agente tivesse viajado a 50 km/h, não teria provavelmente atropelado o peão;
5. que não existiam razões que tornassem inexigível o respeito da norma cautelar pelo imputado.

A relativa imputação poderia ser formulada do seguinte modo:
Homicídio estradal (art. 589-bis, c. 1, c.p. italiano)

O Pedro poderia ser considerado responsável pelo crime em epígrafe por ter causado, com culpa, a morte de Caio, devido, em particular, à circulação do próprio automóvel a uma velocidade de 70 km/h, ao invés da velocidade máxima consentida 50 km/h, atropelando o próprio Caio enquanto aquele estava a atravessar a rua.

A colocação dogmática de cada uma das verificações indicadas acima dentro das categorias da tipicidade e da culpabilidade é fortemente debatida na doutrina. Em particular, muitos autores colocam as verificações *sub* 3 e 4 na categoria da **imputação objetiva do evento** (por sua vez entendida como subcategoria no âmbito da categoria tipicidade objetiva), sendo pensada como a imputação dolosa e culposa; enquanto a verificação *sub* 5 é, geralmente, classificada no âmbito do **juízo de culpabilidade**.

Neste manual, destinado a alunos do primeiro ano de estudo do direito penal, mas ainda não familiares com a *práxis* judiciária, escolhemos não os sobrecarregar com questões dogmáticas de grande interesse teórico. Partindo da pragmática constatação que, além das disputas teóricas e das inevitáveis diferenças de acento entre uma imputação e outra, a maioria dos autores converge, hoje, no reconhecimento da necessidade de se realizar todas as verificações indicadas acima aos fins da imputação de um evento por culpa, decidimos incluir todas estas verificações numa única sede – a do juízo da culpa –, como geralmente ocorre nos manuais de direito penal.

Além disso, decidimos não conferir uma relevância separada ao juízo de **previsibilidade** do evento, visto que tal critério, por um lado, é um instrumento necessário para determinar – na passagem acima indicada *sub* 1 – qual a conduta sujeita a dever nos casos de culpa genérica, e por outro lado, é formulável mais exatamente – nos casos de culpa específica – *sub specie* do juízo relativo à possibilidade do evento ser reconduzido do modo que a norma cautelar violada tendia a prevenir, nos termos indicados acima *sub* 3.

3.4.2. *Antijuridicidade*

Concluída a análise relativa aos elementos objetivos e subjetivos (e, portanto, da tipicidade objetiva e subjetiva), é necessário perguntar se o facto é antijurídico, ou seja, se existem os requisitos de uma ou mais **causas de justificação**, cuja presença faria excluir a antijuridicidade do facto. Na prática, é necessário verificar se ao caso são aplicáveis uma ou mais normas *facultativas* ou *que imponham* a realização do facto adscrito ao agente.

Na hipótese – frequente – em que *claramente* esses requisitos não existam, o parecer deverá se limitar a tal constatação, observando, por exemplo, que **não parecem existir os requisitos de qualquer causa de justificação.**

Caso a operabilidade de uma ou outra causa de justificação não possa ser *ictu oculi* excluída, é necessário examinar todas as causas de justificação razoavelmente prospetáveis no caso concreto, analisando separadamente as suas possíveis operabilidades.

Na análise de mais causas de justificação consideramos que não existem regras precisas com respeito à **ordem** a seguir. O aluno poderá ser guiado, em propósito, pela própria intuição, que provavelmente o induzirá a iniciar por aquela cuja existência é *prima facie* mais verosímil. Porém, o aluno deve ter em consideração que um bom parecer passa por analisar **todas** as causas de justificação suscetíveis de ser razoavelmente debatidas no caso concreto, sobretudo quando exista uma margem de dúvida com respeito à operabilidade de uma ou da outra.

Aqui também vale a regra áurea segundo a qual, existindo uma causa de justificação com carácter especial em relação a outra, a verificação positiva respeitante à existência da *lex specialis* exonera a prova da relativa *lex generalis* (por exemplo, quando se verifiquem os requisitos do uso legítimo das armas ex art. 53, c. 1, c.p. italiano, que pressupõem a qualificação subjetiva do agente como *público oficial*, poderia ser considerada supérflua a prova da existência dos requisitos da legítima defesa ex art.º 32 do C.P.[34], que é uma causa de justificação comum, aplicável a qualquer pessoa.

Na análise relativa a cada causa de justificação é necessário individualizar todos os **requisitos** estabelecidos pela norma justificante e, portanto, verificar a existência de cada um destes no caso concreto, levando em consideração que somente quando se encontre a presença de **todo**s esses requisitos (**ou, pelo menos, um daqueles previstos em via alternativa**) será possível

[34] Art.º 578 do C.P. italiano.

concluir pela operabilidade da causa de justificação e, por sua vez, pela *não antijuridicidade* do facto.

Em respeito a várias causas de justificação, os requisitos podem ser distinguidos entre aqueles que se referem à **situação justificante** (e, portanto, aos pressupostos da conduta justificada) e aqueles que se referem à **conduta justificada**.

Além disso, é necessário levar em conta que, no ordenamento jurídico português, as causas de justificação são estruturadas em torno de elementos objetivos, mas por vezes contemplam também **elementos subjetivos**, que devem igualmente conotar a conduta do agente.

Por exemplo, no **uso legítimo das armas** ex art. 53, c. 1, c.p. italiano são requisitos pertencentes à dimensão justificante:

1. a qualificação de oficial público do agente;
2. a existência, alternativa, de uma *violência ou* de uma *resistência* ou de um *perigo de praticar delitos* indicados analiticamente pela própria norma.

Por outro lado, são requisitos pertencentes à conduta justificada:

3. o *uso ou* a *ordem de usar* armas ou outros meios de coação física;
4. a necessidade da conduta;
5. o requisito implícito da proporcionalidade da conduta.

Por fim, é requisito subjetivo:

6. a finalidade de *cumprir um dever* do próprio ofício.

Até mesmo com respeito às causas de justificação – especialmente aquelas mais complexas – o nosso conselho é o de elencar no rascunho todos os requisitos da causa de justificação em exame, para ter a certeza de não se esquecer de algum. A este propósito convirá lembrarmo-nos até mesmo dos requisitos que, embora não explicitados na norma, são considerados implícitos pela doutrina e pela jurisprudência, e que somente as aulas do docente e o estudo dos manuais podem evidenciar.

A causa de justificação da legítima defesa regulamentada pelo art.º 32 do C.P.[35], exige, por exemplo, a prova dos seguintes requisitos:

Em respeito à situação justificante:

- perigo
- atual
- ofensa (leia-se, agressão humana)
- injusta
- direito próprio *ou* alheio (requisitos alternativos)
- produção não voluntária da agressão (requisito de origem jurisprudencial).

Em respeito à situação justificada:

- necessidade
- proporcionalidade

Vale, inclusive para esta análise, a recomendação – já formulada a propósito do requisito do facto típico – de se detalhar somente os requisitos que apresentem perfis problemáticos, limitando-se a apreciação dos demais a uma sintética constatação da sua existência (por exemplo, se o Pedro desfere três murros contra o Caio, o qual reage dando a Pedro outros tantos, a existência de uma *ofensa* ao direito da *incolumidade física* do Caio é evidente e não requer um exame minucioso).

Lembrem-se que as causas de justificação operam, também, na forma **putativa**, ou seja, quando o agente considere erroneamente existente *todos* os seus pressupostos de facto (art.º 16, n.º 2 do C.P.[36]). Por isso, admite-se igualmente em respeito às causas de justificação um possível excesso (art. 55 c.p. italiano). Contudo, o elemento de crime em tais situações que poderia faltar é a culpabilidade e não a antijuridicidade (v, *infra*, parágrafo 3.4.3).

[35] Art.º 628, c. 1, do C.P. italiano.

[36] Art.º 52, c. 1, do C.P. italiano.

Na parte da análise dedicada à antijuridicidade em que se conclua pela existência real de uma ou mais causas de justificação, ou pela existência de uma causa de justificação putativa, de um excesso ou de uma situação de legítima defesa desculpável cujos efeitos sejam aqueles de determinar a radical não punibilidade do agente, deve ser interrompida quanto ao título delituoso.

Em qualquer outra hipótese, a análise deverá seguir adiante com os seguintes passos.

3.4.3. Culpabilidade

As causas de exclusão da culpa podem ser englobadas em quatro categorias fundamentais:

1. **causa de exclusão da imputabilidade**
2. **erro inevitável sobre a lei penal** (art.º 16, n.º 1 do C.P.[37])
3. **erro desculpável sobre as causas de justificação** (causas de justificação putativas) ou **excesso desculpável sobre uma causa de justificação**
4. **causas de exclusão da culpa** em sentido estrito, fundadas sobre a *inexigibilidade* da conduta lícita em face das circunstâncias excecionais que acompanham a ação.

Neste caso consideramos, também, que não existem razões lógicas que imponham uma precisa **ordem na análise**, embora – onde existam elementos para examinar a presença de um vício total da capacidade mental ou uma outra causa de não imputabilidade – será natural apreciar esta causa de exclusão da culpabilidade antes de avaliar, por exemplo, o eventual erro sobre a proibição ou sobre a causa de justificação em que o agente tenha incorrido, que verosimilmente seria condicionado pela sua própria incapacidade de entender e querer. As causas de **parcial incapacidade de entender** e querer serão analisadas juntamente com as circunstâncias atenuantes: v., infra, parágrafo 3.4.4.

---

[37] Art.º 59, c. 4, do C.P. italiano.

Algumas causas de exclusão da culpa em sentido estrito (por exemplo, a provocação nos delitos contra a honra – art.º 599, c. 2, c.p. italiano) têm uma estrutura complexa, com inúmeros requisitos objetivos (por exemplo, o facto injusto alheio e a imediaticidade temporal da reação – art.º 599, c. 2, c.p. italiano:) e subjetivo (por exemplo, o estado de ira causado pelo facto injusto), merecendo cada um o respetivo exame, do mesmo modo como ocorre com os requisitos das causas de justificação.

As hipóteses, particularmente intricadas, do erro sobre a causa de justificação ou do excesso em causa de justificação merecem algumas observações *ad hoc*.

Primeiramente, quanto ao **erro sobre a causa de justificação** (na doutrina e na jurisprudência designa-se, frequentemente, também de causas de justificação putativas), a doutrina – embora divergindo do *iter* argumentativo que suporta tal conclusão – é unânime em afirmar que se trate de erro que exclui a culpabilidade do agente. Portanto, o facto permanece antijurídico e, por sua vez, *ilícito*, não existindo os extremos objetivos da descriminante (com as importantes consequências de que a vítima da conduta poderá reagir, invocando a legítima defesa contra a mesma conduta, e será titular de um direito ao ressarcimento do dano subido), mas o autor *não é reprovável* (ou, nas hipóteses de erro culposo, é *menos reprovável*), tendo agido no erróneo convencimento da licitude da própria conduta.

Como se ensina nos manuais, esta situação é disciplinada pelo art.º 59, ulti. inciso, c.p. italiano. Aos fins da análise do caso, uma vez excluídos os extremos *reais* de uma causa de justificação, é necessário, então, verificar se o agente tenha agido mediante um erróneo convencimento em respeito à sua existência. Tal poderá ter três desígnios diferentes:

1. o agente não operou mediante tal convencimento e, então, a causa de justificação não opera;
2. o agente operou mediante tal convencimento, mas o seu erro é *culposo*, e o delito por ele cometido é punível a título de culpa. Então, o agente deverá ser punido **no sentido do correspondente delito culposo** (a não ser que existam outras causas de exclusão);
3. o agente operou mediante tal convencimento, mas o seu erro é *desculpável* ou o delito não é punível a título de mera culpa, devendo, então, o agente ser declarado **não punível**.

Embora a colocação dogmática do erro sobre a causa de justificação seja desde sempre muito debatida, há ampla convergência – a qual aqui nos limitamos a reconhecer – sobre a conclusão que este exclua ou, no segundo dos casos, reduza, a culpabilidade do agente, independentemente da razão que fundamenta essa conclusão (por alguns autores é individualizada na falta do dolo e por outros na exclusão ou redução do conteúdo de culpabilidade de um facto que, contudo, permanece doloso).

Outra hipótese diferente é representada pela disciplina do **excesso nas causas de justificação**, ex art.º 33 do C.P.[38]. O excesso tem em comum com a causa de justificação real a *existência dos requisitos objetivos que se referem à situação de exclusão,* da qual se diferencia porque o agente *excede os limites* da sua conduta, assinalados pela causa de justificação (por exemplo, o agente adopta uma conduta não necessária ou não proporcional), como consequência:

1. de uma *errónea subestimação da situação* contra a qual o agente reage; ou,
2. de um *erróneo controlo da própria reação.*

Em ambos os casos, na eventualidade de se apurar de facto um erro do agente (na perceção da situação ou no controle da própria conduta), a **responsabilidade a título de culpa será excluída** e – alternativamente – poderá permanecer uma **responsabilidade a título culpa,** no caso em que o erro seja atribuível por culpa e o delito seja punível também na forma culposa, mantendo **excluída a responsabilidade em todos os outros casos**.

A causa de justificação real, a causa de justificação putativa e o excesso culposo intersectam-se de modo particularmente complexo – e nem sempre é fácil de se administrar ao aluno – sobretudo em relação à legítima defesa (art.º 32 do C.P.[39]), na qual se torna mais complicada pela recente introdução, no código penal italiano, de uma nova forma de excesso *desculpável* de legítima defesa (art. 52, c. 2, c.p.p. italiano; assim também artigo 33.º do CP).

O nosso conselho vai no sentido, no caso em que estes institutos sejam levados em consideraçãu, de se proceder desta forma:

---

[38] Art.º 55 do C.P. italiano.

[39] Art.º 52 do C.P. italiano.

1. primeiramente, examinar a existência **real** da **legítima defesa** nos sentidos do art. 52, c.1, c.p. italiano;
2. excluído o recurso a uma legítima defesa real, verificar se existe, pelo menos, uma situação *de exclusão* (e, portanto, uma agressão atual contra a qual o agente se defendeu), ao ponto de conduzir ao reconhecimento de um **excesso** na defesa;
3. em caso afirmativo, verificar se o excesso é **doloso** (ou seja, se o agente superou voluntariamente os limites impostos pela necessidade e pela proporção), com a consequente punibilidade do agente;
4. onde se conclua que o excesso não seja doloso, verificar que o mesmo (leia-se o excesso) é **desculpável**, levando em consideração o disposto no art.º 33, n.º 2 do C.P.[40]– que exclui a punibilidade de quem cometeu o facto para salvar a incolumidade própria ou alheia, agiu em condições de *defesa minorada* ou em um *estado de grave perturbação* derivada da situação de perigo atual, delineando-se neste caso a não culpabilidade do agente por falta de culpabilidade –; ou deve ser considerado **culposo**, não existindo as condições ex c. 2 art. 55 c.p. italiano e tratando-se de erro no qual uma pessoa média nas mesmas circunstâncias do agente *não teria incorrido;*
5. na falta, por fim, de qualquer situação de exclusão (ou seja, na falta de uma agressão real), se verificar, contudo, que o agente tenha agido no erróneo convencimento de sua existência, com as consequências ex art.º 16, n.º 2 do C.P.[41] indicadas acima (*responsabilidade por culpa* em caso de erro culposo e previsão da culpabilidade do delito a mero título de culpa; ou não punibilidade nos outros casos).

Como é evidente, desta forma aderimos, na falta neste momento de um posicionamento jurisprudencial, à tese, já proposta na doutrina, segundo a qual o novo c. 2 do art. 55 c.p. italiano não se aplica à hipótese em que o agente supere voluntariamente os limites da necessidade e da proporção, mas somente nas hipóteses de excesso culposo – como demonstra, por outro lado, a própria colocação sistemática da nova disposição normativa.

[40] (novo) c. 2 do art. 55 do C.P. italiano.

[41] Art.º 59, ult. Inciso, do C.P. italiano.

Em toda a hipótese em que se considere existente uma causa de exclusão da culpabilidade, a análise dever-se-á interromper; caso contrário, será necessário seguir adiante com o passo seguinte, relativo às circunstâncias capazes de influir no *quantum* da pena aplicável.

3.4.4. Circunstâncias agravantes e atenuantes

Entre as circunstâncias do crime prospetáveis é conveniente iniciar a análise do caso pelas **circunstâncias agravantes**, que devem ser indicadas na acusação. Entre estas deve ser dedicada particular atenção à reincidência, nas suas várias formas (art.º 75 do C.P.[42]), que constituem, segundo a jurisprudência, uma circunstância agravante em sentido técnico. Logo, em seguida, devem ser analisadas as eventuais **circunstâncias atenuantes**.

A análise da existência dos requisitos de cada circunstância (indicadas pela previsão normativa) dever-se-á estender ao exame dos elementos **objetivos e subjetivos** indicados pelas normas relevantes, não descurando a verificação da existência **pelo menos da culpa** (art.º 16, n.º 2 do C.P.[43]) com respeito a cada elemento objetivo das circunstâncias agravantes.

A ordem que deve ser respeitada na análise de cada circunstância (salvo, a regra geral segundo a qual as circunstâncias agravantes devem sempre ser analisadas antes das circunstâncias atenuantes) é amplamente discricionária, embora convenha examinar primeiro – em relação ao seu peso no tratamento sancionatório – aquelas com **efeito especial** ou, que determinem agravamentos ou atenuações de pena particularmente significativos, passando, em seguida, às circunstâncias com **efeito comum** e deixando para último as **circunstâncias atenuantes genéricas** ex art.º 72 do C.P.[44]. Estas últimas permitirão valorizar os elementos do facto (que o aluno deverá indicar pontualmente), que conotem menor desvalor com respeito ao caso típico sobre o qual a norma incriminatória é construída, ressalvando-se aqueles já considerados por outras circunstâncias atenuantes.

Não deverão ser consideradas as diminuições de pena conexas à escolha do rito (barganha, julgamento sumário), que não podem ser consideradas circunstâncias atenuantes em sentido técnico.

---

[42] Art.º 99 do C.P. italiano.

[43] Art.º 59, c.2, do C.P. italiano.

[44] Art.º 62-bis do C.P. italiano.

O aluno poderá certamente expressar na sua resposta o êxito do juízo de **comparação** (art. 69 c.p. italiano) entre as circunstâncias agravantes e atenuantes individualizadas.

3.4.5. *Punibilidade (e procedibilidade)*

Por fim, a última secção do parecer deverá ser dedicada a todas as eventuais causas de não punibilidade em sentido estrito (diferentes, portanto, das causas de justificação e das causas de exclusão da culpabilidade), às **causas de improcedibilidade** e às **causas de extinção do crime,** que poderiam beneficiar no caso concreto o sujeito em relação ao crime em exame.

As aulas e o estudo do manual forneceram um catálogo de tais causas, que são entre si muito heterogéneas.

Entre as **causas de não punibilidade em sentido estrito**, assume, hoje, elevada relevância a **não punibilidade por particular tenuidade do facto ex art.º 74 do C.P.**[45], cuja possível operabilidade o aluno deverá sempre avaliar em cada hipótese em que o delito seja punível com a pena de prisão não superior a cinco anos.

Entre as **causas de não procedibilidade**, deverá ser reservada uma atenção especial à possível ausência de **denúncia.** Se o crime em exame é faz depender a persecução da denúncia do ofendido e a narração do caso não faz qualquer referência à apresentação da denúncia pela pessoa ofendida, o aluno deverá evidenciar que o crime em causa é objeto de persecução somente se tal condição se realizar.

Entre as **causas de extinção do crime** (que dependem de circunstâncias sucessivas à realização do crime, como – *inter alia* – a **desistência da tentativa do delito** ex art.º 24 do C.P.[46]) assume, na *práxis* judiciária, elevada relevância a **prescrição do crime** (art.º 122 do C.P.[47]), que, contudo, deverá ser examinada somente após a narração do caso conter referências temporais que aludam claramente à possibilidade que alguns crimes tenham prescrito.

---

[45] Art.º 131-bis do C.P. italiano.

[46] Art.º 56, c. 3, do C.P. italiano.

[47] Art.º 157 do C.P. italiano.

3.5. Conclusões intermediárias para cada figura de crime analisado

Após a análise dedicada a cada figura de crime cometido por um determinado sujeito, o aluno deverá concluir sinteticamente esclarecendo se o sujeito ***será verosimilmente considerado responsável pelo crime em epígrafe*** ou ***não será considerado provavelmente responsável pelo crime em epigrafe*** ou ainda ***poderá ser considerado responsável pelo crime em epígrafe***, devendo esta última fórmula ser reservada aos casos em que não seja possível excluir razoavelmente uma condenação em sede de julgamento.

Se solicitado, o aluno poderá exprimir a própria opinião sobre a gravidade relativa do crime dentro da *fattispecie* criminosa (nomeadamente, se se trata de um facto concreto de crime particularmente grave, de média gravidade ou, ao contrário, de baixa gravidade?), em face, em particular, dos critérios *ex* art.º 71 do C.P.[48], colocando assim as bases conceituais para a determinação da pena (que, porém, não é requerida ao aluno).

4. ALGUMAS PECULIARIDADES RELATIVAS A DETERMINADAS FORMAS DE MANIFESTAÇÃO DO CRIME

4.1. O crime omissivo impróprio (art.º 10, n.º 1 do C.P.[49])

Como antecipado, existem situações em que a relevância penal do facto realizado não depende apenas da sua conformidade a uma norma incriminatória, mas deriva da conjugação entre a norma incriminatória e a norma extensiva da punibilidade colocada na parte geral do código penal português. Nesta hipótese, a acusação formulável contra o sujeito deverá invocar tanto a norma (da parte geral) extensiva da punibilidade, como a norma incriminatória ajustada ao caso.

Um destes casos é representado pelo **crime omissivo impróprio** – no âmbito do designado crime comissivo por omissão –, que se fundamenta na conjugação entre a cláusula geral ex art. 40, c. 2, c.p. italiano e a norma incriminatória responsável por prever, de modo específico, o crime comissivo de evento. A combinação entre tais normas cria, a todos os efeitos, uma nova

[48] Art.º 133 do C.P. italiano.

[49] Art.º 40, c.2, do C.P. italiano.

figura abstrata de crime, caracterizada pela falta de impedimento do evento do crime por quem tinha o **dever jurídico de impedir a sua realização**.

Assim, se o caso narra a situação de um médico que omite o dever de administrar ao paciente um determinado tratamento recomendado de acordo com a prática médica, não impedindo, com isso, a morte do próprio paciente, o aluno deverá evidenciar imediatamente que poderá ser formulada contra o médico uma acusação a título de homicídio culposo por omissão ex art. 40, c. 2, e art.º 131 do C.P.[50], decorrente da existência de uma posição de garantia médica com respeito ao paciente.

Consequentemente, a análise da possível responsabilidade do sujeito poderá ser introduzida da seguinte forma:

Homicídio culposo mediante omissão (artt. 40, c. 2, 2 589 c.p. italiano)

O Pedro poderia ser considerado responsável pelo crime em epígrafe, por não ter evitado, de modo culposo, a morte de Caio, mesmo tendo o dever jurídico de impedir tal evento enquanto médico responsável pelo serviço de emergência e, em particular, omitindo o dever de intubar o paciente, pese embora o grave estado de hipóxia no qual aquele se encontrava.

Com respeito, portanto, ao esquema geral a ser seguido na análise do crime comissivo, o crime omissivo impróprio tem um elemento objetivo a mais, representado pelo dever jurídico de impedir o evento do sujeito cuja responsabilidade se discute, ou seja, pela sua **posição de garantia**, seguindo a terminologia mais usada na doutrina e, de acordo com os princípios ilustrados nas aulas e no manual.

Visto que a responsabilidade por *omissão de impedimento* de um evento é logicamente subsidiária com respeito à possível responsabilidade comissiva, por ter causado o próprio evento, a análise dos elementos do crime omissivo impróprio **pressupõe que o sujeito não tenha causado o evento com uma conduta ativa** (caso contrário é delineada a sua responsabilidade a título comissivo). Para apurar este pressuposto será sempre necessário estabelecer

---

[50] Art.º 589 do C.P. italiano.

preliminarmente qual tenha sido o **real decurso causal que conduziu ao evento.** Ou seja, apurar o decurso causal sobre o qual não deviam ter influído as eventuais condutas que o sujeito tenha realizado.

Encontrarmos situações de fronteira entre responsabilidade comissiva e omissiva é frequente, por exemplo, nas situações adstritas à responsabilidade médica.

Se, no caso precedente, o médico se tivesse limitado a praticar uma injeção de cortisona ao paciente e se, em seguida, a pessoa tivesse falecido, seria necessário esclarecer preliminarmente quais tinham sido as causas da morte (por exemplo: hipóxia determinada por pulmonite aguda e consequente grave insuficiência respiratória). Uma vez verificado tal decurso causal real é, ainda, necessário esclarecer:

- se entre as concausas (ex art.º 30 do C.P.[51]) da morte se inserem, também, a administração da cortisona (e, desta feita, é possível imputar a responsabilidade a Pedro por homicídio culposo em forma *comissiva* ex art. 589 c.p. italiano) ou,
- se a cortisona não tenha tido nenhum efeito desfavorável nas condições do paciente, cuja morte é devida exclusivamente à hipóxia, que deveria ter sido contrariada com a intubação do próprio paciente (e, então, é possível atribuir a responsabilidade a Pedro por homicídio culposo mediante *omissão* ex art. 40, c. 2, e 589 c.p. italiano).

Por fim, a análise do **nexo causal** entre a conduta omissiva e o evento exige, logicamente, a individualização da conduta sujeita a dever omitida pelo agente e a demonstração de que se tal conduta tivesse sido observada o evento não se teria realizado. Esta análise comporta a necessidade de já ser abordada na secção dedicada ao elemento subjetivo e, mais em particular, de serem feitas as verificações indicadas *sub* 1, 2 e 4 quando tratamos a imputação do crime culposo de evento – v. *supra*, parágrafo 3.4.1.3. Consequentemente, tais verificações não deverão mais ser repetidas quando se deva analisar a culpa do agente.

[51] Art.º 41, c. 1 e 3, do C.P. italiano.

No exemplo precedente a análise deverá, portanto, ser objeto de demonstração pontual logo na secção dedicada aos elementos objetivos do crime:

- que, segundo as *legis artis* e/ou os protocolos médicos apropriados, o médico Pedro deveria ter praticado uma traqueotomia ao paciente naquelas condições de hipóxia, e
- que, se a traqueotomia tivesse sido tempestivamente efetuada (já no momento da hospitalização do paciente), aquela técnica cirúrgica teria evitado a morte do paciente.

Note-se: ambas as verificações referidas seriam indispensáveis até, se necessário, para supor uma responsabilidade do Pedro a título de dolo (por exemplo, no caso em que o Pedro tivesse decidido não praticar a traqueotomia porque o Caio era o amante (que odiava) de sua esposa, o Pedro não poderia ser considerado responsável a não ser que fosse possível demonstrar que a traqueotomia era efetivamente devida e que a sua aplicação teria salvado a vida do pobre Caio).

Em síntese, os **elementos objetivos** essenciais do crime omissivo impróprio (comum tanto na hipótese dolosa quanto aquela culposa) podem ser assim resumidos:

1. existência de um **evento típico** (por exemplo, a morte de um homem);
2. reconstrução das **causas reais** do evento (por exemplo, a hipóxia);
3. **exclusão** que o evento tenha se realizado também por efeito de uma **conduta comissiva** praticada por um sujeito cuja responsabilidade se discute (como a administração de um fármaco que agravou a situação clínica do paciente, acelerando o decurso letal; a administração que, neste caso, seria concausa do evento, no âmbito de uma comum responsabilidade comissiva);
4. verificação do **dever de impedir o evento** (*id est*, da posição de garantia) do sujeito cuja responsabilidade se discute (por exemplo, responsabilidade da emergência médica);

5. individualização da **conduta sujeita a dever** nas circunstâncias concretas, ou seja, das condutas que o sujeito deveria ter realizado (por exemplo, a intubação);
6. demonstração de que se tal conduta tivesse sido realizada, o evento não teria se verificado (denominado **nexo causal** entre omissão e evento).

Após serem percorridos todos os passos referidos, poderá ser analisado o **elemento subjetivo** do crime: **dolo** (consciência e vontade de não impedir o evento, até mesmo na forma do dolo eventual) ou **culpa** (cuja prova será maioritariamente fornecida pela verificação em sede de exame dos elementos objetivos). Em seguida, serão realizadas todas as restantes verificações comuns ao delito comissivo, relativas à antijuridicidade, à culpabilidade, às eventuais circunstâncias agravantes e atenuantes, e às demais condições de punibilidade.

O esquema aqui sinteticamente ilustrado pode, com mínimas modificações, ser utilizado também para a verificação da possível responsabilidade penal de um sujeito que, fora das hipóteses de concurso de pessoas no crime, não tenha impedido um crime cometido por um terceiro, em que ele tenha o dever jurídico de impedir. Neste caso, o sujeito responderá por **omissão de impedimento do crime**, sem que seja necessário invocar os princípios e as normas em matéria de concurso de pessoas no crime (art.º 28 e 29 do C.P.[52]).

Assim, se a Caia não impede voluntariamente a violência sexual perpetrada pelo convivente Pedro contra a sua jovem e filha Maria, poderá ser chamada a responder por omissão de impedimento da violência sexual. A referida acusação poderá ser formulada desta forma:

Violência sexual mediante omissão (artt. 40, c. 2 e 609-bis, agravado ex art. 609-ter, n. 1 e 5 c.p. italiano)

A Caia poderia ser chamada a responder por não ter impedido o Pedro de obrigar, com violência e ameaça, a Maria a praticar atos sexuais, mesmo tendo o dever jurídico de impedir tal crime enquanto mãe. Com a agravante do facto ter sido cometido contra uma pessoa menor de idade e com a ulterior agravante da omissão ter sido realizada na qualidade de progenitora.

---

[52] Art.º 110 s. do C.P. italiano.

*

Na hipótese – altamente provável – de já ter sido examinada no parecer a responsabilidade do Pedro, a acusação relativa a Caia poderia se limitar a conter a menção ao *delito contido na acusação precedente*, nomeadamente nos seguintes termos:

A Caia poderia responder por não ter impedido o Pedro de realizar o crime contido na acusação precedente, mesmo tendo o dever jurídico de impedir tal crime enquanto mãe de Maria. Com a agravante etc.

*

Analogamente, na hipótese de após uma falha de vigilância do Alberto, na qualidade de agente de segurança privado, não ter sido possível impedir o Bruno de cometer um homicídio dentro de um edifício, ao lado da acusação por homicídio voluntário (art. 575 c.p. italiano) contra o Bruno poderia supor-se uma acusação paralela contra o Alberto nos seguintes termos:

Homicídio culposo mediante omissão (artt. 40, c. 2, 589 c.p. italiano)
O Alberto poderia responder por não ter impedido – por culpa consistente na falha do dever de vigilância no acesso ao edifício – o Bruno de realizar o delito descrito na acusação precedente, mesmo tendo o dever jurídico de impedir tal delito em face da sua função de agente de segurança privado no edifício em questão.

Com frequência a doutrina considera a omissão de impedimento de um crime alheio como uma hipótese particular de concurso de pessoas no crime. Pensamos que esta classificação – que imporia formular acusações com a indicação do art. 110 c.p. italiano – corre o risco de criar tantos problemas quantos possa resolver, sobretudo nas hipóteses caracterizadas por diferentes coeficientes subjetivos contra as diversas pessoas intervenientes no caso (como verificamos na segunda hipótese simplificada na *box*). Por outro lado, não nos parece plausível aplicar a quem simplesmente omita o impedimento de um crime alheio as circunstâncias agravantes e atenuantes previstas, especificamente, em matéria de concurso de pessoas ex art. 112 s. c.p. italiano.

Assim sendo, pensamos que a solução preferível passa, então, por formular contra quem não impediu o crime alheio uma mera acusação ex art.º 10, n.º 1 do C.P.[53], a título *monosubjetivo*, em que o evento não impedido – a que se refere textualmente a norma – é representado pelo mesmo evento naturalístico causado pelo mesmo crime (nos dois exemplos precedentes, a *constrição a praticar atos sexuais*, ou a *morte* da vítima).

4.2. A tentativa de delito (art.º 22 do C.P.[54])

Uma segunda hipótese importante em que a punibilidade do agente depende da combinação entre uma norma incriminatória e uma disposição de parte geral é-nos representada pela tentativa de delito, disciplinada pelo art. 56 c.p. italiano.

A análise da possível responsabilidade do agente por tentativa de delito requer, primeiramente, uma verificação preliminar da **falta de consumação do delito.** É uma verificação geralmente óbvia, mas que em alguns casos pode criar dificuldades relevantes (por exemplo, em situações de violência sexual), que deverão neste caso ser objeto de uma análise específica. Além disso, uma responsabilidade por delito consumado deve ser excluída quando o evento, embora desejado pelo agente, se realiza como consequência de uma causa diferente da conduta do próprio agente.

O Pedro dissolve na sopa do Caio um veneno potente, com a intenção de matá-lo. O Caio come a sopa e, em seguida, sente dores intensas na zona do estômago. Nesse meio tempo, chega à casa um antigo inimigo de Caio, o Mário, que lhe dispara um tiro de pistola no abdômen. O Pedro é hospitalizado e, em seguida, morre.

Com respeito à possível responsabilidade do Pedro, é necessário verificar se a morte do Caio é casualmente reconduzível – pelo menos, em termos de concausalidade – ao veneno dissolvido na sopa ou ao tiro de pistola desferido por Mário. No primeiro caso, o Pedro responderá por homicídio doloso consumado, agravado pelo uso de uma substância venenosa (art.º 131 e 132

[53] Art.º 40, c. 2, do C.P. italiano.

[54] Art.º 56 do C.P. italiano.

do C.P.[55]); no segundo caso, o Pedro deverá responder somente por *tentativa* de homicídio agravado (artt. 56, 575, 576, c. 1, n. 2, c.p. italiano).

Uma vez estabelecido que o delito não foi consumado, é necessário analisar os elementos constitutivos da tentativa de delito no sentido previsto pelo art. 56 c.p. italiano. O método aqui recomendado – que corresponde àquele usado na análoga literatura de língua alemã, na qual este manual se inspira – passa por se iniciar a análise pela reconstrução da **vontade do agente**, que deve ser apurada como intencionada a realizar o delito e cuja responsabilidade em forma de tentativa se discute. Somente iniciando pela perspectiva do agente será possível entender qual o delito que este *tentou* realizar. A intenção (ou a vontade do agente) alude ao requisito da **direção dos atos** (com respeito à realização de um determinado delito) contido no art. 56 c.p. italiano.

Considerem o seguinte caso: o Pedro dispara um tiro, com arma de fogo, na direção do Caio, atingindo-o no abdômen e causando-lhe uma doença curável em 50 dias. Apenas reconstruindo a intenção do agente é possível responder se ele irá ser acusado por tentativa de homicídio (artt. 56, 575 c.p. italiano) ou por lesões pessoais graves consumadas (art. 143 e 147 do C.P.[56]).

Somente uma vez reconstruída tal intenção será possível avaliar se a ação, também, era idónea e *direta*, de forma não equívoca, a matar a vítima.

Ao contrário, na eventualidade do caso narrado não relevar qualquer vontade homicida, o aluno poderia prosseguir avaliando a responsabilidade do Pedro pelo (menos grave) delito de lofensa à integridade física grave.

*

Analogamente, idealizem o seguinte caso: o Pedro introduz-se na casa da Caia. A sua ação é interrompida pela ativação do alarme. Para identificar-se que se trata de uma tentativa de furto devemos, preliminarmente, esclarecer

[55] Art.º 575, 576, c. 1, n. 2, do C.P. italiano.

[56] Art.º 582, 583, c. 1, n. 1, do C.P. italiano.

quais foram as intenções do Pedro. Se o Pedro tinha se introduzido na habitação para:

1. violentar a Caia ou
2. se introduzir abusivamente no computador da Caia.

Não teria sentido algum supor uma tentativa de furto.

No âmbito da tentativa de delito, as exigências da análise casuística impõem, portanto, uma **inversão** do método tradicional de exame utilizado para todas as outras figuras criminosas. **Primeiro** é necessário analisar a **vontade delituosa** e, **em seguida,** os **elementos objetivos** indicados pelo art. 56 c.p. italiano e pela norma incriminatória pertinente. Isto comporta, na prática, a necessidade de examinar **todos os requisitos objetivos da *fattispecie* criminosa** levados em consideração na forma de tentativa no segundo caso concreto avaliado **com o prisma da intenção do agente**.

Por exemplo, no caso da tentativa de fraude (art.º 217.º do C.P.[57]), é necessário demonstrar, preliminarmente, a **vontade** do agente em:

- utilizar artifícios ou engano;
- induzir outrem em erro;
- induzir outrem a realizar um ato de disposição patrimonial;
- obter um lucro injusto;
- causar um dano patrimonial alheio.

Na hipótese (frequente) em que alguns destes elementos já tenham sido realizados (por exemplo, o artifício e/ou engano), dever-se-á demonstrar que estes sejam expressivos da vontade do sujeito de realizar o crime na forma tentada.

[57] Art.º 640 do C.P. italiano.

A vontade de cometer o crime dever-se-á manifestar na forma de uma verdadeira **intenção** ou, pelo menos, de um **dolo direto**, segundo todas as prospetivas teóricas – seguidas, hoje, seguidas pela jurisprudência – que consideram o dolo eventual insuficiente para fundamentar uma responsabilidade por tentativa de delito; embora há quem defenda que se poderá manifestar, também, desta última forma (leia-se dolo eventual). A existência deste debate permitirá ao aluno identificar **duas soluções opostas** no caso, cada vez que o comportamento psicológico do agente demonstre ser reconduzível ao mero dolo eventual.

Uma vez verificada a vontade de cometer o delito e, portanto, a existência de atos (subjetivamente) diretos a cometer o delito, poderão ser analisados **dois requisitos objetivos específicos indicados pelo art. 56 c.p. italiano**: a **idoneidade** dos atos e o seu carácter **não equívoco**, segundo a interpretação fornecida pela doutrina e pela jurisprudência, e que o aluno terá aprendido durante as aulas e nos manuais. Até a este propósito, a existência na doutrina de consideráveis divergências de opinião sobre o significado de ambos os requisitos, permitirá ao aluno supor diferentes soluções, de toda a vez que opostas reconstruções teóricas conduzam a êxitos diferenciados em cada caso.

Durante o exame da idoneidade dos atos poderá, geralmente, ser verificada a eventual existência de uma hipótese de **crime impossível** no sentido previsto pelo art.º 23, n.º 3, do C.P.[58], caracterizado, entre outros, pela inidoneidade da ação, além da inexistência de seu objeto.

Em síntese, a verificação relativa à possível existência de uma tentativa punível requererá, por ordem, as seguintes análises:

1. preliminarmente: **falta de consumação** do delito;
2. **elemento subjetivo**: **vontade** (intenção, segundo a jurisprudência e parte da doutrina) do agente de realizar todos os elementos constitutivos do delito (= *direção* subjetiva dos atos);
3. **elementos objetivos**: **não equivocidade** e **idoneidade** dos atos (e não correspondência de uma hipótese de crime impossível);
4. ulteriores verificações ordinárias com respeito a eventual existência de **causas de justificação, causas de exclusão da culpabilidade, circunstâncias agravantes ou atenuantes,** e outras **condições de punibilidade**.

[58] Art.º 49, c. 2, do C.P. italiano.

Por fim, dentro do tema da tentativa, é sempre necessário verificar a possível recorrência – respetivamente nos capítulos dedicados às circunstâncias e à punibilidade – da **circunstância atenuante** do **recesso ativo** (art. 56, c. 4, c.p. italiano) e da **causa de não punibilidade** da **desistência** (art.º 24, n.º 1, do C.P.[59]), levando em consideração que ambas pressupõem logicamente a prova da existência de uma tentativa no sentido previsto no c. 1 art. 56 c.p. italiano (e, portanto, da realização de atos idóneos e diretos de forma não equívoca a cometer um delito, qualquer que seja o significado a ser atribuído a tais requisitos).

4.3. O concurso de pessoas no crime (art.º 28.º e 29.º do C.P.[60])

A análise do concurso de pessoas no mesmo crime é apenas aparentemente simplificada, no ordenamento jurídico português, pela presença de duas normas – o art.º 28.º e 29.º do C.P.[61] –, que do ponto de vista sancionatório equipara a posição de todos aqueles que *concorrem* e, portanto, *cooperam* na realização de um crime. Na verdade, as razões da lógica jurídica – e do respeito do princípio de legalidade – exigem que, na análise do caso, se distinga entre a posição de quem realiza um facto concreto correspondente à *fattispecie* legal (o **autor**) e quem, ao invés, simplesmente coopere com o autor na realização do facto (o **participante**). De facto, o autor já é punível em face de cada norma incriminatória; o participante, ao invés, realiza um facto cuja relevância penal depende da relevância penal de um outro facto (aquele cometido pelo autor) e é, por isso, **acessório** com respeito a este, tanto que não poderia ser punido se não existisse uma específica norma extensiva da punibilidade – art. 110 c.p. italiano –, que prevê a punição também daqueles que participem meramente na realização de um facto criminoso por um terceiro.

Isto impõe **distinguir entre as posições do autor do facto de crime e do (mero) participante.** De facto, as verificações a se realizar serão diferentes para examinar se são, ou não, penalmente responsáveis pelos crimes levados em consideração no caso a ser analisado.

---

[59] Art.º 56, c. 3, do C.P. italiano.

[60] Art.º 110 do C.P. italiano.

[61] Art.º 110 do C.P. italiano.

4.3.1. A responsabilidade do autor (e dos eventuais coautores)

A análise deverá sempre **iniciar-se pela individualização do autor do facto do crime.** Sem um facto criminoso plenamente realizado (até mesmo na forma da tentativa) não poderia ser configurada a participação punível por terceiros.

É autor, como já dito, aquele que realiza um facto correspondente a uma *fattispecie* abstrata descrita pela norma incriminatória. A rigor, portanto, o art. 110 c.p. italiano não desenvolve qualquer função extensiva da punibilidade e poderia ser preterido na acusação que se refere ao autor. Contudo, visto que o ter cometido um facto em *concurso* e, portanto, com a colaboração de outras pessoas, pode ter consequências a nível sancionatório, por exemplo, aplicando a todos os concorrentes as circunstâncias agravantes e atenuantes ex art. 112 c.p. italiano, a nossa recomendação passa por se inserir na acusação a **referência ao art. 110 c.p. italiano também contra o autor** e se indicar, na sintética descrição sucessiva ao facto, que se trata de *facto cometido em concurso com ....*, na condição de que ele tivesse consciência da contribuição fornecida na realização do facto por outras pessoas.

A exigência de examinar a conduta do autor antes daquela dos meros participantes pode requerer a análise das condutas realizadas previamente e, portanto, **inverter a ordem cronológica normal** na análise do caso. De qualquer forma, as condutas dos (meros) participantes deverão ser analisadas dentro de um **único núcleo factual** junto com a conduta do autor, visto que o seu significado jurídico penal depende completamente da qualificação da conduta do autor.

> Se numa segunda-feira o Pedro paga uma soma pecuniária a Caio para que este cometa o crime de homicídio contra o Mário e, na terça-feira, o Caio leva a cabo o homicídio, a apreciação deverá necessariamente **iniciar-se pela análise do facto praticado pelo Caio**, que é o autor do homicídio. A qualificação jurídico-penal da conduta do Pedro como participante (e, portanto, como concorrente no sentido previsto pelo art. 110 c.p. italiano) no delito de homicídio depende inteiramente da circunstância do Caio ter efetivamente realizado o delito que lhe foi comissariado, pelo menos na forma de tentativa. Ao invés, caso o Caio não tivesse levado a cabo o mandato, a conduta de Pedro

poderia permanecer não punível no sentido vertido no art.º 26 do C.P.[62], que prevê para esta hipótese somente a possibilidade de aplicar a medida de segurança da liberdade vigiada.

As condutas do Pedro e Caio realizadas, respetivamente, na segunda-feira e na terça-feira, deverão ser tratadas dentro de um único núcleo fatual; e a análise deverá começar pela responsabilidade do Caio para, então, passar à responsabilidade (precedente cronologicamente, mas juridicamente acessória) do Pedro.

A regra geral que impõe a análise da responsabilidade do autor, antes daquela do (mero) participante, poderá ser derrogada somente na hipótese do aluno identificar determinada razão específica, como, em particular, o caso em que **o autor esteja morto**. Neste caso, a análise deverá necessariamente iniciar-se pela posição do participante, no âmbito da qual deverá ser avaliada, em primeiro lugar, o pressuposto da realização de um facto antijurídico de crime pelo autor do defunto.

Na hipótese em que **mais autores** (**denominados coautores**), ou seja, na hipótese em que mais sujeitos tenham juntos realizado os extremos de um facto previsto como crime por uma norma incriminatória, em execução de um *plano comum*, será oportuno avaliar separadamente as correspondentes responsabilidades, indicando nas respetivas acusações que cada conduta foi realizada conjuntamente com os demais coautores. Isto vale, também, na hipótese em que cada um dos coautores tenha realizado somente uma parte do facto penalmente relevante no sentido previsto pela norma incriminatória e a integração de um facto criminoso consumado dependa da combinação das condutas de todos os coautores.

Considere-se o exemplo seguinte: o Pedro realiza um ato de ameaça contra a vítima, enquanto o Caio – contextualmente e em execução de um plano combinado – lhe subtrai a carteira. O esquema do roubo ex art.º 210 do C.P.[63]

[62] Art.º 115 do C.P. italiano.

[63] Art.º 628, n. 1, do C.P. italiano.

resulta aqui da combinação das condutas de ambos os sujeitos, sendo que nenhum realiza todos os extremos requeridos pela *fattispecie* abstrata.

As duas acusações poderiam ser formuladas da seguinte forma:

Pedro: concurso em roubo (art. 110, 628, n. 1, c.p. italiano)

O Pedro poderia, na qualidade de coautor, junto com o Caio, ser considerado responsável pelo crime em epígrafe, por ter ameaçado o Mário, consentindo assim a possibilidade do Caio lhe subtrair a carteira e de se apoderar da mesma, com a finalidade de obter um lucro injusto.

Caio: concurso em roubo (art. 110, 628, n. 1, c.p. italiano)

O Caio poderia, na qualidade de coautor, junto com o Pedro, ser considerado responsável pelo crime em epígrafe, por ter subtraído a carteira e ter se apoderado da mesma, com a finalidade de obter um lucro, com a ameaça realizada pelo Lucas contra a vítima.

A análise conjunta da responsabilidade dos dois ou mais coautores poder-se-á justificar quando as condutas realizadas por ambos sejam idênticas e não existam diferenças relevantes com respeito a nenhum deles, nem sequer em relação à antijuridicidade, à culpabilidade, às circunstâncias e à punibilidade.

4.3.2. *A responsabilidade dos (meros) participantes*

Quanto aos (meros) participantes, os quais não tenham realizado sequer em partes o facto previsto pela norma incriminatória, a análise deverá necessariamente iniciar-se pelo requisito – objetivo – da **realização de um facto de crime por um terceiro** (o autor) ou **de mais terceiros** (os coautores).

Em face da (hoje dominante) teoria da **acessoriedade limitada**, não é necessário, para a punibilidade do cúmplice, que o autor também seja concretamente punível, nem que tenha agido conscientemente. É essencial e suficiente que o seu facto possa ser considerado *típico* e *antijurídico*, ou seja, correspondente aos extremos de uma *fattispecie* abstrata de crime e não coberto por nenhuma causa de justificação. Portanto, o exame da responsabilidade do cúmplice deverá ser omitido quando se apure, com respeito à posição do autor e dos coautores, a falta de um elemento objetivo ou subjetivo do *tipo*, ou seja, a presença de uma causa de justificação (a não ser que se trate de uma causa de justificação aplicável somente a alguns sujeitos e não a outros, como a impunibilidade prevista pelo art. 53 c.p. italiano).

Consequentemente, no caso de **instigação a realizar um crime com engano** (art.º 16 do C.P.[64], que nos refere que quem comete imediatamente o crime age sem dolo e, portanto, não comete um facto doloso *típico* por falta do necessário elemento subjetivo, segundo a sistemática aqui analisada), o autor do engano responderá não enquanto cúmplice-instigador, mas como *autor* (mesmo que *mediato*) do crime. Para evitar equívocos, a acusação poderá conter uma expressa referência ao art. 48 c.p. italiano (por exemplo, no caso em que o Pedro convença a Caia a dissolver veneno na sopa do Mário, fazendo com que a Caia acredite que se trate de um prodigioso afrodisíaco, o Pedro poderá ser chamado a responder pelo delito ex artt. 48, art.º 131 do C. P.[65], enquanto autor do homicídio realizado com a colaboração inconsciente da Caia).

Naturalmente, a situação referida não impedirá ao autor *imediato* de responder igualmente a título *monosubjetivo* no sentido do eventualmente correspondente delito culposo integrado (no caso precedente, a Caia poderá ser chamada a responder pelo delito de homicídio culposo, no caso em que deveria ter facilmente dado conta da natureza venenosa administrada ao marido).

No caso de **coação a realizar um crime** (art.º 35 do C.P[66], norma geralmente considerada como causa *desculpante*), assim como de **indução de pessoa incapaz a cometer um crime** (art.º 20 do C.P.[67]), poderá configurar, ex art. 110 c.p. italiano, um *concurso* de quem tenha realizado a coação ou indução no facto cometido pela pessoa coartada ou incapaz, visto que ambos não seriam punidos por razões de culpabilidade, mesmo tendo cometido um facto *típico* e *antijurídico*.

---

[64] Art.º 48 do C.P. italiano.

[65] Art.º 575 do C.P. italiano.

[66] Art.º 54, c. 3, do C.P. italiano.

[67] Art.º 86 do C.P. italiano.

A verificação imediatamente sucessiva, que também se refere aos elementos objetivos, assinalará a concreta **contribuição realizada pelo sujeito.** Esta contribuição, independentemente da sua natureza (operante, a nível moral, pelo influxo da psique do autor ou, a nível material, pela cooperação na execução do facto), deverá aparecer como **causalmente relevante em respeito à realização do facto pelo autor**.

Verificados os dois preditos elementos, deverá ser avaliado – a nível subjetivo – o **dolo do participante**, constituído por:

1. **consciência e vontade de dar a própria contribuição.**
2. **dolo** com respeito à realização do facto pelo autor (ou coautores).

O art.º 28.º do C.P.[68] prevê a possibilidade de imputar o facto de crime ao participante, até mesmo na hipótese em que o crime seja **diferente com respeito àquele por ele desejado**, desde que resulte, a nível *causal*, em consequência de sua conduta. Neste caso, é prevista simplesmente uma diminuição da pena e, portanto, em sentido técnico, uma *circunstância atenuante*, na hipótese em que o crime efetivamente cometido (pelo autor) seja mais grave em respeito àquele desejado pelo (participante). Contudo, visto que a norma em questão, como ensina a jurisprudência, deve ser lida pelo prisma do *princípio constitucional da culpabilidade*, o participante responderá ex art. 116 c.p. italiano pelo crime diferente face àquele desejado sempre que seja possível atribuir-lhe, **a título de culpa**, a **concreta previsibilidade** do evento.

A verificação sucessiva com respeito à antijuridicidade, à culpabilidade e às demais condições da punibilidade não apresentam peculiaridades dignas de menção, ao invés das circunstâncias agravantes e atenuantes em que é necessário considerar as circunstâncias previstas *ad hoc* em face dos arts. 112 c.p. italiano.

Em suma, para a avaliação da responsabilidade penal do (mero) participante é necessário realizar as seguintes análises:

1. preliminarmente: **realização de um facto típico e antijurídico de crime** por um ou mais sujeitos diferentes (autor ou coautores);

68 **Art.º 116 do C.P.** italiano.

2. **elemento objetivo**: existência de uma **contribuição causal** (na forma moral ou material) à realização de tal facto pelo sujeito suposto cúmplice;
3. **elementos subjetivos**: **consciência e vontade** de dar a própria contribuição, e **dolo**, ou, na hipótese do art. 116 c.p. italiano, **culpa** com respeito à realização de um crime por um autor ou coautores;
4. ulteriores verificações ordinárias com respeito à eventual existência de **causas de justificação, causas de exclusão da culpa, circunstâncias agravantes ou atenuantes**, e **outras condições de punibilidade**.

4.3.3. Ulteriores hipóteses problemáticas (acenos)

As dimensões e as finalidades deste trabalho não pretendem examinar, de fundo, os inúmeros problemas, que se discutem na doutrina, colocados pela **cooperação culposa** e pelo denominado **concurso culposo no facto doloso**, e **vice-versa**.

Aos fins do que pode relevar durante um curso de base de direito penal, é suficiente aqui lembrar que as regras fundamentais em matéria de concurso de pessoas se referem fundamentalmente à hipótese, que estaticamente é a mais frequente, em que **todos os concorrentes ajam dolosamente**.

Na hipótese em que todos os concorrentes do caso ajam *culposamente* para a realização de um evento, a análise daquele poderá ser conduzida avaliando separadamente as responsabilidades individuais, sem que o art.º 29.º do C.P.[69], sob o tema de **cooperação culposa,** desenvolva uma função significativa (cuja invocação na *práxis* serve, de um modo geral, para contornar indevidamente a prova dos requisitos da responsabilidade culposa contra cada imputado).

Além disso, o problema residual, que por longo tempo ocupou a doutrina, mas aqui não pode ser aprofundado considerando também a sua limitada relevância prática, consiste na possível aplicação à cooperação culposa das circunstâncias agravantes ex art. 112 s. c.p. italiano.

Com respeito ao concurso doloso do facto culposo e vice-versa, acreditamos que a sua análise, sob o ângulo visual do art.º 28 do C.P.[70], acabe se resolvendo

---

[69] Art.º 113 do C.P. italiano.

[70] Art.º 110 do C.P. italiano.

numa possível fonte de complicações desnecessárias, ao contrário da avaliação da responsabilidade dos diferentes sujeitos com as diferentes imputações *monosubjetivas*, cada uma caracterizada por um diferente coeficiente subjetivo, que pode ser profícua.

As hipóteses do denominado **concurso culposo no crime doloso (de evento) alheio** (por exemplo, um pai que deixa em casa, sem vigilância, uma pistola com a qual a filha de dezassete anos assassina o próprio namorado que a traiu) podem, de facto, ser facilmente analisados sob o perfil da responsabilidade culposa *individual* por ter *concausado* – em sinergia com a conduta dolosa alheia, punível automaticamente a nível monosubjetivo – o evento constitutivo. Neste caso, os problemas fundamentais de apuramento da responsabilidade residirão na reconstrução dos exatos confins do *dever de diligência*, cuja observância poderia ser pretendida pelo sujeito. Certamente deverá ser excluída uma responsabilidade por culpa, por falta de tipicidade da conduta, cada vez que o crime doloso facilitado seja de mera conduta ou, seja condicionado por qualificações ou requisitos subjetivos contra o sujeito facilitador.

Por fim, as hipóteses do denominado **concurso doloso em crime culposo (de evento) alheio** parecem, em partes, enquadráveis no esquema do art. 48 c.p. italiano, cada vez que o autor tenha sido induzido em erro próprio pelo concorrente *doloso*. Em qualquer outro caso, a responsabilidade de cada sujeito poderá ser avaliada a título monosubjetivo, segundo o próprio coeficiente subjetivo, sem que o art. 110 c.p. italiano desenvolva alguma função (a este propósito, v. o caso n. 2 em que o evento é concausado por uma conduta dolosa e por uma conduta culposa, sem qualquer dependência uma da outra).

5. A CONCLUSÃO DO PARECER

Antes de concluir, pode ser útil precisar se os crimes atribuídos a cada concorrente apresentam entre si uma relação de **concurso formal** (art.º 30.º do C.P.[71]), sendo realizados apenas por uma ação ou omissão, ou constituam um **crime continuado,** tendo sido realizado em execução do mesmo desenho criminoso no sentido do art. 81, c. 2, c.p. italiano, ou, ainda, sejam destinados

[71] Art.º 81, c. 1, C.P. italiano.

a ser considerados um mero **concurso material**, com a consequente comensuração de tantas penas quantas as violações.

6. ALGUNS CONSELHOS FINAIS

Para aprender verdadeiramente a forma de *aplicar* as normas e os princípios do direito penal, existe um método infalível: o exercício. Avaliar os possíveis perfis de responsabilidade penal dos protagonistas dos casos *em odor de penal* é uma ótima academia para *interiorizar* aqueles princípios e aquelas regras estudadas no manual, para auxiliar o âmbito prático e, também, para refletir criticamente sobre estes, questionando a oportunidade para promover uma modificação legislativa ou uma declaração de ilegitimidade constitucional de normas responsáveis por impor soluções que se tornaram anacreontísticas.

Este volume oferece sete casos conexos com outros sete pareceres desenvolvidos, que poderão ser levados em conta *per se* uma vez que tentamos individualizar as normas aplicáveis e resolver as principais questões jurídicas subentendidas.

Mas o nosso conselho para todos os alunos é o de continuarem com a prática de exercícios, antes e após o exame, porque o direito penal mantém-se presente continuamente na carreira de um jurista, através dos casos não resolvidos narrados no final do livro, assim como com os casos que a realidade, todos os dias, nos apresenta, adquirindo assim o hábito de manusearem o código, cada vez que se tenha uma dúvida, como se fazia com o velho vocabulário de latim, o qual deve ser prontamente seguido sempre que surja essa necessidade.

Bom trabalho!

PARTE II

CASOS RESOLVIDOS

CASO N. 1
UMA HISTÓRIA DE AMOR?

Em meados dos anos oitenta, o Renzo, com vinte cinco anos e um historial de toxicodependência, é diagnosticado como portador do vírus HIV, acompanhado da advertência do risco de transmissão do vírus através de relações sexuais não protegidas.

Alguns anos mais tarde, o Renzo começa a namorar com a Luzia, mas oculta ter sido toxicodependente e ser, à data, seropositivo. Na primeira fase da relação, os dois têm relações sexuais protegidas. Após o matrimónio, ocorrido no início dos anos Noventa, o casal renuncia ao uso do preservativo, tendo a Luzia decidido passar a tomar a pílula anticoncecional.

No final dos anos Noventa e de modo inesperado, a Luzia descobre estar infetada por SIDA, num estado avançado do vírus. Os tratamentos médicos realizados revelaram-se, infelizmente, ineficazes, razão pela qual a Luzia veio a falecer um mês após o diagnóstico da doença. Entretanto, no mesmo dia em que toma conhecimento da notícia do falecimento da sua esposa, o Renzo abandona Portugal rumo ao México sem intenções de regressar. Contudo, após alguns meses e tendo em conta o agravamento do seu estado de saúde, o Renzo é obrigado a retornar a Portugal para iniciar tratamento de recuperação. No seu regresso, o Renzo foi detido pelas autoridades portuguesas no aeroporto. Durante o inquérito apura-se que a Luzia nunca teve relações sexuais antes de conhecer o Renzo e que, durante o matrimónio, a Luzia não teve relações sexuais com outros homens. Apura-se, também, que a Luzia nunca foi toxicodependente, nem submetida a transfusão de sangue. Através do testemunho dos médicos que tinham curado a Luzia, resulta que ela lhes confidenciou, antes de falecer, que tinha tido relações sexuais com o marido na tentativa de conceber um filho, não tendo conhecimento da seropositividade do marido. Da investigação levada a cabo pelo Ministério Público resulta que o Renzo tinha se submetido a tratamento médico apenas nos primeiros meses após o diagnóstico do vírus e, uma vez decorrido cerca de um ano e meio, o Renzo interrompeu quaisquer tipos de cuidados de saúde.

Procedam à avaliação dos eventuais tipos de responsabilidade penal imputáveis ao Renzo.

Esquema de solução

(I) O contágio de vírus HIV

(A) Renzo

1. **art. 575 c.p. italiano, agravado *ex* art. 577, co. 1, n. 1, c.p. italiano (*?*)[72]**

   (a) *Elementos objetivos* (√)
      - Causa da morte de um homem (√)

   (b) *Elementos subjetivos* (*?*)
      - Dolo (*?*)

   (c) *Antijuridicidade* (√)

   (d) *Culpabilidade* (√)

   (e) Circunstância
      - art. 577, co. 1, n. 1, c.p. italiano: facto cometido contra a cônjuge (√)[73]

   (f) *Punibilidade* (√)

2. **art. 589 c.p. italiano agravado *ex* art. 61 c.p. italiano, n. 3, c.p. italiano (√)**

   (a) *Elementos objetivos* (√)
      - Causa da morte de uma pessoa (√)

   (b) *Elementos subjetivos* (*?*)
      - Culpa (√)

   (c) *Antijuridicidade* (√)

   (d) *Culpabilidade* (√)

   (e) Circunstância (√)
      - art. 61, n. 3, c.p. italiano: culpa consciente (*?*)

   (f) *Punibilidade* (√)

---

[72] Artigo 131.º do CP.

[73] Artigo 132.º, n.ºs 1 e 2, alínea) do CP.

O primeiro caso é articulado em torno de um **único núcleo factual** (o contágio do vírus HIV) e pela responsabilidade de um único sujeito (Renzo). Portanto, a análise do caso exige apenas o estudo dos dois primeiros passos ilustrados no capítulo introdutivo, sendo possível iniciar-se diretamente com a individualização dos possíveis crimes que poderiam imputáveis ao Renzo.

(I) O contágio de vírus HIV

(A) Renzo

1. art. 575 cp. italiano, agravado *ex* art. 577, co. 1, n. 1, c.p. italiano (*?*)

Em primeiro lugar, o Renzo poderia ser chamado a responder pelo delito de homicídio previsto pelo art. 575 c.p. italiano, por ter causado voluntariamente a morte de Luzia, em particular através das múltiplas relações sexuais não protegidas, que lhe transmitiram o vírus HIV e lhe causaram o início da Aids, e, *a posteriori*, a morte. Com a agravante *ex* art. 577, co. 1, n. 1, c.p. italiano, porque o facto foi cometido contra a cônjuge.

A formulação precedente contém todos os elementos essenciais que poderiam estar presentes numa hipotética acusação. São, assim, mencionados a **conduta** concreta constitutiva da hipótese de crime – as múltiplas relações sexuais –, o **evento** do crime – o falecimento de Luzia – e o **nexo causal** entre a conduta e o evento (concretizados com a indicação dos sub-eventos essenciais, que unem as relações sexuais e a morte) e – a nível de elemento subjetivo – a **voluntariedade** da provocação da morte, que distingue a figura de homicídio doloso em respeito às demais figuras de homicídio. A isto segue a indicação da suposta **circunstância agravante**.

Qualquer outro elemento de facto extraído da narração (por exemplo, a circunstância de facto que o Renzo não tinha revelado à Luzia a sua condição de seropositividade), seria, em bom rigor, supérfluo, não encontrando qualquer correspondência no esquema abstracto do crime (ou seja, na norma incriminatória contida no art. 575 c.p. italiano), e podendo ser utilizado somente como prova dos elementos constitutivos do crime.

(a) *Elementos objetivos*

Com referência aos elementos objetivos do crime será necessário, em primeiro lugar, demonstrar que existe uma *relação de causalidade* entre a conduta de Renzo e a morte de Luzia.

Mais exatamente, é necessário demonstrar que a morte de Luzia é considerada *consequência* da conduta de Renzo, ou seja, resultante das condutas realizadas por Renzo, compostas por múltiplas relações sexuais não protegidas consumadas no auge de suas vidas, tando na fase de namoro como na fase conjugal.

Neste caso, a construção do nexo causal parece complicada pela presença de vários anéis intermediários na cadeia que, em tese, une as condutas (as relações sexuais não protegidas) e o evento letal. Em particular, é necessário demonstrar que as relações sexuais tenham:

(1) transmitido o vírus HIV à Luzia
(2) que o vírus tenha sido a causa da doença (AIDS) contraída à Luzia
(3) que a AIDS tenha sido a causa da morte da Luzia.

No momento em que a narração do caso considera apurada a relação causal entre a AIDS e a morte da Luzia, e que, segundo o comum conhecimento científico, não há dúvidas de que a AIDS é necessariamente causada pelo vírus HIV, o que tem de ser objeto de uma específica verificação nesta sede é se podemos considerar apurado, no caso concreto, um nexo causal entre as relações sexuais não protegidas e a infeção da Luzia com o vírus HIV.

> As considerações que precedem são úteis para fixar com precisão aqui o *thema probandum* relativo ao nexo causal. Naturalmente, uma tal premissa não seria necessária no que concerne aos casos em que o **nexo causal** seja de verificação evidente (por exemplo, no caso de morte causada por um tiro dado na cabeça da vítima).

De acordo com a teoria condicionalista (ou da *condicio sine qua non*), a causa do evento é qualquer ação que, considerando todas as circunstâncias realizadas, *não pode ser eliminada mentalmente*, com base em leis científicas, sem que o evento concreto desapareça.

As leis científicas podem ser *leis universais* ou *leis estatísticas*. As primeiras estabelecem uma sucessão regular, sem exceções, entre condutas de tipo X e eventos de tipo Y (por exemplo, as leis da física são leis universais). Por outro lado, a leis científicas de tipo estatístico indicam uma mera relação de probabilidade, em face da qual a conduta de tipo X segue, *num certo número de casos* (mas não sempre), um evento de tipo Y.

Com referência às leis científicas de tipo estatístico coloca-se o problema de se individualizar o *grau de probabilidade* necessário para que uma conduta seja considerada causa de um evento. Ou seja, é necessário estabelecer se é suficiente uma probabilidade estatística médio-baixa ou se é necessário um coeficiente de probabilidade próximo de 100%.

As Secções Unidas italianas[74] intervindo sobre a questão, em 2002, na sentença *Franzese*[75] – afirmaram que até mesmo uma lei científica, cuja natureza seja meramente estatística, pode ser utilizada para verificar a causalidade entre a conduta e um determinado evento. Nessa ocasião, as Secções Unidas italianas esclareceram, também, que a verificação do nexo causal deve ser conduzida seguindo um procedimento bifásico:

(a) o juiz deve individualizar a *lei científica de cobertura*, que indique a existência de uma relação de probabilidade estatística entre os antecedentes do tipo daquele realizado em concreto (por exemplo, as relações sexuais não protegidas) e o evento do tipo daquele ocorrido em concreto (por exemplo, a transmissão do vírus HIV) (a denominada *causalidade geral*)

(b) o juiz deve excluir, *além de qualquer dúvida razoável*, que o evento concreto possa ser reconduzível a *fatores causais alternativos* comparando com aqueles supostos, atingindo desta forma um juízo de certeza processual sobre a afirmação que sem o acontecimento concreto X (por exemplo, as relações sexuais não protegidas) o acontecimento concreto Y (por exemplo, a transmissão do vírus HIV) não se teria verificado (denominada *causalidade individual*).

---

[74] O plenário das secções criminais do STJ em Portugal.

[75] Cass. pen., Secções Unidas, 10 de julho de 2002 (depositada em 11 de setembro de 2002), n. 30328, Franzese.

Portanto, até mesmo as probabilidades estatísticas médio-baixas são suficientes aos fins da verificação etiológica, quando resulte a ausência segura de outros fatores causais em grau de explicar o evento concreto Y.

Essa premissa *teórica* sobre o nexo causal também se torna oportuna em relação às especiais dificuldades de sua verificação no caso concreto, em particular, diante o dado do qual logo se dirá no texto, na **baixa probabilidade estatística** de transmissão do vírus com somente uma relação sexual não protegida. Uma tal premissa deveria ser omitida nos casos em que a verificação do nexo causal não encontre alguma dificuldade.

Aplicando tais princípios ao caso concreto, é possível razoavelmente concluir pela existência de uma relação entre a conduta de Renzo e a contaminação de Luzia.

Em primeiro lugar, é facilmente identificável uma lei científica de cobertura que individualiza uma relação de probabilidade entre os acontecimentos do tipo daquele ocorrido em concreto (a relação sexual não protegida) e eventos do tipo daquele realizado em concreto (o contágio do vírus HIV). De facto, segundo a ciência médica as relações sexuais não protegidas são uma das vias de transmissão do vírus HIV – e aliás, a via de transmissão mais frequente.

É necessário, portanto, considerar existente a denominada *causalidade geral*.

O coeficiente estatístico relativo à probabilidade de transmissão do vírus em cada relação sexual é muito contido (provavelmente inferior a 0,1%[76]). Contudo, por um lado, é necessário considerar que o casal teve, certamente, um considerável número de relações sexuais ao longo dos anos, o que seguramente multiplicou o risco de contaminação de Luzia. Por outro lado, é verosimilmente possível *excluir*, no caso concreto, *decursos causais alternativos*. De facto, foi apurado durante o inquérito que Luzia nunca tinha sido exposta a outras possíveis fontes de contaminação, como o uso promíscuo de seringas (que tipicamente expõem ao risco os sujeitos toxicodependentes), precedentes transfusões com sangue infetado, ou relações sexuais (igualmente não protegidas) com outros homens, tendo

---

[76] K.A. Powers, C. Poole, A.E. Pettifor, M.S. Cohen, *Rethinking the heterosexual infectivity of HIV-1: a systematic review and meta-analysis*, em Lancet Infect Dis, 8 (9), 2008, p. 533 s.

emergido que provavelmente a mulher nunca tinha tido relações com outros homens fora do casamento.

Portanto, na falta de plausíveis explicações alternativas, a contaminação exige também a prova da denominada *causalidade individual.*

É possível, então, afirmar com um «*alto grau de credibilidade racional*» ou de «*probabilidade lógica*»[77], que a conduta de Renzo é a causa do evento da morte de Luzia (a sua conduta não pode ser eliminada mentalmente sem que o evento concreto desapareça).

Naturalmente, a conclusão alcançada poderia mudar se a narração do caso tivesse deixado espaço concreto à hipótese de que a Luzia tivesse tido relações sexuais com outros homens antes ou durante a relação com o Renzo.

Portanto, a nível da denominada *causalidade individual,* a hipótese de que o vírus tenha sido transmitido pelo marido permaneceria, até mesmo neste caso, *a mais provável,* no momento em que a explicação alternativa deveria assumir cumulativamente:

(a) que os homens com os quais a Luzia teve relações sexuais eram também seropositivos
(b) que tais relações tivessem sido sem proteção
(c) qua tais relações tivessem sido tão fequentes ao ponto de tornar plausível a hipótese de que a contaminação tenha se realizada com essas relações, certamente numerosas (e não outras) consumadas com o marido ao longo dos anos.

A este propósito, é necessário lembrar que a hipótese alternativa deve ser em grau de levantar uma "razoável" dúvida sobre a fundamentação do teorema acusatório. Razoável dúvida que não existe onde a hipótese alternativa se sustente sobre as argumentações totalmente implausíveis.

De qualquer forma, diante de possíveis explicações alternativas não totalmente extravagantes, seria obrigatório indicar em termos de mera *possibilidade* a prova do nexo causal.

---

[77] Cass. pen., Secções Unidas, 10 de julho de 2002 (depositada em 11 de setembro de 2002), n. 30328, Franzese.

(b) *Elementos subjetivos*

Mais problemática parece ser a reconstrução do elemento subjetivo.

O crime previsto pelo art. 575 c.p. italiano[78] pressupõe a existência, contra o agente, do *dolo* de homicídio, ou seja, a vontade de ocasionar a morte da vítima.

O delito é doloso quando o evento é *previsto* (momento representativo) e *desejado* (momento volitivo) pelo agente como consequência da própria ação ou omissão. Segundo o grau de intensidade da representação e da volição se distingue entre dolo intencional, dolo direto e dolo eventual.

No caso concreto, excluída certamente a perspetiva de reconhecer um dolo direto ou intencional, poderia se identificar contra o Renzo a existência de um *dolo eventual* em relação à possível morte de Luzia.

Segundo uma consolidada literatura da doutrina e jurisprudência, por último recapitulada pelas Secções Unidas do Supremo Tribunal italiano no caso *ThyssenKrupp*[79] verifica-se o dolo eventual quando o agente persegue a realização do facto, mas se representa como *seriamente possível* a sua realização (momento representativo) e, para não renunciar à ação e aos benefícios que se repromete, *aceita* que o facto possa se realizar (momento volitivo). Por outras palavras, considera-se haver dolo eventual quando o sujeito decide agir *custe o que custar*, isto é, levando em conta a realização do facto, como possível *preço* a ser pago para o possível alcance de seus objetivos.

Diferentemente, se há mera *culpa com previsão do evento* (art. 61, co. 1, n. 3 c.p. italiano) quando o agente, embora represente a possível realização do evento, considera erroneamente que o evento não se realizará no caso concreto. Isto porque, por negligência, imprudência ou imperícia, o agente subestima a possibilidade de realização do evento (em particular, confiando na intervenção de um ou mais fatores que neutralizem o risco), ou sobrestima as próprias capacidades de evitá-lo.

No caso concreto, é possível evidenciar que o Renzo *sabia* que estava infetado pelo vírus HIV e *estava consciente das possibilidades de contágio através de relações sexuais não protegidas*, visto que o Renzo tinha recebido informações específicas dos serviços de saúde no momento da primeira hospitalização e

---

[78] Artigo 131.º do CP.

[79] Cass. pen., Secções Unidas, 24 de abril de 2014, depositada 18 de setembro de 2014, n. 38343, Espenhahn e outros.

respetivo diagnóstico. Portanto, é plausível afirmar que o Renzo tinha pelo menos *representado* a possibilidade de transmitir à esposa o vírus HIV, e, consequentemente, de lhe provocar uma doença (a AIDS), que, ainda nos anos Noventa, tinha uma prognose certamente fatídica.

Quanto ao momento volitivo, ou seja, a *aceitação do risco* (ou, mais exatamente, a aceitação da eventual realização do evento), a acusação pública poderia sustentar que o Renzo tinha aceitado ter relações sexuais não protegidas, silenciando a própria contaminação, com a finalidade de não perturbar a relação com a sua esposa, a qual seria verosimilmente prejudicada caso o Renzo tivesse revelado o seu passado de toxicodependência e o estado de saúde à data.

Por outro lado, o Renzo não providenciou alguma precaução, nem confiou em qualquer particular fator de neutralização ou dedução do risco, como facilmente poderia ter feito continuando a utilizar o preservativo durante as suas relações sexuais. Portanto, o Renzo não estava em condição de confiar na não realização do evento (a contaminação e, portanto, a doença e a morte da esposa), que as reiteradas relações sexuais tornavam provável.

Até mesmo a sua fuga precipitada para o México, no momento da descoberta da doença da esposa, poderia ser interpretada como expressão da sua indiferença em respeito ao destino de Luzia, ou seja, de um comportamento de aceitação do evento letal como possível consequência da própria conduta.

Portanto, seria possível concluir que o Renzo tinha agido nos termos do *dolo eventual*, representando-se como possível a morte da esposa e aceitando esta eventualidade.

Note-se que na análise precedente se distingue entre o elemento **representativo** e o elemento **volitivo** no dolo eventual.

A distinção torna-se relevante porque o elemento representativo é, de facto, comum tanto ao dolo eventual como à culpa consciente. É, portanto, o elemento volitivo que nos permite distinguir entre os dois critérios de imputação subjetiva.

O fundamento da imputação da acusação, como certamente o aluno perspicaz já notou, baseia-se aqui na tese de que o dolo eventual é subjacente a um preciso *balanceamento de interesses*, nomeadamente uma *escolha* precisa feita pelo agente, em favor da finalidade que persegue (no caso concreto, a continuação da própria relação matrimonial, fundada sobre uma aparente "normalidade"), em detrimento do interesse tutelado pela norma penal (a vida do cônjuge).

Ao lado desse argumento é, também, utilizada uma *leitura restritiva da culpa consciente*, segundo a qual poderia se falar de uma confiança do agente na não realização do evento somente quando ele tivesse adotado alguma precaução para evitar a sua realização, ou pelo menos tivesse tido conhecimento da existência de factores específicos de neutralização ou redução do risco, que no caso concreto são inexistentes.

Contudo, a defesa de Renzo poderia opor vários argumentos diante de tal conclusão, com a finalidade, pelo menos, de levantar uma razoável dúvida em respeito à persuasão da hipótese acusatória.

Quanto ao elemento *representativo*, a defesa poderia sustentar que o Renzo – que desde há muito tempo tinha cessado os controlos periódicos do seu estado de saúde – tinha gradualmente desenvolvido um sentimento de *remoção* da própria patologia. Com o passar do tempo, sem o surgimento da doença e sem um pioramento das próprias condições de saúde, poderia, de facto, ter gerado no Renzo a convicção de se ter sarado ou ter induzido nele uma (provavelmente irrazoável, mas psicologicamente não inverosímil) *subestimação do perigo* ao qual ele, assim como a esposa, foram expostos.

Quanto ao elemento *volitivo*, que também deve caracterizar o dolo eventual na hipótese acusatória – o Renzo teria aceitado a perspetiva da morte de Luzia como preço que ele estava disposto a pagar para não prejudicar o relacionamento com a mesma –, poderia ser considerada viciada por uma intrínseca contradição. Se a finalidade de Renzo era viver um relacionamento conjugal "normal", a morte de Luzia não pode ser uma consequência levada conscientemente em consideração por Renzo. Tal evento teria prejudicado a própria possibilidade da relação do casal continuar, comprometendo irremediavelmente o objetivo perseguido por Renzo. Aplicando aqui a nota fórmula de Frank – segundo a qual existe dolo eventual quando o sujeito teria agido igualmente, até mesmo se tivesse certeza da realização do evento –, o dolo eventual deveria certamente ser excluído porque a própria morte da esposa teria levado à falência a finalidade que o sujeito perseguia (na hipótese acusatória, a continuação da relação matrimonial).

Por outro lado, a existência de uma culpa consciente não parece necessariamente depender do agente ter confiado na intervenção de específicos factores de neutralização do risco. Frequentemente, as pessoas confiam irracionalmente a boa sorte, até mesmo quando fazem atividades perigosas (para si mesmo e para os outros), dando-se conta de seu perigo, mas não levando seriamente em conta a possibilidade de realização de eventos danosos. Um tal comportamento pode muito bem ser considerado e ser juridicamente qualificado em termos de culpa grave (além de consciente), mas não merece necessariamente ser qualificado como doloso. Uma tal qualificação pressupõe um balanceamento de interesse consciente, ao ponto que ao sujeito pareça preferível a realização do evento em respeito à renúncia à execução da atividade, e aos benefícios que ele se promete obter com a mesma. Balanceamento de interesses que parece forçado atribuir no caso concreto a Renzo, que verosimilmente confiou – embora que o tenha feito de modo irracional – no facto de que os vários cenários que lhe se ocorreu no momento da diagnose, no final, não seriam realizados, em face também do facto que já se tinha passado muitos anos daquela diagnose sem alguma aparente consequência.

Por fim, a circunstância da fuga para o México não pode ser sobrestimada, do momento em que os comportamentos sucessivos ao facto têm sempre um valor limitado aos fins da prova do dolo, que não deve existir no momento do facto – e, portanto, no caso concreto, durante as relações sexuais que determinaram a contaminação. Além disso, a fuga pode ser interpretada como uma tentativa de se subtrair às próprias responsabilidades – morais e jurídicas – ligadas a uma situação que provisoriamente lhe foi apresentada como dramática, mas cuja não realização o Renzo tinha até aquele momento confiado.

Tais considerações poderiam induzir o juiz a considerar que existam, pelo menos, *razoáveis dúvidas* sobre a hipótese acusatória e a excluir consequentemente a qualificação do elemento subjetivo em termos de dolo.

A análise que precede tem, primeiramente, o objetivo de colocar em dúvida a *nível factual* a existência do elemento **representativo** do dolo eventual, supondo uma remoção ou, pelo menos, uma subestimação do risco de transmitir a contaminação.

A nível de elemento **volitivo**, a análise revela as várias *teses doutrinárias* com a finalidade de circunscrever o âmbito aplicativo do dolo, as quais aparecem particularmente funcionais na ótica defensiva para um caso como o presente (em particular, a denominada fórmula de Frank), e a uma leitura mais ampla da culpa consciente em respeito àquela suposta pela acusação, que não requer uma confiança do agente em específicos fatores de neutralização ou redução do risco.

(c) *Antijuridicidade e* (d) *culpabilidade*

Não parecem existir causas de justificação, nem causas de exclusão da culpabilidade.

(e) *Circunstâncias*

Certamente existe a circunstância agravante em epígrafe, no momento em que o facto foi cometido por Renzo contra a esposa, tendo a plena consciência da relação matrimonial existente.

Da narração do caso não parecem emergir particulares circunstâncias atenuantes, nem parecem existir conotações de menor ofensividade ou reprovação ao ponto de se valorizarem como circunstâncias atenuantes genéricas nos sentidos do art. 62-*bis* c.p. italiano[80].

(f) *Punibilidade*

Não parecem existir causas de não punibilidade.

[80] No CP português as normas "gerais" de atenuação ou dispensa da pena encontram-se nos artigos 72.º a 74.º, mas devemos contar também com a previsão específica que determinado tipo penal pode prever.

Conclusão

O Renzo poderia ser chamado a responder pelo crime em epígrafe, mas o juiz poderia considerar não provado o extremo do dolo de homicídio, nem se quer na forma do dolo eventual.

Na eventualidade de se considerar ocorrido o delito em exame, o juiz deverá – em sede de determinação da pena – levar em conta a menor intensidade do dolo (aqui considerada na forma do dolo eventual) em detrimento do dolo intencional ou direto, no sentido do art 113, co. 1, lett. *b*), c.p. italiano .

Apreciada a existência de argumentos contrários à subsistência do dolo eventual, como acabamos de constatar, também seria irrepreensível uma diferente conclusão segundo a qual o «Renzo não poderá verosimilmente ser chamado a responder pelo crime em epígrafe, não sendo possível provar além de qualquer dúvida razoável que ele tenha agido pelo menos com dolo eventual».

Em ambos os casos, é necessário prosseguir na análise controlando a esse ponto a subsistência da hipótese delituosa de *homicídio culposo.*

*

Qualquer aluno particularmente brilhante deve, diante deste caso, perguntar se não é configurável uma possível responsabilidade contra o Renzo em relação à sua **conduta omissiva**. Em particular, o aluno deve questionar-se acerca de Renzo ter voluntariamente se afastado de impedir a morte de Luzia, *omitindo de informá-la tempestivamente* do próprio estado de seropositividade e de lhe permitir submeter-se a controles de saúde periódicos, os quais teriam verosimilmente conduzido a descobrir em tempo a própria doença e, por sua vez, reagir com maior eficácia (com efeito de *atrasar a realização do evento mortal* e, portanto, de evitar *aquele evento* – em suas específicas coordenadas espaço-temporais, *hic et nunc* – que se verificou na realidade).

Isso poderia deixar espaço – e a hipótese tinha sido realmente examinada pelo Tribunal de primeira instância, no caso judiciário concreto em que é inspirada essa narração – a uma responsabilidade a título de **homicídio doloso mediante omissão**, realizada pelo Renzo na qualidade de cônjuge – e, como tal, titular de uma *posição de garantia* em relação à vida e à saúde da esposa – nos sentidos dos artt. 40, co. 2, 575 c.p. italiano, com a agravante do art. 577, co. 1, n. 1, c.p. italiano[81].

Uma tal hipótese, em tese, seria irrepreensível.

Contudo, em geral, é necessário observar que faz sentido questionar uma possível responsabilidade, a título de omissão, do impedimento do evento somente *contra quem não tenha causado o evento com uma conduta ativa*. No nosso caso, como vimos, parece provado que o Renzo causou a morte da esposa com a própria conduta ativa (as reiteradas relações sexuais não protegidas). Por tal conduta ativa, o Renzo deverá certamente responder, se não a título de dolo, pelo menos – como veremos – a título de culpa. Portanto, não parece razoável que o Renzo seja chamado a responder a duplo título – comissivo e omissivo – pelo mesmo evento.

Por outro lado, nem a configuração de sua conduta como omissiva tornaria mais fácil a prova do dolo no homicídio, que permaneceria exposta às mesmas objeções que acabamos de examinar.

Em remate, a contestação a Renzo de um título autónomo de responsabilidade omissiva não provocaria qualquer vantagem à acusação pública e permaneceria privada de relevância prática.

(2) homicídio culposo (art. 589 c.p. italiano), agravado *ex* art. 61 c.p. italiano, n. 3, c.p. italiano

Na eventualidade do juiz ter de excluir a responsabilidade a título de dolo, o Renzo poderia responder pelo delito de homicídio a título de culpa, em particular por ter causado a morte de Luzia com uma conduta imprudente, baseada nas múltiplas relações sexuais não protegidas mantidas com Luzia. Acresce referir que tal conduta foi realizada com a agravante do Renzo ter agido com a previsão do evento.

[81] Artigo 10.º do CP português.

(a) *Elementos objetivos*

Em relação ao nexo causal entre a conduta de Renzo e a morte de Luzia, reitera-se o já exposto em respeito à hipótese de homicídio voluntário. Isto é, o Renzo causou muito verosimilmente a morte de Luzia mediante relações sexuais não protegidas.

(b) *Elementos subjetivos*

A conduta do sujeito que, embora seja consciente de estar afetado pela AIDS, tenha com o cônjuge relações sexuais sem alguma precaução, constitui uma conduta gravemente *imprudente*.

De facto, constitui uma norma de *comum prudência* (cuja violação pode integrar uma condição a título de *culpa genérica*) aquela, consolidada na experiência científica e regularmente comunicada a todos os pacientes, aos quais seja diagnosticado a contaminação por HIV (ou outras doenças com contaminação fatídica), que impõe a quem seja contaminado o uso de preservativo nas relações sexuais, para evitar a transmissão do vírus aos próprios *partners*.

O Renzo não utilizou a referida cautela nas relações com Luzia e, portanto, aquele adotou uma conduta culposa.

Por outro lado, o evento letal constitui a específica concretização do risco que a norma cautelar pretendia evitar, no período em que se considerava que –nos anos Noventa – a transmissão do vírus HIV era regularmente associada a um grave risco de morte.

Ainda, se Renzo tivesse utilizado regularmente o preservativo durante as relações sexuais com a Luzia, o risco de contaminação teria drasticamente diminuído, atingindo quase a possibilidade zero (a probabilidade de contaminação num único contato sexual, no qual se verificasse um incidente no uso do preservativo teria sido, de facto, extremamente baixa). Sem dúvida, isto é suficiente para a verificação da denominada causalidade da culpa.

Por fim, não aparecem circunstâncias que tornem subjetivamente inexigível ao Renzo o respeito do dever de cautela.

Portanto, é necessário considerar que a morte de Luzia tenha sido causada pelo Renzo *com culpa*.

Observe como a análise que precede espelha todas as passagens necessárias aos fins da análise da culpa, tal como resumidos no parágrafo 3.4.1.3. na Parte I.

Uma questão de grande interesse teórico – e de difícil solução no estado atual do direito penal italiano – consiste em saber, a que título, o Renzo deveria responder caso tivesse causado a contaminação e, por conseguinte, a morte de Luzia, tendo-a, porém, *previamente avisada* da própria condição de seropositividade, e a Luzia tivesse decidido – em plena liberdade e consciência – *assumir o risco* da contaminação, da doença e da morte, quem sabe com o objetivo de dar de qualquer forma um filho ao marido.

A doutrina germânica e de muitos países por esta influenciada, negariam aqui que a morte de Luzia seja **objetivamente imputável** a Renzo, dado que a Luzia foi *voluntária e livremente* exposta ao risco em questão, assumindo dessa forma a respetiva responsabilidade.

Contudo, a teoria da imputação objetiva nunca foi acolhida como tal pela jurisprudência italiana e por este motivo não é questionada neste volume.

Prescindindo de possíveis, embora que problemáticas, tentativas de solução a nível de **causalidade** (em particular, em face da cláusula *ex* art. 41, co. 2, c.p. italiano) ou do **consentimento do titular do direito** (*ex* art. 50 c.p. italiano[82]), com todas as dificuldades de prever um consenso de exculpação em respeito a um ato que não lese diretamente, mas simplesmente põe em perigo a vida alheia, que é um bem tradicionalmente considerado indisponível por seu titular, um caminho possível para enfrentar o problema em face das categorias jurídicas consolidadas na jurisprudência italiana seria trabalhar, nesta hipótese, o próprio âmbito da **culpa**. Ou seja, seria necessário perguntarmos se e em que medida se poderia considerar culposa a conduta de quem não realize uma cautela recomendada pela ciência médica – neste caso, o uso do preservativo nas próprias relações sexuais – em face de um acordo com o próprio *partner*, o qual tenha autonomamente e sem alguma pressão decidido se expor ao risco, com vista à persecução de interesses considerados prevalentes em respeito à própria perspetiva de uma contaminação (e das trágicas consequências a esta conexa).

---

[82] Artigo 38.º do CP português.

Provavelmente, a resposta a um tal quesito não seria óbvio, sendo bem possível ser sustentados argumentos sólidos em favor de ambas as hipotéticas soluções.

(c) *Antijuridicidade* e (d) *Culpabilidade*

Não parecem existir causas de justificação, nem causas de exclusão da culpabilidade.

(e) *Circunstâncias*

A acusação pública poderia imputar a Renzo a circunstância prevista pelo art. 41, n. 3, c.p. italiano (culpa consciente), tendo o Renzo causado culposamente a morte da esposa e sendo ele consciente da perigosidade da própria conduta. Em particular, O Renzo tinha noção do próprio estado de seropositividade e do risco de transmitir contaminações com relações sexuais não protegidas, dado que tinha sido informado no momento da diagnose pelas entidades de saúde.

Contudo, a configurabilidade de tal agravante poderia ser colocada em dúvida pela defesa. Como foi sublinhado, não seria implausível considerar que o Renzo tivesse amadurecido a convicção de ter sarado e que, portanto, nada de mal poderia ter acontecido com a sua esposa, visto que ele mesmo tinha estado de boa saúde em todos os anos após a diagnose. Um tal processo de remoção psicológica seria considerado incompatível com a afirmação segundo a qual o Renzo teria agido representando verdadeiramente a possibilidade de causar a morte da sua esposa. Consideração que poderia induzir o juiz a excluir a agravante, diante de uma (razoável) dúvida de que sobre a existência de tal pressuposto.

Por outro lado, não parece existir no caso concreto alguma circunstância atenuante, pelas razoes já expostas a este respeito na mais grave imputação de homicídio doloso.

(f) *Punibilidade*

Não parecem existir causas de exclusão da punibilidade.

Conclusão

Verosimilmente, o Renzo será considerado responsável pelo delito em epígrafe, embora permanecerá a dúvida sobre a configurabilidade da circunstância agravante *ex* art. 61, n. 3. c.p. italiano.

Aos fins da determinação da pena é provável que o juiz considere particularmente grave a culpa de Renzo, o qual – omitindo o próprio estado de seropositividade à esposa e tendo mantido com ela relações sexuais não protegidas por muitos anos – a expôs a um risco gravíssimo, que poderia ter sido facilmente evitado.

CASO N. 2
UM COCKTAIL LETAL

Para comemorar a conclusão da licenciatura, o Jofre decide passar uma noite na famosa discoteca de Lisboa DanceDance. No final da noite, mais precisamente pelas 4 horas da madrugada, o Jofre, após ter bebido um *negroni* e vários *gin's tonic*, coloca-se ao volante do automóvel emprestado pelo seu pai para a ocasião, apesar do álcool consumido causar a diminuição notória das suas capacidades de reação (tendo sido posteriormente apurado uma taxa alcoolémia de 1,6 g/l). Aproveitando o facto de que àquela hora tardia quase nenhum veículo circula pelas ruas de Lisboa, o Jofre decide testar os limites de velocidade do automóvel do pai para, também, impressionar a jovem que acabou de conhecer na discoteca, sentada no lugar dianteiro do passageiro, chegando a atingir os 120 km/h em zonas em que o limite máximo consentido é de 50 Km/h.

Ao chegar num cruzamento com muita iluminação pública, o Jofre repara, já muito tarde, que o Isidoro estava a atravessar a rua, na passadeira, acompanhado do seu cão Hércules. Infelizmente o peão e o seu cão são surpreendidos pelo automóvel que não consegue parar a tempo, embora a travagem brusca efetuada pelo condutor. Perturbado pela violenta colisão e percebendo que tinha acabado de atropelar uma pessoa, o Jofre imobiliza o veículo e desce juntamente com a jovem, ilesa, para verificar o estado da vítima. Por sorte, o Isidoro é ágil e reclama somente uma forte dor na perna direita, que lhe impede de levantar. O pequeno Hércules ficou, infelizmente, esmagado debaixo das rodas do automóvel.

O Jofre, aliviado porque Isidoro não parece correr risco de vida, chama imediatamente a ambulância, que chega ao local poucos minutos mais tarde.

Na ambulância, o Isidoro é acolhido pela médica Gilda que, após um diagnóstico cuidadoso, verifica que o paciente teve uma fratura da tíbia e do perónio, para a qual fórmula uma prognose de 50 dias, e engessa o membro, como indicado pelas melhores orientações em matéria ortopédica.

Considerando que o Isidoro continua a ter dores angustiantes na perna, que não lhe permite repousar, a médica decide administrar-lhe, por via endógena, 1.000 ml de paracetamol. Assim sendo, dirige-se ao enfermeiro-chefe Celestino, com experiência de uma década em cuidados intensivos, pedindo-lhe para preparar a necessária dose de administração do antidolorífico ao paciente. Ao retirar o fármaco da prateleira onde são colocados os medicamentos na ambulância, distraído – por uma animada discussão entre colegas –, o enfermeiro confunde o frasco que contém paracetamol com aquele que contém morfina, ambos marcados com uma etiqueta vermelha. Uma vez preparado o soro, o enfermeiro Celestino disponibiliza à médica Gilda, que a administra no braço do Isidoro.

Dentro de poucos minutos, a doze de morfina administrada, erroneamente, ao paciente provoca uma paragem respiratória que determina a morte do Isidoro.

Avalie a responsabilidade do Jofre, da médica Gilda e do enfermeiro Celestino somente em relação às hipóteses criminais previstas no Código Penal, com exclusão, portanto, daquelas previstas no Código da Estrada.

Esquema de solução

(I) O atropelamento de Isidoro e Hercules

(A) Jofre

1. art. 575 cp. italiano (*X*)[83]

(a) *Elementos objetivos* (√)
- causa da morte de um homem (√)

(b) *Elementos subjetivos* (*X*)
- Dolo (*X*)

2. art. 589-bis c.p. italiano, agravado *ex* art. 589-bis italiano, co. 2 e 5, n. 1, c.p. italiano (*X*)[84]

[83] Art. 131.º CP Português.

[84] Em Portugal, temos: 1.º – a criminalização da condução perigosa de veículo rodoviário que cause perigo para a vida ou para a integridade física de outrem (art.º 291.º, n.º 1, do CP português), 2.º – o crime de condução perigosa de veículo rodoviário, agravado pelo resultado

(a) *Elementos objetivos* (√)
- causa da morte de uma pessoa (√)

(b) *Elementos subjetivos* (*X*)
- Culpa (violação de normas sobre a circulação estradal) (*X*)

3. art. 590-bis c.p. italiano, agravado *ex* art. 590-bis italiano, co. 2 e 5, n. 1, c.p. italiano e *ex* art. 60, n. 3 c.p. italiano (√)[85]

(a) *Elementos objetivos* (√)
- causa de lesões pessoais graves (√)

(b) *Elementos subjetivos* (*?*)
- Culpa (violação de normas sobre a circulação estradal) (√)

(c) *Antijuridicidade* (√)

(d) *Culpabilidade* (√)

(e) Circunstância
- art. 590-bis italiano, co. 2 c.p. italiano: taxa alcoolémia superior a 1,5 g/l (√)[86]
- 590-bis italiano, co. 5, n. 1, c.p. italiano: ter prosseguido em centro urbano com uma velocidade superior ao dobro daquela consentida (√)[87]
- art. 60, n. 3 c.p. italiano: culpa consciente (√)

(f) *Punibilidade* (√)

---

da morte (art.ºs 291.º, n.º 1, 294.º, n.º 3, alínea a), e 285.º do CP português) e 3.º – o crime de homicídio negligente em concurso aparente com o crime de condução perigosa e veículo rodoviário, agravado pelo resultado (art.ºs 137º, nº 2, 291º, nº 1, 294º, nº 3, alínea a), e 285.º, do CP português).

[85] Encontramos no CP português a criminalização da condução perigosa de veículo rodoviário que cause perigo para a vida ou para a integridade física de outrem (art.º 291.º, n.º 1, do CP português).

[86] Em Portugal, 1,2 g/l é o limite a partir do qual a condução sob esse efeito é considerada crime - ver pf. art.º 292.º, n.º 1, do CP português.

[87] Encontra-se no art.º 291.º, n.º 1, alínea b) do CP português uma previsão penal próxima da respetiva norma penal italiana.

4. art. 544-bis c.p. italiano (*X*)[88]

(a) *Elementos objetivos* (√)
- causa da morte de um animal (√)
- Sem necessidade (√)

(b) *Elementos subjetivos* (*X*)
- dolo (X)

5. art. 638 c.p. italiano (*X*) [89]

(a) *Elementos objetivos* (√)
- salvo que o facto não constitua um crime mais grave (√)
- morte de um animal (√)
- alheio (√)

(b) *Elementos subjetivos* (*X*)
- Dolo (X)

(II) A administração do soro

(A) Gilda

1. art. 589 c.p. italiano (*X*)

(a) *Elementos objetivos* (√)
- causa da morte de uma pessoa (√)

(b) *Elementos subjetivos* (*X*)
- Culpa (*X*)

---

[88] Encontra-se no artigo 387.º do CP português uma norma com previsão próxima. O legislador penal português oferece-nos no art.º 389.º um conceito de animal de companhia. Quanto a este assunto o Acórdão do Tribunal Constitucional português que demonstra essa discussão: http://www.tribunalconstitucional.pt/tc/acordaos/20220023.html

[89] O art.º 387.º do CP português seja a norma penal que se pode considerar mais próxima da referida norma penal italiana.

(B) Celestino

1. art. 589 c.p. italiano (√)

(a) *Elementos objetivos* (√)
- causa da morte de uma pessoa (√)

(b) *Elementos subjetivos* (?)
- Culpa (√)

(c) *Antijuridicidade* (√)

(d) *Culpabilidade* (√)

(e) Circunstância
- nenhuma

(f) *Punibilidade* (√)

De modo diferente ao ocorrido no caso n. 1, o presente caso – que envolve a responsabilidade de várias pessoas – requer a descomposição da análise em **dois diferentes núcleos factuais**, que poderiam ser denominados de:

I – atropelamento de Isidoro e Hércules.
II – administração do soro.

Como veremos, as diferentes acções, que caracterizam cada núcleo factual examinado, convergem em torno de um único evento (a morte de Isidoro), e que, portanto, estará presente em cada núcleo factual.

(I) O atropelamento de Isidoro e Hércules

(A) Jofre

1. Homicídio doloso (art. 575 cp. italiano)[90]

Antes de mais, o Jofre poderia ser chamado a responder pelo delito em epígrafe, por ter voluntariamente causado a morte de Isidoro, atropelando-o e

90 Art. 131.º CP Português.

provocando-lhe lesões, pelas quais se tornara necessária à sua hospitalização, onde mais tarde veio a falecer.

(a) *Elementos objetivos*

Em primeiro lugar, é necessário avaliar se a morte do Isidoro foi causada pela conduta de condução perigosa realizada pelo Jofre.

O problema nasce porque, após o atropelamento da autoria do Jofre, o Isidoro apresentou somente fracturas na tíbia e no perónio, sem sinais de serem letais, e pelas quais a médica na ambulância tinha apresentado uma prognose de cicatrização em 50 dias. Pelo contrário, a causa imediata da morte de Isidoro foi a administração da morfina feita pela médica Gilda, que foi precedida pelo erro cometido pelo enfermeiro Celestino. Ambas as condutas não podem ser mentalmente eliminadas para que o evento da morte de Isidoro seja menor e, portanto, devem ser consideradas *conditiones sine quibus non* da morte.

Contudo, as condutas dos profissionais de saúde não podem ser consideradas supervenientes como "sozinhas suficientes a determinar o evento" e, como tal, idóneas a excluir o nexo causal *ex* art. 41, co. 2, c.p. italiano[91]. De facto, a conduta do Jofre também é condição necessária ao evento. Se o Isidoro não tivesse sido atropelado pelo Jofre, não teria sido hospitalizado, onde mais tarde viria a falecer.

Portanto, as três condutas constituem as concausas do evento final, no sentido da conjugaçãodo disposto no *co. 1* do art. 41 c.p. italiano («o concurso de causas preexistentes, simultâneas ou supervenientes, embora que independentes da acção ou omissão do culpado, não exclui a relação de causalidade entre a ação ou omissão e o evento») e no *co. 3* da mesma disposição, que estende tais princípios a hipóteses em que a concausa, como neste caso, seja representada por factos ilícitos alheios.

A conduta originária do Jofre deve, portanto, ser considerada causa (embora que não exclusiva, e, mais exatamente, *concausa*) da morte de Isidoro.

[91] Artigo 28.º CP português.

As soluções aqui propostas nascem da teoria, sustentada em muitos manuais, segundo a qual o **art. 40, co. 2, c.p. italiano** confirmaria a teoria condicionalista, excluindo – superfluamente – o nexo causal somente nos casos em que o evento ter-se-ia realizado mesmo onde se eliminasse mentalmente a conduta do agente.

Por outro lado, segundo outras análises, o **art. 40, co. 2, c.p. italiano** estabeleceria um limite à possibilidade de imputar juridicamente ao agente um evento em relação ao qual a sua conduta tenha sido, a nível material, *conditio sine qua non*, como no caso em exame. Isso porque, segundo a formulação de uma antiga doutrina (Antolisei), o erro do enfermeiro constituiria uma *circunstância excecional*, plenamente fora do controle do agente, idónea como tal a interromper a causalidade "jurídica" do facto e a sua consequência material.

Recentemente, o **art. 40, co. 2, c.p. italiano** foi considerado como uma base normativa na qual se coloca no nosso Estado a teoria da **imputação objetiva do evento**. Em face desta teoria, o evento não poderia ser imputável ao agente quando este não represente a *realização do risco* criado com a precedente conduta, dolosa ou culposa, do agente. A intoxicação de morfina, de facto, não constitui um evento reconduzível à tipologia de risco criado com um atropelamento rodoviário, ao qual poderiam contrariamente ser reconduzidos, por exemplo, os eventos letais determinados pelas lesões dos órgãos internos consequentes ao trauma sofrido. Isto conduziria a negar, já a nível objetivo, a existência de um delito de homicídio (doloso ou culposo), com a consequente existência somente do delito de lesões estradais culposas[92] (integradas no nosso caso pelas lesões imediatamente causadas com o incidente e, portanto, das fraturas à tíbia e ao perónio.

(b) *Elementos subjetivos*

Neste ponto, é necessário perguntarmos se a morte do Isidoro pode ser imputável a Jofre a título de dolo.

[92] No CP português é denominado de "crime de condução perigosa de veículo rodoviário".

Em particular, seria possível sustentar que o Jofre agira, na modalidade de *dolo eventual*, tendo *representado* como seriamente possível ou como consequência da própria condução perigosa a realização do evento de morte de outros peões da estrada, e tendo *aceitado* tal eventualidade como preço que estava disposto a pagar para não deixar de conduzir e testar a velocidade do automóvel.

O elemento *representativo*, que caracteriza o dolo eventual, encontra-se neste caso presente. O indício fundamental que poderia ser valorizado a favor de uma tal conclusão corresponde à altíssima velocidade mantida pelo Jofre numa rua urbana – 120 km/h –, mais do dobro da velocidade máxima consentida. Qualquer pessoa, que se encontre numa situação semelhante, não pode deixar de representar a extrema perigosidade da própria conduta e a possibilidade de causar um incidente com consequências gravíssimas, até mesmo letais. E não existe algum motivo para duvidar que o Jofre tenha representado o carácter perigoso da própria conduta, visto que a prévia ingestão de uma quantidade significativa de álcool não lhe impediu, provavelmente, de permanecer vígil e consciente no momento do facto. Ademais, várias sentenças nos últimos anos reconheceram um dolo eventual nas hipóteses de condução perigosa, que causaram incidentes letais[93].

Observe como na argumentação que precede, não se afirma que o Jofre *deveria ter representado* a perigosidade da condução (afirmação essa, que seria pertinente somente em sede de exame da culpa), mas que:

(a) *qualquer pessoa teria representado* tal perigosidade naquelas circunstâncias
(b) não há razão para considerar que o Jofre não a representou, em face da sua peculiar situação psíquica no momento do facto.

---

[93] V., por exemplo, Cass. Secção I, 15 de março de 2011, n. 10411, Ignatiuc; Cass. Secção IV, 10 de outubro 1996, depositada em 20 de dezembro 1996, n. 11024, Boni. Em Portugal, vejam-se os acórdãos do STJ, TRE, TRC, TRP: http://www.dgsi.pt/jstj.nsf/954f0ce6ad9dd8b980256b5f003fa814/1fae102bc544f491802573b80056c3ea; http://www.dgsi.pt/jtre.nsf/-/31BAC51BDFDDE4F280257F14003842D9; http://www.dgsi.pt/jtrc.nsf/c3fb530030ea1c61802568d9005cd5bb/9d62913d66deaf7c80257574003c86b1?OpenDocument; http://www.dgsi.pt/jtrp.nsf/56a6e7121657f91e80257cda00381fdf/fee1d10db6ae7096802587e60044475a?OpenDocument (último acesso: 2 de maio de 2023).

A argumentação aqui desenvolvida parece funcional na prova do *processo psíquico real* que se realizou na mente do imputado no momento do facto, e não na prova daquilo que *deveria ter ocorrido* em sua mente do ponto de vista normativo. Ou seja, pertence ao mundo do *ser* e não do *dever ser* (que é próprio do juízo da culpa).

*

Naturalmente, para poder demonstrar que o imputado *realmente representou* a perigosidade da própria conduta, o juiz deverá, necessariamente, utilizar as **máximas de experiência comum**, que permitem inferir o processo psíquico com dados reais verificáveis e com os ordinários instrumentos da prova (essencialmente, as características da conduta concreta realizada pelo imputado). A máxima de experiência comum aqui usada é aquela segundo a qual quem manobra um automóvel com um automóvel a 120 km/h num centro habitado, não pode deixar de dar conta da possibilidade de provocar incidentes com peões e outros automóveis. Não existindo na situação concreta qualquer elemento a partir do qual se deduza que a máxima de experiência comum não poderia operar no caso de Jofre, será possível considerar alcançada a prova do processo psíquico a ser demonstrado (aqui, representado na possibilidade de ser causado um incidente com êxito potencialmente letal).

Contudo, o problema verdadeiro nestes casos passa por se identificar, além do elemento representativo, também o elemento *volitivo*, que permite diferenciar o dolo da mera culpa com previsão. Verificação esta, imprescindível, não sendo acolhido no ordenamento jurídico português as teorias propostas noutros ordenamentos jurídicos, que aplainam o dolo eventual na mera previsão do evento, ou que deduzem o dolo eventual da mera circunstância da extrema perigosidade da conduta realizada pelo agente.

Um precioso auxílio para responder a esta pergunta pode vir da denominada *primeira fórmula de Frank*, segundo a qual existe dolo eventual contra o agente quando apenas seja possível concluir que aquele teria realizado a mesma conduta após ter representado como certa a realização do evento. Dificilmente será possível afirmar que o jovem Jofre não teria renunciado conduzir embriagado e exceder amplamente os limites de velocidade, até mesmo diante da certeza de que, agindo desse modo, teria provocado um incidente, com consequências mortais. Ou até mesmo porque em caso de incidentes eram largamente previsíveis – além das possíveis consequências para o próprio condutor – danos significativos para o veículo novo em folha, do qual o Jofre estava orgulhoso.

Apresenta-se menos plausível a hipótese de que ele tenha decidido realizar uma conduta tão desconsiderável, por um lado, sobrestimando as próprias capacidades de condutor, e por outro lado, confiando na ausência de peões e, em geral, de outros utentes da estrada às quatro horas da madrugada. Ademais, a tentativa de evitar a colisão *in extremis*, com uma travagem que, infelizmente, se revelou inútil, constitui uma contramedida que – segundo a fórmula de Kaufmann – se apresenta contra a hipótese de aceitação do evento atropelamento, em favor da existência de uma mera *culpa com previsão*.

Em face de tais elementos, não parece viável atribuir ao Jofre uma responsabilidade a título de dolo, nem sequer eventual.

Conclusão

Verosimilmente o Jofre não poderá ser considerado responsável pelo delito em epígrafe, não sendo possível provar além de qualquer dúvida razoável que ele tenha agido, pelo menos, com dolo eventual.

2. Homicídio estradal (art. 589-bis c.p. italiano, agravado *ex* art. 589-bis italiano, co. 2 e 5, n. 1, c.p. italiano)

O Jofre poderia, então, ser chamado a responder pelo delito em epígrafe, por ter causado culposamente a morte de Isidoro em violação das normas do Código da Estrada. A tal conduta acrescem as agravantes *ex* co. 2, por ter conduzido sob o efeito de álcool, com uma taxa alcoolémia superior à 1,5 g/l (igual, em particular, a 1,6 g/l) e *ex* co. 5 n. 1, por ter circulado num centro urbano com uma velocidade superior ao dobro daquela consentida (igual, em particular, a 120 km/h).

(a) *Elementos objetivos*

Em relação ao nexo causal entre a conduta de Jofre e a morte de Isidoro, reitera-se o já exposto em relação à hipótese de homicídio voluntário. Tal conduta deve, assim, ser considerada como a causa da morte de Jofre.

> Isto pelo menos se, obviamente, não se considerar que o erro médico cometido pelo enfermeiro constitui um "fator excecional" idóneo capaz de interromper o nexo de causalidade jurídico entre a conduta de Jofre e a morte de Isidoro, ou que conduza à exclusão da imputação objetiva do evento, não representando este a realização do risco criado com a conduta. Veja sobre este ponto a *box supra* (I)(A)(1)(a).

(b) *Elementos subjetivos*

O crime em exame integra uma hipótese especial de homicídio culposo, na qual a culpa se consubstancia na violação das normas do Código da Estrada.

A natureza culposa da conduta de Jofre é aqui indubitável.

Segundo as regras ditadas pelo Código da Estrada, o Jofre deveria ter conduzido respeitando a velocidade máxima de 50 km/h e sem consumir previamente bebidas alcoólicas. Ao invés, o Jofre decidiu circular a uma velocidade de 120 km/h no momento do incidente, e fê-lo após ter consumido uma quantidade importante de bebidas alcoólicas, como demonstra a sua taxa alcoolémia igual a 1,6 g/l.

Problemática diferente é a verificação dos específicos nexos que devem existir entre a conduta culposa e o evento que se realizou em concreto.

De facto, no nosso caso, a morte de Jofre, determinada pela administração de uma overdose de morfina, não constitui a realização dos específicos riscos (feridas letais ou não letais decorrentes de eventos traumáticos provocados por incidentes estradais) que as normas cautelares pretendiam prevenir.

No nosso caso, falta, portanto, já o primeiro nexo, que deve existir entre a culpa e o evento. Consequentemente, não é possível considerar existente a culpa em respeito ao evento da *morte* de Isidoro.

A resposta negativa em respeito à existência do **primeiro nexo entre a culpa e o evento** torna supérfluo ulteriores exames sobre a **causalidade da culpa** (ou, de modo interrogativo, o evento teria sido evitado se o agente tivesse observado as normas cautelares violadas?) e a exigibilidade individual de uma conduta conforme ao Direito.

Observe que, com as passagens aqui propostas, o êxito (exclusão da responsabilidade de Jofre pela morte de Isidoro) é o mesmo ao qual se chegaria aplicando as teorias, das quais foram feitas referências nas *box's* precedentes, que conduziriam a negar já a nível objetivo o nexo causal ou a imputação objetiva do evento.

Em particular, as razões pelas quais aqui se exclui a culpa de Jofre em respeito à morte de Isidoro (não recondução de um tal evento à lista de eventos que as normas cautelares violadas visavam prevenir) são as mesmas pelas quais poderia cair a imputação objetiva do evento, segundo os defensores desta última teoria.

Conclusão

Verosimilmente, o Jofre não poderá ser considerado responsável pelo delito em epígrafe, não existindo algum nexo entre a morte de Isidoro por overdose de morfina e a precedente conduta culposa.

3. Lesões estradais (art. 590-*bis* c.p. italiano, agravado *ex* art. 590-*bis* italiano, co. 2 e 5, n. 1, c.p. italiano e *ex* art. 60, n. 3 c.p. italiano

Excluída a responsabilidade por homicídio estradal, o Jofre poderia, contudo, ser chamado a responder pelo delito em epígrafe por ter causado culposamente lesões graves a Isidoro, em violação das normas que disciplinam a circulação estradal, provocando desta forma um incidente responsável por ter causado a fratura da tíbia e do perónio do Isidoro. Tal conduta do Jofre ocorreu com as agravantes *ex* co. 2, de ter conduzido sob o efeito de álcool, com uma taxa alcoolémia superior a 1,5 g/l (igual, em particular, a 1,6 g/l); *ex* co. 5, n. 1, e de ter circulado num centro urbano com uma velocidade superior ao dobro daquela permitida (igual, em particular, a 120 km/h), e *ex* art. 61 n. 3 c.p. italiano, por ter agido apesar da previsão do evento.

(a) *Elementos objetivos*

Os delitos estradais requerem que o agente tenha causado a outrem lesões graves ou gravíssimas, obrigando-nos a convocar implicitamente as noções de lesões graves e gravíssimas do art. 583 c.p. italiano[94].

No caso específico, as fraturas da tíbia e do perónio causadas a Isidoro em consequência do atropelamento configuram lesões graves *ex* art. 583, co. 1, n. 1, c.p. italiano, porque consideradas curáveis num período de tempo superior a quarenta dias.

Por outro lado, não há dúvidas que as fracturas sejam consequência do impacto com o automóvel conduzido por Jofre.

Portanto, os elementos objetivos do crime são integrados.

(b) *Elementos subjetivos*

O crime em questão integra uma hipótese particular de lesões culposas, em que a culpa se consubstancia na violação das normas do Código da Estrada. Estas normas foram violadas por Jofre no caso específico, pelas mesmas razões já ilustradas a propósito da acusação precedente.

As fraturas da tíbia e do perónio, neste caso, representam a concretização de um dos riscos específicos que as normas cautelares violadas (o limite máximo de velocidade e a proibição de conduzir embriagado) pretendiam prevenir.

[94] No CP português as circunstâncias qualificantes e agravantes encontram-se nas próprios tipos de crime ou nas normas para as quais remetem ou ocorrer por via da consunção de um crime sobre outro, como: 1º – o crime de condução perigosa de veículo rodoviário que cause perigo para a vida ou para a integridade física de outrem (art.º 291.º, n.º 1, do CP português), 2.º – o crime de condução perigosa de veículo rodoviário, agravado pelo resultado da morte (art.ºs 291.º, n.º 1, 294.º, n.º 3, alínea a), e 285.º do CP português) e 3.º – o crime de homicídio negligente em concurso aparente com o crime de condução perigosa e veículo rodoviário, agravado pelo resultado (art.ºs 137º, nº 2, 291º, nº 1, 294º, nº 3, alínea a), e 285.º, do CP português).

Ademais, é verosímil que, se o Jofre não tivesse conduzido embriagado e não tivesse superado de uma forma tão desmedida o limite de velocidade de 50 km/h, o incidente não teria ocorrido.

Portanto, existem ambos os nexos entre a conduta culposa e o evento em concreto realizado, embora não parecem existir razões que tornem subjetivamente inexigíveis uma conduta conforme ao Direito por parte de Jofre.

Os elementos subjetivos requeridos pelo art. 590-*bis*, co. 1, c.p. italiano encontram-se, portanto, preenchidos.

(c) *Antijuridicidade* e (d) *Culpabilidade*

Não parecem existir causas de justificação, nem causas de exclusão da culpabilidade.

(e) *Circunstâncias*

Existe, certamente, a circunstância prevista pelo art. 590-bis, co. 2 c.p. italiano. De facto, o Jofre conduziu o automóvel embriagado, nomeadamente com uma taxa alcoolémia igual a 1,6 g/l (portanto, superior ao limite de 1,5 g/l além do qual se configura a hipótese *ex* letra *c*) do art. 186 do código da estrada italiano[95], parao qual o art. 590-bis c.p. italiano remete).

Existe também a agravante *ex* co. 5 n. 1, aplicável ao condutor do veículo que circula num centro urbano com uma velocidade igual ou superior ao dobro daquela consentida e de qualquer forma não inferior a 70 km/h. De facto, a velocidade atingida pelo Jofre foi de 120 km/h, muito além do dobro daquela consentida num centro habitado, usualmente igual ou inferior a 50 km/h.

Enfim, poderia ter preenchido no caso em análise a agravante comum *ex* art. 61, n. 3, c.p. italiano, ou seja, ter agido, nos crimes culposos, embora a previsão do evento. Este critério de acusação tem, em comum com o dolo eventual, o elemento da previsão do evento, mas não o momento volitivo. Na culpa consciente o agente – mesmo representando a perigosidade da conduta

---

[95] Ver o artigo 81.º do Código da Estrada português.

e, portanto, o risco de realização do evento lesivo – considera por culpa que o próprio evento não se realizará porque subestima a probabilidade de se verificar em concreto ou porque subestima a própria capacidade de evitá-lo. Verosimilmente, uma tal situação psicológica existia em Jofre, que, por certo, estava consciente da extrema perigosidade da própria conduta, mas que ainda confiava na própria habilidade de condução, e portanto, na própria capacidade de evitar o evento.

(f) *Punibilidade*

Não parecem existir causas de exclusão da punibilidade. Em particular, se até ao limite máximo da pena (cinco anos de prisão *ex* co. 2 art. 590-*bis* c.p. italiano) consentir-se-ia a aplicação da causa de exclusão da punibilidade por particular tenuidade do facto *ex* art. 131- bis c.p. italiano (que é expressamente excluída, *ex* co.2 c.p. italiano, somente quando em consequência do facto tenham derivado lesões *gravíssimas*), não parece provável que o juiz possa considerar, em concreto, o facto cometido pelo Jofre como de particular tenuidade, vista a desmedida violação das normas cautelares em matéria de limites de velocidade e de ingestão de substâncias alcoólicas.

Conclusão

Verosimilmente, o Jofre será considerado culpado pelo crime em epígrafe.

Na quantificação da pena, o juiz levará, certamente, em consideração o grau particularmente elevado de culpa do agente. Por outro lado, não poderá levar em consideração a consequência letal causada à vítima que – como foi dito – não é atribuível ao Jofre a título de culpa, e portanto, nem sequer poderá ser considerada relevante para fins sancionatórios.

4. Homicídio de animais (art. 544-bis c.p. italiano)

O Jofre poderia, ainda, ser chamado a responder pelo delito em epígrafe, por ter causado desnecessariamente a morte do cão Hércules.

(a) *Elementos objetivos*

É pacífico que existe o nexo causal entre a conduta do Jofre e a morte de Hércules, provocada diretamente pelo atropelamento.

Não há dúvida de que a morte do animal foi causada sem qualquer necessidade.

(b) *Elementos subjetivos*

Tratando-se de um delito punível somente a título de dolo, para se poder reconhecer a responsabilidade do Jofre pela morte de Hércules é necessário provar a existência, pelo menos, do dolo eventual daquele.

É verosímil considerar sobre este ponto que não existe prova, além de qualquer dúvida razoável de um dolo eventual, pelas mesmas razões expostas a propósito da possível acusação a título de homicídio voluntário. Assim, a circunstância do jovem ter confiado no facto de que, durante aquela hora da manhã, as ruas da cidade estivessem desertas, juntamente a travagem brusca diante de Isidoro e Hércules, leva-nos a excluir que o Jofre tenha aceitado a perspetiva de causar o atropelamento de um peão ou somente do seu cão.

Conclusão

Verosimilmente o Jofre não poderá ser chamado a responder pelo delito em epígrafe, por falta de prova do dolo necessário para integrar o tipo de crime.

5. Homicídio ou destruição de animais alheios (art. 638 c.p. italiano)[96]

Por fim, o Jofre poderia ser chamado a responder pelo delito em epígrafe, por ter causado desnecessariamente a morte de um animal alheio.

---

[96] O art.º 387.º do CP português é, talvez, a norma penal que se pode considerar mais próxima da referida norma penal italiana.

(a) *Elementos objetivos*

O delito em questão aplica-se quando o facto não constitua um crime mais grave, que poderia ocorrer por via do delito de homicídio de animais *ex* art. 544-bis c.p. italiano. Contudo, porque este delito não é aplicável ao caso concreto, nada impede a possibilidade de avaliar a existência do delito em epígrafe.

(b) *Elementos subjetivos*

Ao invés, não poderá considerar existente o dolo eventual, pelas mesmas razões já ilustradas a propósito da hipótese delituosa *ex* art. 544-bis c.p. italiano.

Conclusão

Verosimilmente, o Jofre não poderá ser considerado responsável pelo delito em epígrafe, por falta do dolo necessário para integrar a *fattispecie*.

(II) A administração do soro

(A) Gilda

1. Homicídio culposo (art. 589 c.p. italiano)

A médica Gilda poderia ser chamada a responder pelo delito em epígrafe, por ter causado culposamente a morte de Isidoro, administrando-lhe erroneamente uma dose de morfina, que lhe provocou uma paragem respiratória.

(a) *Elementos objetivos*

No caso concreto, a médica Gilda administrou ao paciente soro que continha morfina, provocando-lhe uma paragem cardíaca que lhe causou a morte.

A circunstância da morfina ter sido materialmente inserida no soro pelo enfermeiro Celestino se comporta como mera concausa preexistente do evento, que nos sentidos do art. 41, co. 1 e 3 c.p. italiano[97], não exclui o nexo causal entre a sucessiva conduta do médico e a morte do paciente.

(b) *Elementos subjetivos*

A administração de uma dose significativa de morfina ao invés de paracetamol, com efeitos letais para o paciente, constitui uma conduta gravemente errónea do ponto de vista das *legis artis*. Contudo, é necessário nos perguntarmos se a médica Gilda tinha de responder pelo erro na organização prévia do soro a cargo do enfermeiro Celestino. E, mais exatamente, se a médica Gilda tinha o dever de controlar pessoalmente o rigor das operações realizadas pelo enfermeiro.

No âmbito da atividade de equipa desenvolvida pelo estabelecimento hospitalar, o princípio geral que define os limites do dever de vigilância de cada um corresponde à *legítima confiança* no escrupuloso cumprimento das próprias tarefas pelos membros da equipa.

O referido princípio de confiança encontra apenas dois limites: a existência de circunstâncias particulares que tornam evidente o risco de um comportamento negligente por um membro da equipa; ou a circunstância de um membro da equipa que tenha o específico dever de supervisionar e vigiar a atuação dos demais, em razão, por exemplo, da sua inexperiência.

No caso concreto, a médica Gilda tinha todos os motivos para confiar na atuação profissional correta por parte do enfermeiro Celestino – visto estar na categoria de enfermeiro-chefe e contar com experiência de uma década em cuidados intensivos – e, em particular, no rigor da tarefa de conservação e preparação dos medicamentos administrados aos pacientes conforme a prescrição médica, não estando presente qualquer circunstância factual que torne evidente o risco da sua conduta poder ser errónea.

Portanto, a conduta da médica Gilda deve ser considerada imune de culpa.

---

[97] Artigo 28.º do CP português.

Note-se que o **princípio de confiança** opera como limite ao próprio dever de diligência, excluindo que o agente responda penalmente por não ter previsto e evitado o erro alheio.

Portanto, o que falta aqui é a possibilidade de imputar ao médico uma conduta culposa: o que torna supérfluo o exame relativo ao nexo entre a culpa (aqui existente!) e o evento realizado.

Conclusão

Verosimilmente a médica Gilda não poderá ser considerada responsável pelo delito em epígrafe, não se levantando contra Gilda qualquer obrigação a título de culpa.

(B) Celestino

1. Homicídio culposo (art. 589 c.p. italiano)

O enfermeiro Celestino poderia ser chamado a responder pelo delito em epígrafe, por ter causado culposamente a morte de Isidoro, após, em particular, ter trocado o frasco de paracetamol com morfina, e inserido a morfina no soro que, aplicada ao braço de Isidoro, lhe provocou uma paragem cardíaca.

(a) *Elementos objetivos*

A conduta de Celestino constitui *condicio sine qua non* da morte de Isidoro, embora a última conduta humana com relevância causal em respeito a tal evento foi realizada pela Gilda, que aplicou o soro no braço do paciente. De facto, eliminando mentalmente a conduta de Celestino (a inserção da morfina no soro), a morte de Isidoro não teria ocorrido. A conduta de Gilda é, portanto, mera *concausa* sucessiva do evento, que não exclui como tal o nexo causal entre a precedente conduta de Celestino *ex* art. 41, n. 1 e 3, c.p.

italiano[98]; não causa sobrevinda capaz de *per se* causar o evento, *ex* co. 2 de tal disposição.

Esta conclusão é indubitável qualquer que seja a tese acolhida na interpretação do **art. 40, co. 2, c.p. italiano**[99]. Desta forma, a conduta seguinte da médica poderia de facto ser considerada uma circunstância excepcional, capaz de interromper o nexo causal juridicamente relevante.

Por outro lado, até de acordo com a teoria da **imputação objetiva do evento** a errónea composição do soro cria um risco, juridicamente relevante, que produz um evento exatamente do mesmo tipo daquele realizado.

(b) *Elementos subjetivos*

Certamente a conduta do enfermeiro Celestino se qualifica como culposa. Qualquer enfermeiro deve prestar particular atenção aos medicamentos que insere num soro, visto que um erro naquela operação pode ter gravíssimas consequências.

O enfermeiro Celestino não prestou a devida atenção, distraído pela conversa com os colegas, e infelizmente inseriu no soro um medicamento que se revelou letal, naquela dose, para o paciente.

Ademais, no caso concreto existe o duplo nexo entre culpa e evento senão vejamos: por um lado, as regras de diligência, às quais um enfermeiro deve obedecer na preparação de substâncias medicinais, são certamente concebidas para prevenir a ocorrência de eventos adversos em consequência de um uso incorreto dos fármacos, tal como aquele ocorrido no nosso caso; por outro lado, é evidente que um comportamento diligente do enfermeiro na preparação do soro teria, sem dúvidas, evitado o evento letal.

Por fim, não parecem existir motivos para considerar inexigível uma conduta conforme ao dever do enfermeiro Celestino na situação concreta.

---

[98] Artigo 28.º do CP português.

[99] Artigo 10.º CP português.

(c) *Antijuridicidade* e (d) *Culpabilidade*

Não parecem existir causas de justificação nem causas de exclusão da culpabilidade.

(e) *Circunstâncias*

Não parecem existir circunstâncias agravantes ou atenuantes. Além disso, é difícil supor a presença das atenuantes genéricas *ex* art. 62-bis c.p. italiano[100], a não ser que resulte da situação concreta circunstâncias ulteriores em comparação com aquelas narradas, que denotem um desvalor atenuado da conduta (por exemplo, o particular cansaço do enfermeiro devido a um turno excecionalmente difícil, a falha de outros enfermeiros no posicionamento do fármaco erroneamente administrado, etc.).

(f) *Punibilidade*

Não parece existir causas de não punibilidade. Em particular, a causa de não punibilidade da particular tenuidade do facto *ex* art. 131-bis c.p. italiano[101], se exclui porque inaplicável, *ex* co. 2 de tal disposição, as condutas que causam a morte da vítima.

Conclusão

Em face do exposto é plausível que o o Celestino seja considerado responsável pelo crime em epígrafe.

---

[100] No CP português as normas "gerais" de atenuação ou dispensa da pena encontram-se nos artigos 72.º a 74.º, mas devemos contar também com a previsão específica que determinada norma pode prever, como neste caso ocorre com os delitos estradais – ver pf. o artigo 294.º e por remissão deste os artigos 285.º e 286.º, que estão relacionados com os crimes previstos nos artigos 291.º e 292.º.

[101] Artigo 74.º do CP português como a norma mais próxima da referida norma italiana.

CASO N. 3

HOMICÍDIOS IMPERFEITOS NA BEIRA DO LAGO

Desde há muito tempo que o Marcos planeou assassinar o Bruno, conhecido traficante de drogas que opera na zona do rio Mondego (em Coimbra), para se vingar de um pagamento não efetuado de uma grande dívida.

Numa certa noite, armado de pistola, o Marcos dirige-s a uma zona nas margens do rio, conhecida por ser frequentada pelos traficantes. Uma vez identificado o Bruno e verificado que não se encontrava alguém por perto, o Marcos dispara contra o Bruno um tiro de pistola. Contudo, a bala raspa somente no Bruno e atinge o Carlos, um sem-abrigo, que dormia serenamente sobre o banco ao lado daquele no qual Bruno estava sentado. O Carlos morre instantaneamente.

O Marcos, dando-se conta de não ter conseguido assassinar Bruno, sai a correr, temendo a reação do violento traficante. De facto, o Bruno vira-se para procurar o responsável e associa erroneamente o autor do gesto a Dário, que com vestuário desportivo estava fazendo *jogging* à beira do lago na companhia do seu cãozinho. Ouvindo os tiros, o Dário acelerou a sua corrida para assegurar o que se tinha passado. Então, o Bruno extrai a pistola e dispara cinco tiros em sequência rápida, atingindoDário nas costas.

O Bruno percebe, imediatamente, queDário, caído por terra e aparentemente sem vida, não podia ser seu agressor, porque estava desarmado. Dando-se conta de ter assassinado a pessoa errada, decide fazer sumir o corpo da vítima lançando-o na água. O Bruno arrasta, então, o Dário até às margens do rio e deixa-o cair, naquela zona muito profunda, após ter-lhe amarrado uma pedra pesada aos pés. Pensando que ninguém o viu, o Marcos começa a fugir.

Sem que o Bruno se dê conta, o cãozinho de Dário, que assistiu a toda a cena, permanece a noite inteira velando na zona do lago onde jaz o seu dono.

Na manhã seguinte, a polícia, alertada por alguns caminhantes que ouviram as lamentações do cãozinho, descobre o cadáver de Carlos e, em seguida, o cadáver de Dário no fundo ao rio.

A autópsia verifica que o corpo de Dário foi lançado no rio ainda vivo e que aquele morreu por afogamento.

Examine os perfis de responsabilidade criminal de Marcos e de Bruno.

Esquema de solução

(I) Agressão no parque

(A) Marcos

1. art. 575 cp. italiano, agravado ex art. 577, co. 1, n. 3, c.p. italiano (√)[102]

(a) *Elementos objetivos* (√)
- causa da morte de um homem (√)

(b) *Elementos subjetivos* (√)
- Dolo (√)

(c) *Antijuridicidade* (√)

(d) Culpabilidade (√)

(e) Circunstâncias:
- art. 577, co. 1, n. 3, c.p. italiano: premeditação (√)
- art. 62, n. 2: provocação (*?*)[103]

(f) Punibilidade (√)

(II) A reação violenta de Bruno

(A) Bruno

1. art. 575 c.p. italiano (*X*)[104]

(a) *Elementos objetivos* (√)
- causa da morte de uma pessoa (√)

---

[102] Artigos 131.º, 132, n.º 2, alínea j), do CP Português.

[103] Art.º 72.º, n.º 2, alínea b), do CP português.

[104] Artigo 131.º do CP português.

(b) *Elementos subjetivos* (*X*)
- Dolo (*X*)

2. artt. 56, 575 c.p. italiano (√)[105]

(a) *Elementos subjetivos* (√)
- Dolo (√)

(b) *Elementos objetivos* (√)
- Não consumação do delito (√)
- Não equivocidade dos atos (√)
- Idoneidade dos atos (√)

(c) *Antijuridicidade* (√)
- Art. 52 c.p. italiano (*X*)

(d) Culpabilidade (√)
- Art. 52, 59, co. 4, c.p. italiano (*X*)[106]

(e) Circunstâncias
- Art. 62, co. 2, c.p.: provocação (√)

(f) Punibilidade (√)

(III) Ocultamento do suposto cadáver

(A) Bruno

1. art. 589 c.p. italiano (√)[107]

(a) *Elementos objetivos* (√)
- causa da morte de uma pessoa (√)

(b) *Elementos subjetivos* (√)
- Culpa (√)

(c) *Antijuridicidade* (√)

(d) *Culpabilidade* (√)

(e) Circunstância
- nenhuma

(f) *Punibilidade* (√)

---

[105] Artigos 22.º e 23.º, e 131.º do CP português.

[106] Artigos 17.º, n.º 2 e 32.º do CP português.

[107] Art.º 132.º do CP português.

2. art. 412 c.p. italiano[108], agravado ex art. 61, n. 2, c.p. italiano[109] (*X*)

(a) *Elementos objetivos* (*X*)

- Ocultação (√) ou encobrimento (√)
- Cadáver (*X*), parte do cadáver (*X*) ou cinzas (*X*)

(I) Agressão no parque

(A) Marcos

1. Homicídio doloso (art. 575 cp. italiano)[110], agravado ex art. 577, co. 1, n. 3, c.p. italiano[111]

O Marcos poderia ser chamado a responder pelo delito em epíigrafe por ter causado voluntariamente a morte de Carlos com um tiro de pistola. A dita conduta é agravada por ter sido realizada com premeditação.

(a) *Elementos objetivos*

A morte de Carlos foi causada por um tiro de pistola disparado pelo Marcos. De facto, a sua conduta é *condicio sine qua non* para a realização do evento.

(b) *Elementos subjetivos*

O tiro de pistola que atingiu Carlos foi, na verdade, direcionado contra o Bruno. O Marcos não queria matar o Carlos, mas o Bruno. É necessário, então, perguntarmos se a divergência entre aquilo que o agente queria e aquilo que ele efetivamente realizou permite, de qualquer forma, uma imputação do evento por dolo.

---

108 Art.º 254.º do CP português.

109 Artigo 18.º do CP português como a norma mais próxima da referida norma italiana.

110 Art. 131.º CP Português.

111 Art.º 132, n.º 2, alínea j), do CP Português.

A situação aparece aqui reconduzível ao paradigma do *aberratio ictus*, na qual o agente atinge por erro uma pessoa diferente daquela que ele queria ofender.

O art. 82 c.p. italiano estabelece a este propósito que o agente subjaz à pena estabelecida pelo facto cometido *como se* o próprio facto fosse doloso. Recorrendo às linguagens típicas das ficcões jurídicas («o culpado responde *como se...*»), o legislador transfere o dolo da vítima designada para a pessoa realmente ofendida.[112]

Nas intenções do legislador histórico, o art. 82 c.p. italiano deveria configurar um caso de responsabilidade objetiva porque o agente é punido somente pelo facto de ter causado a ofensa a uma pessoa diferente, sem que essa ofensa tenha sido desejada e sem que em respeito a essa tenha sido concretamente configurável a culpa do agente.

Contudo, as hipóteses de responsabilidade objetiva contrastam com o princípio constitucional de culpabilidade (art. 27, co. 1 e 3 Cost italiana).[113] Uma leitura da disciplina do *aberratio ictus* à luz do princípio constitucional de culpabilidade exige, portanto, a aplicação da regra da transferência do dolo somente quando é possível repreender o agente pelo menos *por culpa*, ou seja, somente quando uma pessoa razoável, em face das circunstâncias concretas conhecidas ou conhecíveis, poderia ter previsto que a ofensa idealizada poderia ter sido realizada contra uma pessoa diferente daquela em relação à qual seria direcionada a ação.

No nosso caso concreto, este requisito parece existir, visto que a presença de uma pessoa adormentada num local próximo àquele em que se encontrava a vítima designada poderia ter sido percebido pelo Marcos.

Em face do art. 82 co. 1, c.p. italiano, é possível, portanto, considerar que o Marcos tenha de responder por dolo pela morte de Carlos.

Note-se que a não ser que se considere a regra do **art. 82 c.p.** italiano como descendente dos princípios gerais em matéria de dolo, como sustentado por uma parte da doutrina (por exemplo, o agente queria matar *um homem*, embora um homem diferente em respeito àquele ao qual era direcionada a sua ação), o caso deveria ser resolvido reconhecendo-se, pelo menos, uma *tentativa de*

112 Artigos 15.º e 22.º do CP português.

113 Art.º 30.º da Constituição da República Portuguesa.

homicídio pela vítima designada (Bruno), em concurso formal com o homicídio *culposo* contra a vítima atingida por erro (Carlos).

Portanto, ao reconhecimento de uma mera tentativa do delito contra a vítima designada é necessário adicionar também *de lege lata*, cada vez que seja necessário excluir a operabilidade do art. 82 c.p. italiano, em face da interpretação orientada pelo suprarreferido princípio constitucional de culpabilidade. Por exemplo, se o facto tivesse sido realizado num parque não iluminado em plena noite, e Carlos – ao invés de se encontrar num banco adjacente ao local onde se encontrava o Bruno – estivesse dormindo embrulhado numa coberta escura atrás de um arbusto, invisível aos olhos de qualquer pessoa, seria plausível excluir a operabilidade do art. 82 c.p. italiano, visto que a morte da pessoa efetivamente ofendida (Carlos) não seria previsível, nem se quer aos olhos de um observador médio, presente no momento do facto. Portanto, em tal hipótese o Marcos deveria responder somente pela *tentativa de homicídio* de Bruno.

(c) *Antijuridicidade* e (d) *Culpabilidade*

Não parecem existir causas de justificação, nem causas de exclusão da culpabilidade.

(e) *Circunstâncias*

É necessário começar por dizer que o art. 82, co. 1, c.p. italiano remete para a disciplina do art. 60 c.p. italiano relativamente à aplicação de circunstâncias agravantes ou atenuantes. Por sua vez, o art. 60 c.p. italiano dispõe que em caso de erro sobre a pessoa ofendida – mas também, em face do próprio art. 82, co. 1, c.p. italiano, no caso de *aberratio ictus* – não são imputáveis ao agente as circunstâncias *agravantes* relativas às condições ou qualidades da pessoa ofendida, ou às relações entre ofendido e culpado, e aplica-se a seu favor as circunstâncias *atenuantes* que respeitem às condições, às qualidades e às relações preditas.[114]

---

[114] Artigos 16.º, 40.º, 70.º, 71.º, 72.º, 75.º e 76.º do CP Português.

No nosso caso, parece logo configurável a circunstância agravante da premeditação (art. 577, co. 1, n. 3, c.p. italiano)[115], visto que a resolução de cometer o homicídio surgiu antes da acção e, verosimilmente, permaneceu estável até à realização da conduta. Tal circunstância aplica-se a Alberto, à sua *aberratio ictus*, no momento em que refere à intensidade do dolo do culpado e não às condições ou à qualidade da pessoa ofendida ou às relações entre ofendido e culpado.

Portanto, seria possível supor, em ótica defensiva, a atenuante comum da *provocação*, preenchida pelo agente ter cometido o facto num estado de ira determinado por um facto injusto alheio (art. 62, n.2, c.p.). Tal circunstância refere-se às relações entre o culpado e o ofendido, mas tratando-se de atenuantes poderia operar em favor do primeiro, *ex* art. 60, co. 2, c.p.

Para a jurisprudência, o facto injusto é a conduta contrária às normas jurídicas ou ético-sociais, como acontece com o não pagamento de uma dívida importante, seja esta de origem lícita ou ilícita.

Ademais, existem dúvidas sobre a possibilidade de reconhecer o requisito do estado de ira causado pelo facto injusto da vítima. A jurisprudência tem entendido o estado de ira como uma forte alteração emotiva causada pela perceção de um facto injusto alheio, suficiente para diminuir significativamente a capacidade de autocontrole do agente e tornar, assim, menos reprovável o facto cometido por ele. Não é necessário uma estreita relação de simultaneidade temporal entre o facto injusto e a reação. A alteração emotiva que se determina pode perdurar no tempo. Tanto assim é que a jurisprudência mais recente não reconhece nenhuma incompatibilidade lógica entre a provocação e a premeditação, em particular nos casos em que o estado de ira se alimente por uma sequência de episódios injustos conhecidos pelo agente (como no caso paradigmático da mulher maltratada pelo marido). Contudo, é normalmente necessário um factor que desencadeie e explique psicologicamente a reação do réu, tendo que se excluir a atenuante quando o facto injusto precedente apareça como um mero pretexto para a realização da conduta criminosa. Por fim, não é necessário que a reação seja proporcional à gravidade do facto injusto conhecido, desde que possa ser percebida como uma *resposta* psicologicamente compreensível da provocação sofrida e não como uma conduta excessiva em respeito a essa, que exclui o próprio nexo causal entre ofensa conhecida e reação sucessiva.

[115] Art.º 132, n.º 2, alínea j), do CP Português.

Em face de tais princípios, é duvidoso que a falta de pagamento de um crédito, embora de uma quantidade significativa, seja a origem de uma perturbação emotiva que justifique, a nível psicológico, o assassinato do credor inadimplente, sobretudo faltando um episódio desencadeador no momento do facto.

Portanto, o reconhecimento das atenuantes em exame parece muito problemático.

(f) *Punibilidade*

Não parecem existir causas de exclusão da punibilidade em sentido estrito.

Conclusão

Verosimilmente, o Marcos será considerado responsável pelo delito em epígrafe, com a agravante da premeditação.

(II) A reação violenta de Bruno

(A) Bruno

1. Homicídio doloso (art. 575 c.p. italiano)[116]

O Bruno poderia ser chamado a responder pelo delito em epígrafe por ter causado a morte de Dário, em particular por ter-lhe atirado cinco tiros de arma de fogo e, em seguida, ter lançado o seu corpo inanimado no rio, provocando-lhe dessa forma a morte por afogamento.

(a) *Elementos objetivos*

A morte do pobre Dário foi, sem dúvida, causada pela reação violenta de Bruno, que, primeiro, lhe atirou cinco tiros de arma de fogo e, em seguida,

[116] Art. 131.º CP Português.

lançou o seu corpo inanimado no rio. Ambas as condutas materialmente realizadas por Bruno são *condiciones sine quibus non* em respeito à realização do evento.

(b) *Elementos subjetivos*

Mais problemática é a reconstrução do dolo. Da narração emerge claramente que este caso, também, configurou um desvio entre aquilo que foi desejado pelo agente e o que foi efetivamente realizado, numa dupla dimensão:

(1) primeiramente porque o Bruno prentendia atingir não um inocente desavisado, mas o autor de uma agressão recentemente sofrida, que erroneamente identificou ser Dário;
(2) em segundo lugar, porque o Bruno desejou causar a morte da vítima com vários tiros de arma de fogo disparados contra ele e não com o afogamento resultante da conduta posterior de ocultação do suposto cadáver.

Quanto ao primeiro problema, nesta hipótese não assume relevância a *aberratio ictus*, mas um mero *error in persona*, na qual o agente endereçou a própria ação contra uma *certa* pessoa e efetivamente atingiu *aquela* pessoa (como, o Bruno mirou as costas do inocente desavisado e efetivamente o atingiu, embora com a convicção de que se tratava de uma pessoa diferente), mesmo errando em respeito à sua identidade. Segundo uma opinião unânime da doutrina e da jurisprudência, tal erro não exclui o dolo.

Em respeito à segunda questão, o problema é estabelecer qual a relevância que possa ser reconhecida ao facto de que o decurso causal, que concretamente levou à realização do evento desejado pelo agente, diverge daquele que foi objeto de sua representação e volição (*aberratio causae*). Geralmente, afirma-se que o erro sobre o decurso causal não exclui o dolo, a não ser que o agente tenha atribuído à própria conduta a atitude de causar aquele evento *hic et nunc*, que em concreto se realizou (por exemplo, é relevante que o agente dispare para matar a vítima designada, atingindo-a no coração e, ao invés, mata atingindo-a na cabeça; neste exemplo é suficiente que o agente tenha representado e desejado matar a vítima com tiros de arma de fogo).

Contudo, é diferente o caso em que o agente, considerando erroneamente já ter causado um determinado evento com uma primeira conduta, o realize de facto somente com uma *segunda conduta*, finalizada na sua representação de ocultar o facto precedente. Neste caso, o evento que se realizou em concreto, individualizado na sua dimensão espácio-temporal, diverge daquele de originária representação e volição. De facto, o dolo de homicídio deve estar presente no momento da conduta típica, ou seja, do último acto que desencadeia o decurso causal não mais dominável pelo homem, que conflui no evento da morte. No caso concreto, tal conduta não parece sustentada pelo dolo (o Bruno tinha a certeza de que o Dário tinha morrido após os tiros disparados), mas pela culpa.

Nestes casos fala-se de *dolus generalis* e, geralmente, prefere-se decompor o facto em duas fases cronologicamente consequentes, considerando a existência do dolo somente na primeira ação. Com a consequência de que num caso, como no nosso , no qual o agente lança no lago o corpo da vítima – que pensa ter já matado – para ocultar o suposto cadáver e causa a morte somente desta forma, devem se encontrar *duas diferentes figuras criminosas* em concurso material entre si: a tentativa de homicídio e o homicídio culposo.

A solução indicada no texto corresponde à visão acolhida pela doutrina dominante, embora a solução oposta não possa ser considerada errada. A dita solução admite, nestes casos, a existência do homicídio doloso, assumindo a unicidade da conduta do agente e a presença de um dolo de homicídio que sustenta todas as fases da própria conduta.

No nosso caso seria, de qualquer forma, necessário verificar se na segunda parte da conduta – que consiste no lançamento da vítima ao lago – o autor não tivesse pelo menos representado a possibilidade da vítima ainda estar viva e, mesmo assim, tivesse decidido levar em diante a própria conduta, aceitando o risco que pudesse matá-la por afogamento. Neste caso, esta segunda parte da conduta também poderia ser sustentada pelo dolo (eventual) e poderia integrar, facilmente, a hipótese de homicídio voluntário.

Conclusão

Em face do exposto, parece razoável concluir no sentido de que o Bruno possa ser chamado a responder por homicídio voluntário consumado.

2. Tentativa de homicídio (artt. 56, 575 c.p. italiano)[117]

Embora se tenha de excluir a imputação a título de homicídio voluntário consumado, o Bruno poderia ser chamado a responder pelo delito em epígrafe por ter realizado actos idóneos e diretos responsáveis, de forma inequivoca, por causar a morte de Dário, em particular disparando cinco tiros em sequência rápida e apontando diretamente às costas da vítima.

(a) *Elementos subjetivos*

Não parece haver dúvidas de que a conduta de Bruno tenha sido realizada com dolo de homicídio, embora tenha sido de ímpeto, ou seja, por efeito de uma decisão tomada somente um momento antes da execução, em consequência da agressão sentida por Marcos. As modalidades da ação – múltiplos tiros de pistola contra a zona do corpo onde se concentram os órgãos vitais – são indicativas univocamente da vontade de matar a vítima.

Como dito acima, o erro em respeito à identidade da vítima atingida (*error in persona*) não exclui o dolo.

> Lembre-se que, tratando-se de avaliar a responsabilidade a título de tentativa de delito, convém examinar o dolo *antes* dos requisitos objetivos específicos da tentativa *ex* art. 56 c.p. italiano (ou seja, a direção não equívoca dos actos e respetivas idoneidades). Sobre este ponto v. parte I, parágrafo 4.2.

(b) *Elementos objetivos*

É, igualmente, pacífica a existência dos elementos objetivos, isto é, a realização pelo agente de actos idóneos (os disparos dos tiros de armas de fogo) e diretos em modo não equívoco para causar a morte da vítima.

---

[117] Art.º 22.º e 23.º, e 131.º do CP português.

(c) *Antijuridicidade*

O Bruno atingiu Dário com a convicção de que ele fosse o responsável pela agressão sofrida precedentemente por Bruno.

Os elementos objetivos de exclusão, como disciplinados pelo art. 52 c.p. italiano, são certamente inexistentes no caso concreto. De facto, a vítima não cometeu qualquer agressão da qual seja desencadeada "um perigo atual de uma ofensa injusta" para o agente.[118]

(d) *Culpabilidade*

Entre as possíveis causas de exclusão da culpabilidade, aqui leva-se em consideração a errónea suposição em respeito à existência da legítima defesa (*legítima defesa putativa*), no sentido conjugado do disposto nos artigos 52 e 59 último co. c.p. italiano.[119] O Bruno atingiu, de facto, o Dário, considerando erroneamente que fosse o agressor responsável por poucos minutos antes ter disparado tiros de pistola contra ele. O erro é psicologicamente credível porque, por sua vez, o Dário estava a correr ao longo o rio, dando dessa forma a impressão de fugir após ter cometido o facto.

A aplicabilidade da legítima defesa putativa pressupõe, porém, que o agente seja representado numa situação factual correspondente àquela descrita pelo art. 52 c.p. Aqui, a questão problemática é se o Bruno tivesse representado um perigo de agressão ainda atual (como requerido pelo art. 52 c.p. italiano)[120] contra si mesmo. Para essa finalidade seria necessário que o Bruno representasse que o presumível agressor estivesse próximo de lhe disparar outros tiros de pistola. Contudo, isto seria contraditório com a circunstância de Dário ter sido atingido de costas. Portanto, mesmo admitindo que o Bruno tivesse confundido o Dário com o agressor, teria, de qualquer forma, identificado o Dário quando já estava fugindo e não como se estivesse próximo de si para lhe agredir novamente, o que teria legitimado a sua ação defensiva.

Portanto, não parece que existam os pressupostos de um erro sobre a causa de justificação.

---

[118] Art.º 32.º do CP português.

[119] Artigos 18.º e 32.º do CP português.

[120] Art.º 32.º do CP português.

Num caso como este não teria significado avaliar a possível existência de um **excesso de legítima defesa,** no sentido do art. 55 c.p., porque o excesso pressupõe a existência real de uma situação de exclusão (e, portanto, de uma agressão), diante da qual o agente reage de forma excessiva, extravasando os limites da necessidade e/ou proporção. No nosso caso, não existe nenhuma agressão. V., sobre este ponto, parte I, parágrafo 3.4.3.[121]

(e) *Circunstâncias*

Neste caso, poderia, também, ter relevância a circunstância atenuante comum da provocação, disciplinada pelo art. 62, n. 2, c.p. italiano.[122]

De facto, o Bruno reagiu, certamente, num estado de grave perturbação emocional (qualificável como estado de ira), determinado por um facto injusto que acabou por sofrer (a emboscada de Marcos). Trata-se de um facto injusto que, pela sua gravidade, é certamente idóneo para ser considerado como a causa que desencadeou a perturbação e a conduta subsequente de Bruno.

A circunstância de que o autor do facto injusto seja o Marcos e não o Dário não exclui, neste caso, a aplicabilidade da atenuante em discussão, que considera aplicável ao réu as circunstâncias atenuantes respeitantes às relações entre culpado e ofendido (como a circunstância da provocação), até mesmo no caso de *error in persona* e, portanto, no caso em que o agente erre sobre a identidade da vítima (neste caso, confundida erroneamente pelo próprio agressor).

A atenuante em exame parece, portanto, existente.

(f) *Punibilidade*

Não parecem existir causas de exclusão da punibilidade em sentido estrito.

---

121 Art.º 33.º do CP português.

122 Art.º 72.º, n.º 2, alínea b), do CP português.

Conclusão

Verossimilmente, o Bruno será considerado responsável pelo delito em epígrafe, com a atenuante da provocação.

(III) Ocultamento do suposto cadáver

(A) Bruno

1. Homicídio culposo (art. 589 c.p. italiano)

O Bruno poderia, também, ser chamado a responder pelo delito em epígrafe por ter causado culposamente a morte de Dário, em particular por ter lançado o seu corpo no rio sem dar conta de que ainda estava vivo, causando dessa forma a sua morte por afogamento.

(a) *Elementos objetivos*

Valem aqui as considerações já antes expostas: a morte de Dário foi, certamente, causada pela conduta de Bruno e, em particular – como emergiu da autópsia –, pela parte final de tal conduta, formada pelo lançamento da vítima, inconsciente, no rio.

(b) *Elementos subjetivos*

A parte final da conduta de Bruno, embora não acompanhada por dolo – uma vez que o Bruno não tinha consciência de causar a morte de uma pessoa ainda viva, quando lança Dário no rio- é, contudo, certamente qualificável como *culposa*.

Em respeito a uma pessoa que pareça morta, os deveres comuns de diligência impõem inicialmente o recurso às autoridades de saúde, para que sejam realizadas as necessárias verificações e procedimentos previstos por lei, com vista também a apurar a causa de morte ocorrida e a impossibilidade de reanimar o cadáver.

Não chamando o médico e decidindo lançar o corpo inanimado de Dário no rio, o Bruno cometeu uma conduta oposta em respeito àquela devida na situação concreta.

Por outro lado, o evento *hic et nunc* que se verificou (o afogamento de Dário) constitui a específica concretização do risco que a norma de diligência violada tinha como objetivo evitar; um tal evento seria certamente evitado se o Bruno tivesse se conformado a tal norma, não contando nada o facto da morte poder ter ocorrido de qualquer forma ou por um diferente decurso causal (e, em particular, por efeito das lesões causadas com os tiros de pistola).

Por outro lado, não existem circunstâncias das quais se deduza a inexigibilidade da realização da conduta devida por Bruno.

(c) *Antijuridicidade* e (d) *Culpabilidade*

Não parecem existir causas de justificação, nem causas de exclusão da culpabilidade.

(e) *Circunstâncias*

Não parecem existir circunstâncias agravantes ou atenuantes. Em particular, não existe a circunstância agravante *ex* art. 61, n. 2 c.p. italiano, em relação ao facto de o crime ter sido cometido para ocultar um outro ou ter a imputabilidade, do momento em que tal agravante, que para a jurisprudência tem natureza subjetiva, pareça ser incompatível com crimes culposos.[123]

(f) *Punibilidade*

Não parece existir causas de não punibilidade. Em particular, a aplicação da causa de não punibilidade por particular tenuidade do facto é, em tese, excluída pelo art. 131-bis c.p. italiano, tendo o facto causado a morte de um homem.[124]

---

123 Artigo 18.º do CP português como a norma mais próxima da referida norma italiana.

124 Artigo 50.º do CP português como a norma mais próxima da referida norma italiana.

Conclusão

Verossimilmente, o Bruno será considerado responsável pelo delito em epígrafe.

2. Ocultamento do cadáver (art. 412 c.p. italiano)[125], agravado *ex* (art. 61, n. 2, c.p. italiano)

Por fim, o Bruno poderia ser chamado a responder pelo delito em epígrafe por ter ocultado o cadáver de Dário no lago, com a agravante de ter agido com a finalidade de ocultar um outro crime e de assegurar para si a impunidade.

(a) *Elementos objetivos*

Efetivamente, o Bruno lançou no lago o corpo inanimado de Dário, com uma pedra pesada amarrada a seus pés, tendo por finalidade ocultar o cadáver e subtraí-lo dessa forma às investigações.

Contudo, como demonstrou a autópsia, o Dário ainda estava vivo no momento da acção. Portanto, não se encontram preenchidos os requisitos alternativos tipificados na norma segundo qual a conduta deve ter por objeto material um *cadáver*, *uma parte do cadáver* ou as *cinzas* de uma pessoa.

A circunstância de que o agente tivesse certeza de ocultar um cadáver não é suficiente para sustentar a sua responsabilidade penal, visto que o facto constituía crime só na mente do agente (crime putativo por erro de facto). No sentido do art. 49 c.p. italiano «quem cometer um facto que não constitua crime, na suposição errónea de que constitua crime, não é punível».

Conclusão

Faltando o objeto material do facto previsto pelo art. 412 c.p. italiano[126], o Bruno não poderá ser chamado a responder por tal delito.

---

[125] Art.º 254.º do CP português.

[126] Art.º 254.º do CP português.

IV. Relações entre crimes

Os crimes pelos quais o Bruno responderá (tentativa de homicídio e homicídio culposo) apresentam entre si uma relação de *concurso material*, tendo sido cometidos com acções diferentes. Por outro lado, não se pode encontrar aplicação na doutrina sobre o crime continuado *ex* art. 81, co. 2, c.p. italiano[127], porque um delito culposo não pode, certamente, ser considerado como cometido no âmbito de um programa criminoso preventivamente definido[128].

---

[127] Art.º 30.º, n.º 2 do CP português.

[128] Neste sentido, Cass., Secção I, 10 de julho de 2018, depositada em 8 de agosto de 2019, n. 435, Rho Salvatore.

CASO N. 4
PAIXÕES PERIGOSAS

O Vladimir e Zeno são docentes de direito penal numa das faculdades mais importantes de Lisboa. Além da comum vocação para o ensinamento de direito penal, os dois compartilham a paixão pela arte contemporânea. Ambos têm uma pequena coleção de obras do Novecento Italiano que se encontram expostas nos respetivos apartamentos.

No mês de novembro, durante a suspensão das aulas, o Vladimir foi convidado para fazer um seminário numa prestigiosa universidade americana. O Zeno pensa aproveitar a ausência momentânea do colega para subtrair de sua casa uma tela de Lucio Fontana com os famosos cortes, na qual Zeno já estava de olho há muito tempo. O Zeno está seguro que consegue entrar facilmente na casa de Vladimir – que vive sozinho numa pequena moradia sem jardim na periferia de Lisboa –, quebrando o vidro de uma janela. Contudo, chegando de madrugada diante da habitação, o Zeno percebe que todas as janelas estão protegidas por uma sólida persiana de madeira, que o proprietário da casa fechou hermeticamente antes de viajar. Subindo na escada que tinha trazido consigo para alcançar o peitoril da janela, o Zeno nota imediatamente que a persiana não pode ser arrebentada com as mãos. Decide, então, regressar a casa, porém com a intenção de voltar no dia seguinte com os instrumentos necessários para concretizar o golpe.

Na noite seguinte, o impávido professor dirige-se à casa do colega com um pé-de-cabra. Com essa ferramenta, o Zeno consegue arrebentar a persiana facilmente e, após ter rompido o vidro, introduz-se no apartamento pela janela da sala onde está exposta a obra de Fontana. Removida a tela, o Zeno descobre, para sua surpresa, que o quadro cobria um cofre encaixado na parede. O Zeno tem a certeza de que nesse cofre o Vladimir guarda outras obras de grande valor. O pé-de-cabra usado para arrebentar a persiana de madeira – pensa o Zeno – não é o instrumento adequado para forçar um cofre blindado, que pode ser aberto somente conhecendo-se a específica combinação numérica.

O Zeno lembra-se, então, de que geralmente o colega anota escrupulosamente todas as próprias senhas num bloco de notas colocado numa gaveta da mesa do escritório, que compartilha com o próprio Zeno. Ele decide, então, voltar à casa na noite seguinte com as informações necessárias para abrir o cofre e, por momento, deixa na casa a tela de Fontana, reprometendo-se recuperá-la na noite seguinte juntamente com o resto dos objetos valiosos guardados no cofre.

Na noite ainda seguinte, após ter consultado o bloco de notas, o Zeno volta, pela terceira vez, à casa de Vladimir. Entra pela janela, que na noite anterior tinha deixado entreaberta, e consegue facilmente abrir o cofre, onde encontra uma pequena estátua de Pedra que Zeno, especialista em artes do Novecentos Italiano, atribui logo às mãos de Amedeo Modigliani.

Contudo, o Zeno escuta, naquele momento, alguns passos provenientes do interior do apartamento. O Vladimir está regressando a casa, com antecedência em respeito ao que tinha programado. Colocada rapidamente a estátua no bolso do casaco, o Zeno aproxima-se da janela para tentar a fuga.

Todavia, o Vladimir, tendo notado a persiana aberta e os vidros em pedaços, entra em casa e tira da gaveta da cozinha uma pistola, devidamente licenciada, e dirige-se para a sala. Vendo um homem em pé e não reconhecendo a sua face, o Vladimir dispara contra ele, atingindo-o nos ombros. Embora gravemente ferido, o Zeno consegue fugir levando consigo a estátua.

Hospitalizado com uma grave hemorragia e correndo risco de vida, os médicos conseguem salvá-lo.

Ouvido pelo Ministério Público, o Vladimir declara ter agido assustado, em razão de ter visto um homem no meio de seu apartamento e de ter atirado porque tinha a certeza de que ele estava armado.

Avalie a responsabilidade criminal de Vladimir e Zeno.

Esquema de solução

(I) A primeira noite

(A) Zeno

1. art. 56, 624-bis, co. 1, cp. italiano (*X*)[129]

(a) *Elementos subjetivos* (√)
- Dolo (√)

(b) *Elementos objetivos* (*X*)
- Falta de execução do delito (√)
- Não equivocidade dos atos (*?*)
- Idoneidade dos atos (*X*)

(II) A segunda noite

(B) Zeno

1. art. 56, 624-bis, co. 1, c.p. italiano, agravado ex art. 624-bis, co. 3, c.p. italiano, em face dos artt. 625, co. 1, n. 2 c.p. italiano e 61 n. 7 c.p. italiano (*X*)

(a) *Elementos subjetivos* (√)
- Dolo (√)

(b) *Elementos objetivos* (√)
- Não consumação do delito (√)
- Não equivocidade dos atos (√)
- Idoneidade dos atos (√)

(c) *Antijuridicidade* (√)

(d) Culpabilidade (√)

---

[129] Art.º 22.º e 23.º, e 210.º, n.º 1 e n.º 2, com remissão para o 204.º, n.º 1, alínea. f) do CP português. Da leitura dos artigos 210.º, n.º 1 e n.º 2, com remissão para o 204.º, n.º 1, alínea f) do CP português, resulta que o assalto a um imóvel é considerado *per se* apenas um crime de furto qualificado quando não envolve violência contra outrem, mas a partir do momento que envolve já deve ser considerado como crime de roubo com pena agravada.

(e) Circunstâncias
- 625, co. 1, n. 2 c.p. italiano: violência sobre coisas (√)
- 61 n. 7 c.p. italiano: dano patrimonial de relevante quantidade (*?*)

(f) Punibilidade (*X*)
- Desistência voluntária (√)

2. Art. 614, co. 1, c.p. italiano[130], agravado pelo art. 614 c.p. italiano (√)

(a) *Elementos objetivos* (√)
- Invasão (√)
- Habitação alheia (√)

(b) *Elementos subjetivos* (√)
- Dolo (√)

(c) *Antijuridicidade* (√)

(d) Culpabilidade (√)

(e) Circunstâncias
- 614, co. 4, c.p. italiano: violência sobre coisas (√)

(f) Punibilidade (√)

(III) A terceira noite

(A) Zeno

1. art. 624-bis, co. 1, c.p. italiano, agravado ex art. 624-bis, co. 3, c.p. italiano, em face do art. 61 n. 7 c.p. italiano (√)

(a) *Elementos objetivos* (√)
- Introdução no domicílio alheio ou locais equiparados ao domicílio (√)
- Coisa móvel (√)
- Coisa alheia (√)
- Subtração (√)
- Apropriação ilícita (√)

[130] Art.º 190.º do CP Português.

(b) *Elementos subjetivos* (√)
- Dolo (√)

(c) *Antijuridicidade* (√)

(d) *Culpabilidade* (√)

(e) Circunstância (√)
- Art. 61, n. 7, c.p. italiano: dano patrimonial de relevante quantidade (√)

(f) *Punibilidade* (√)

IV. A reação de Vladimir

A) Vladimir

(1) art. 56, 575 c.p. italiano (*?*)[131]

(a) *Elementos subjetivos* (√)
- Dolo (√)

(b) *Elementos objetivos* (√)
- Não consumação do delito (√)
- Não equivocidade dos atos (√)
- Idoneidade dos atos (√)

(c) *Antijuridicidade* (√)
- Art. 52 c.p. italiano (*X*)[132]

(d) *Culpabilidade* (*X*)
- Art. 52, 55, co. 2, c.p. italiano (?)

(e) *Circunstâncias*
- Art. 62, n. 2, c.p. italiano: provocação (√)[133]

(f) *Punibilidade* (√)

---

131 Art.º 22.º, 23.º e 131.º do CP português.

132 Art.º 32.º e 33.º do CP português.

133 Art.º 72.º, n.º 2, alínea b), do CP português.

(I) A primeira noite

(A) Zeno

1. Tentativa de furto em habitação (art. 56, 624-bis, co. 1, cp. italiano)[134]

Desde logo, poderia se supor contra o Zeno uma responsabilidade a título de tentativa de furto em habitação, por ter realizado atos idóneos e diretos – sem engano – com vista a se introduzir na vila de Vladimir para subtrair uma preciosa tela de Lucio Fontana e apoderar-se da mesma com a finalidade de obter um lucro injusto para si, tendo subido a escada que trouxe consigo para alcançar o peitoril da janela, mas não concluiu a ação por impossibilidade de arrebentar as grades da janela da habitação.

(a) *Elementos subjetivos*

Como é notório, a tentativa exige o dolo e, em particular, a intenção de realizar o correspondente delito consumado.

No caso narrado é evidente quais são as intenções de Zeno: (1.ª) aproveitar a ausência momentânea de Vladimir para se introduzir no edifício onde se encontra a sua habitação, (2.ª) subtrair-lhe a preciosa tela de Lucio Fontana e (3.ª) apoderar-se da mesma com a finalidade de obter um lucro injusto. Portanto, não há dúvidas que, no nosso caso, existe o elemento subjetivo requerido pela norma e descrita nos artigos 56, 624-bis, co. 1, cp., ou seja, a representação e volição de realizar um furto em habitação.

Note-se que o dolo necessário para integrar uma hipótese de tentativa – aqui claramente prospetada como *sub specie* do dolo intencional – deve abraçar **todos os elementos constitutivos, objetivos e subjetivos, que o agente**

[134] Art.º 22.º e 23.º, e 210.º, n.º 1 e n.º 2, com remissão para o 204.º, n.º 1, alínea f) do CP português. Da leitura dos artigos 210.º, n.º 1 e n.º 2, com remissão para o 204.º, n.º 1, alínea f) do CP português, resulta que o assalto a um imóvel é considerado *per se* apenas um crime de furto qualificado quando não envolve violência contra outrem, mas a partir do momento que envolve já deve ser considerado como crime de roubo com pena agravada.

deseja realizar (neste caso, o furto em habitação, e, portanto, a introdução num edifício ou noutro local destinado totalmente ou em partes a uma habitação privada ou nos compartimentos desta, a subtração e o apoderamento de uma coisa móvel, com a finalidade de obter um lucro injusto).

Todos esses requisitos devem ser mencionados explicitamente na ilustração dos elementos subjetivos do delito tentado (sendo eventualmente conveniente especificar quais destes já se tenham realizado no momento da conduta).

(b) *Elementos objetivos*

Mais problemática apresenta-se a reconstrução dos elementos objetivos da tentativa. É necessário perguntarmos se a atividade realizada por Zeno – que subiu uma escada com a intenção de alcançar o peitoril da janela – já é relevante aos fins da tentativa de furto em habitação ou tendo sido interrompida numa fase anterior ainda não dever ser punível.

O art. 56 c.p. italiano atribui ao requisito da *univocidade* dos atos a tarefa de individualizar o momento no *iter criminis* a partir do qual pode-se configurar a tentativa de um delito. Contudo, em respeito a este requisito, são possíveis duas interpretações diferentes.

De acordo com uma primeira leitura, que é patrocinada por uma parte da doutrina e que obteve uma resposta jurisprudencial[135], unívocos seriam somente os *atos executivos*, com a consequência de que relevantes aos fins da tentativa seriam somente os *atos típicos*, ou seja, os atos que correspondem pelo menos em partes com a conduta descrita na norma incriminatória. Os atos meramente *preparatórios* se encaixariam numa área ainda não punível pelo art. 56 c.p. italiano.[136]

Em face desta leitura, a execução do delito *ex* art. 624-bis, co. 1, c.p. italiano, inicia somente quando se realize pelo menos uma das duas condutas descritas na norma incriminatória e, portanto, no momento em que o autor "se introduz" no edifício alheio ou noutros locais indicados na norma.

[135] V., neste sentido, por exemplo, Cass., Secção I, 7 de janeiro de 2010, depositada 9 de março de 2010, n. 9411, Musso.

[136] Art.º 22.º do CP português.

Deste modo, o Zeno *não* teria ainda realizado alguma conduta punível, no momento em que – encostando a escada numa rua pública – ainda não se tinha introduzido em qualquer daqueles locais.

Uma diferente conclusão – adotando esta teoria – teria que ser alcançada se a moradia de Vladimir fosse rodeada por um *jardim*, e o Zeno já tivesse entrado nele trazendo consigo a escada. Neste caso, o Zeno teria já se introduzido num local definível como *parte integrante* do edifício onde se encontra a habitação de Vladimir e, portanto, já teria concretizado o requisito da habitação típica descrita pelo art. 624-*bis*, co.1, c.p. italiano. Deste modo, em sede de eventuais causas de não punibilidade, teria que ser levantado o problema da possível existência de uma desistência da tentativa *ex* art. 56, co.3, c.p. italiano.[137]

Segundo uma diferente leitura, mais extensa na jurisprudência[138], unívocos seriam os atos que, mesmo que se coloquem numa fase imediatamente antecedente em respeito ao início da execução, não poderiam ser interpretados senão como diretos na realização daquele crime. Consequentemente, seriam relevantes aos fins da tentativa não somente os atos executivos, mas também os *atos preparatórios*, segundo o *id quod plerumque accidit*, dado que o agente estava pronto para cometer o delito e provavelmente não renunciaria cometê-lo.

A aplicação deste critério dá resultados incertos em casos como o presente. Por um lado, poderia ser considerado que um hipotético observador externo – mesmo que não saiba nada sobre as reais intenções criminosas do agente – facilmente inferiria que este, subindo uma escada encostada no exterior do edifício em plena madrugada, queira se introduzir ilegalmente no próprio para cometer um furto. Por outro lado, o mesmo observador externo poderia nutrir dúvidas sobre o *tipo de crime* que o agente se prometeu realizar (um furto? Um roubo? Uma violação sexual? Uma mera violação de domicílio?).

---

[137] Art.º 24.º do CP português.

[138] V., neste sentido, por exemplo, Cass., Secção II, 4 de maio de 2017, depositada 16 de junho de 2017, n. 24302, Gentile.

Uma resposta claramente a favor da configuração de atos unívocos em respeito ao delito de furto em habitação poderia ser fornecida em face da tese, autoritariamente sustentada pela doutrina e frequentemente acolhida pela jurisprudência, que considera suficiente aos fins da tentativa de atos os que *imediatamente precedem aqueles executivos*, num único contexto espácio-temporal, sendo evidente que a ascensão do edifício foi pensada pelo autor como imediatamente funcional e a sucessiva introdução no edifício já constitui ação executiva.

Até mesmo se tivéssemos de concluir no sentido da univocidade da conduta de Zeno, a sua punibilidade – a título de tentativa, por essa primeira ação – deve ser excluída por falta do diferente requisito da *idoneidade* da conduta. O Zeno não dispunha de um instrumento que lhe permitisse arrebentar as persianas e, portanto, a sua conduta não cria nenhum perigo de realização do delito.

Conclusão

Verosimilmente, o Zeno não poderá ser chamado a responder pelo delito em epígrafe.

(II) A segunda noite

(B) Zeno

1. Tentativa de furto em habitação (art. 56, 624-bis, co. 1, c.p. italiano), agravado ex art. 624-bis, co. 3, c.p. italiano, em face dos artt. 625, co. 1, n. 2 c.p. italiano e 61 n. 7 c.p. italiano [139]

O Zeno poderia ser chamado a responder por tentativa de furto em habitação ao ter realizado atos idóneos e diretos, sem qualquer engano,

[139] Art.º 22.º e 23.º, e 210.º, n.º 1 e n.º 2, com remissão para o 204.º, n.º 1, alínea f) do CP português. Da leitura dos artigos 210.º, n.º 1 e n.º2, com remissão para o 204.º, n.º 1, alínea f) do CP português, resulta que o assalto a um imóvel é considerado per se apenas um crime de furto qualificado quando não envolve violência contra outrem, mas a partir do momento que envolve já deve ser considerado como crime de roubo com pena agravada.

conducentes à apropriação ilícita de uma tela de Lucio Fontana, subtraindo-a ao proprietário Vladimir, após ter entrado na sua moradia, sem, contudo, concluir a ação furtiva. Tudo com a agravante de ter usado violência sobre as coisas para executar o delito, em particular, arrebentando a persiana e rompendo o vidro da janela, e de ter tentado causar à vítima um dano patrimonial de relevante gravidade.

Note-se que, já na descrição precedente, comparece o requisito da não consumação do delito («sem, contudo, concluir a ação furtiva»), que em seguida é retomado na análise dos elementos objetivos da norma.

(a) *Elementos subjetivos*

Em relação ao elemento subjetivo, valem as considerações feitas à conduta realizada por Zeno no dia anterior, com a clarificação de que alguns elementos da tentativa de crime já foram realizados por aquele (em particular, o Zeno já preencheu o requisito da introdução num edifício alheio).

Portanto, não há qualquer dúvida em respeito à existência do *dolo*, ou seja, a representação e volição de realizar um furto em habitação.

(b) *Elementos objetivos*

O Zeno introduziu-se no apartamento de Vladimir e removeu a tela da parede. Portanto, o autor realizou *atos executivos* do delito de furto em habitação, tendo começado a executar a ação descrita pelo art. 624-bis c.p. italiano (apoderando-se da coisa móvel alheia e introduzindo-se num edifício ou noutro local de habitação privada). Tais atos são certamente qualificáveis como "diretos em modo não equivocável" a realizar no delito em questão, segundo todas as teorias que contendem no campo na doutrina.

Os atos realizados por Zeno – que desta vez chegou até à moradia com um instrumento adequado para arrebentar as persianas – são também *atos idóneos* para realizar o furto em habitação, ou seja, atos que criaram a possibilidade de consumação do crime, que contudo não chegou a ser consumado.

(c) *Antijuridicidade* e (d) *Culpabilidade*

Não identificamos causas de justificação, nem causas de exclusão da culpabilidade.

(e) *Circunstâncias*

Tendo arrebentado as persianas e quebrado os vidros, o Zeno usou *violência sobre as coisas*. Isto integra os elementos objetivos da agravante ex art. 625, co. 1, n. 2, c.p. italiano, aplicável ao furto em habitação ex art. 624-bis, co. 3, c.p. italiano. A agravante em questão é, também, imputável subjetivamente a Zeno ex art. 59, co. 2, c.p. italiano[140], tendo esto usado violência sobre as coisas com plena consciência e vontade.

Poderia se supor também contra o Zeno a circunstância agravante ex art. 61 n. 7 c.p. italiano (esta também contida no art. 624-bis, co. 3, c.p. italiano), ou seja, tendo tentado causar à vítima do crime um *dano de relevante gravidade*.

Contudo, a configurabilidade de tal agravante em caso de tentativa é controvertida. De facto, se é unanimemente admitida a tentativa circunstanciada do delito, que se integra quando os elementos constitutivos da circunstância parecem plenamente realizados já na primeira tentativa de ação (como acontece para a circunstância da violência sobre coisas que acabamos de examinar). Por outro lado, é discutida a configurabilidade da *tentativa do delito circunstanciado*, que existe quando a circunstância, embora não tendo ainda sido realizada, *seria integrada* se o facto fosse consumado (como acontece para a circunstância do dano de relevante gravidade em exame).

Embora geralmente a doutrina se pronuncie em sentido negativo, a jurisprudência tende a admitir a aplicabilidade ao crime tentado da circunstância agravante ex art. 61 n. 7 c.p. italiano, quando é possível deduzir com certeza, pelas modalidades do facto e em face de um específico julgamento hipotético que, se a ação delituosa tivesse sido realizada, o dano patrimonial para a pessoa ofendida teria sido de relevante gravidade[141].

---

140 Art.º 72.º, n.º 1, do CP português.

141 V., neste sentido, por exemplo, Cass., Secção II, 3 de março de 2015, depositada 27 de abril de 2015, n. 17424, Verde.

Adotando a segunda perspectiva, a agravante deveria ser considerada integrada, existindo também o elemento subjetivo (ex art. 59, co. 2, c.p. italiano)[142] da consciência e da vontade do agente em realizar a subtração de uma coisa de elevado valor, provocando um dano patrimonial de relevante gravidade ao seu proprietário.

Lembre-se na análise de eventuais circunstâncias agravantes de examinar o necessário elemento subjetivo ex art. 59, co. 2, c.p. italiano, que exige pelo menos a culpa para a imputação de tais circunstâncias. Sendo requerida *pelo menos* a culpa, a imputação é, *a fortiori*, assegurada quando o agente realiza dolosamente – e, portanto, com consciência e vontade – a circunstância, como no nosso caso em respeito a ambas as agravantes analisadas.

(f) *Punibilidade*

Pode ser invocada a favor de Zeno a causa de não punibilidade da desistência voluntária ex art. 56, co. 3, c.p. italiano.[143]

Ademais, o Zeno não concluiu a ação executiva do furto em habitação que tinha iniciado. De mais a mais, a sua desistência é voluntária porque o Zeno poderia se apoderar da tela de Lucio Fontana levando-a consigo, mas ele decidiu – após um cálculo utilitário, mas sem com isso ser obrigado por factores externos à própria vontade – deixar a tela na habitação, renunciando assim de completar a ação furtiva iniciada.

Portanto, o Zeno poderá beneficiar da causa de não punibilidade disciplinada pelo art. 56, co. 3, c.p. italiano, que, contudo, deixa a resídua responsabilidade do agente pelos atos já realizados que constituem um crime diferente: v., *infra*, (II)(A)(2).

---

142 Art.º 72.º, n.º 1, do CP português.

143 Art.º 23.º do CP português.

Conclusão

Verossimilmente, o Zeno poderá ser chamado a responder pelo crime em epígrafe, dado que desistiu voluntariamente do seu propósito criminoso ao interromper a ação furtiva iniciada antes de que a mesma fosse inteiramente realizada.

2. Violação de domicílio (art. 614, co. 1, c.p. italiano)[144], agravado pelo art. 614, co. 4, c.p. italiano

Excluída a responsabilidade pelo delito tentado de furto em habitação, não punível ex art. 56, co. 3, c.p. italiano, o Zeno poderia ser chamado a responder pelo delito de violação de domicílio, por se ter introduzido clandestinamente na habitação de Vladimir, com a agravante de ter usado violência sobre as coisas para executar o delito, em particular arrebentando a persiana e quebrando o vidro da janela.

(a) *Elementos objetivos*

O Zeno introduziu-se na moradia de Vladimir – e, portanto, na sua habitação – sem o conhecimento do proprietário – e, desta forma, *clandestinamente*. Isto é suficiente para integrar uma das modalidades de conduta alternativas descritas pelo art. 614, co. 1, c.p. italiano. Art.º 190.º do CP Português.

(b) *Elementos subjetivos*

As modalidades com as quais foi realizada a ação (ter-se introduzido por uma janela, após ter forçado a respetiva grade) evidenciam a plena consciência e vontade de Zeno, em realizar uma entrada clandestina na habitação do colega momentaneamente ausente.

---

144 Art.º 190.º do CP Português.

(c) *Antijuridicidade* e (d) *Culpabilidade*

Não existem causas de justificação, nem causas de exclusão da culpabilidade.

(e) *Circunstâncias*

Como observado, o Zeno usou violência sobre as coisas, tendo arrebentado a persiana e quebrado o vidro da janela. Isto integra a agravante do art. 614, co. 4, c.p. italiano[145], que é imputável subjetivamente também pelo art. 59, co. 2, c.p. italiano[146], tendo sido realizada com consciência e vontade.

(f) *Punibilidade*

Não existem causas de exclusão da punibilidade em sentido estrito.

Conclusão

Verossimilmente, o Zeno será chamado a responder pelo delito em epígrafe.

(III) A terceira noite

(A) Zeno

1. Furto em habitação (art. 624-bis, co. 1, c.p. italiano), agravado ex art. 624-bis, co. 3, c.p. italiano[147], em face do art. 61 n. 7 c.p. italiano

O Zeno poderia ser chamado a responder pelo delito de furto em habitação, em particular por se ter introduzido na moradia de Vladimir e

[145] Art.º 190.º, n.º 3 do CP português.

[146] Art.º 72.º, n.º 1, do CP português.

[147] Artigos 190.º e 197.º, alínea a), do CP português.

ter retirado do cofre, que se encontrava na sala da habitação, uma preciosa estatuazinha e se ter apoderado da mesma, com o fim de obter um lucro injusto. Tudo com a agravante de ter causado para a vítima do crime um dano de relevante gravidade, visto que a estátua é uma obra de arte com um elevado valor.

(a) *Elementos objetivos*

Introduzindo-se na habitação de Vladimir, subtraindo a estátua de Amedeo Modigliani ali conservada e apoderando-se da mesma, o Zeno cometeu, certamente, os elementos objetivos do crime descrito pelo art. 624-bis, co. 1, c.p. italiano.

A solução indicada no texto é aquela que, com muita probabilidade, convenceria o juiz, em face da jurisprudência dominante.

Uma clássica questão em matéria de furto, que é aprofundada nos cursos avançados de direito penal, refere-se à precisa indicação do **momento de consumação do furto**, em face do duplo requisito normativo da *subtração* e *apoderamento*. Para a doutrina maioritária, o apoderamento requer um *quid pluris* em respeito à subtração, geralmente identificado na criação de uma posse de facto sobre a coisa subtraída, que se exercita fora do raio de vigilância do precedente possuidor da coisa. No nosso caso, tal apoderamento factual ainda não foi realizado, visto que o Zeno se encontrava na casa de Vladimir, quando foi descoberto com a estátua subtraída do cofre. Portanto, o furto não poderia ser considerado consumado e, consequentemente, deveria ser considerado somente uma *tentativa* de furto da estátua.

(b) *Elementos subjetivos*

Como emerge claramente pela narração do caso, o Zeno pretende se aproveitar momentaneamente da ausência de Vladimir para se apoderar da obra de arte de elevado valor, que ele guarda no cofre da sala de sua moradia. Portanto, não há nenhuma dúvida que existem no nosso caso os elementos subjetivos requeridos pela norma contida no art. 624-bis c.p. italiano[148], ou seja, a representação e a vontade de se apoderar de uma coisa móvel alheia, subtraindo-a a quem de direito a detém e introduzindo-se na habitação privada. Tudo com o dolo específico representado pela finalidade de conseguir um lucro patrimonial pela realização do crime.

(c) *Antijuridicidade* e (d) *Culpabilidade*

Não existem causas de justificação, nem causas de exclusão da culpabilidade.

(e) *Circunstâncias*

Contra o Zeno será aplicada a circunstância agravante ex art. 61, n. 7, c.p. italiano, por ter causado à pessoa ofendida pelo crime um dano patrimonial de elevado valor. A circunstância é, também, subjetivamente imputável ex art. 59, co. 2, c.p. italiano[149], estando o Zeno consciente do elevado valor da estátua.

Supomos, agora, duas variações do caso.

*

Variante A: o Zeno subtrai a estátua do cofre, ignorando que fosse uma obra de Modigliani.

Neste caso, a agravante não será aplicada contra o Zeno, ex art. 59, co. 3, c.p. italiano, a não ser que seja possível imputar, pelo menos, a culpa contra ele por não ter reconhecido uma obra *claramente* de elevado valor (isto poderia ser sustentado com base no argumento de um objeto guardado no cofre ser provavelmente de reconhecido valor).

---

[148] Artigos 190.º e 197.º, alínea a), do CP português.

[149] Art.º 72.º, n.º 1, do CP português.

*

Variante B: o Zeno subtrai a estátua, *considerando erroneamente* que se trata de uma estátua de Modigliani, quando na verdade se tratava de uma escultura experimental da autoria do filhinho de Vladimir, sem valor comercial.

Neste caso, o erróneo convencimento de Zeno sobre a existência da circunstância ex art. 61, n. 7. c.p. italiano não será imputável contra ele (art. 59, co. 3, c.p. italiano; ao contrário, em seu favor será aplicada a circunstância atenuante de ele ter causado um delito contra o património, com um dano de reduzido valor (ex art. 62, n. 4, c.p. italiano), visto que – ex art. 59, co. 3, c.p. italiano – as circunstâncias atenuantes se aplicam somente pelo facto de estarem presentes na realidade, embora não conhecidas pelo agente.

(f) *Punibilidade*

Não existem causas de exclusão da punibilidade em sentido estrito.

Conclusão

Verossimilmente, o Zeno será considerado responsável pelo delito em epígrafe.

IV. A reação de Vladimir

A) Vladimir

(1) Tentativa de homicídio (artt. 56, 575 c.p. italiano)[150]

O tiro de pistola de Vladimir atingiu o Zeno nas costas, determinando-lhe uma lesão que o expôs a perigo de vida e que, portanto, poderia ser qualificada como lesão pessoal grave ex art. 582 e 583, co. 1, n. 1, c.p. italiano.[151]

---

[150] Art.º 22.º, 23.º e 131.º do CP português.

[151] Art.º 143.º e 144.º do CP português.

Contudo, antes de avaliar se tal hipótese delituosa tenha sido preenchida, é necessário interrogar se a conduta de Vladimir configura a mais grave hipótese delituosa de tentativa de homicídio ex art. 56, 575 c.p. italiano[152], por ter realizado atos idóneos e diretos, sem qualquer engano, causadores pela morte de Zeno, em particular disparando tiros de pistola que o atingiram nas costas, provocando-lhe uma lesão que determinou uma hemorragia, expondo Zeno a perigo de vida.

Se preencher o tipo de tentativa de homicídio, a respetiva imputação absorveria o tipo de lesões pessoais graves.

A introdução precedente esclarece, imediatamente, qual é a relação entre as duas possíveis imputações por tentativa de homicídio e lesões pessoais graves.

Na hipótese em que sejam considerados existentes os elementos da tentativa de homicídio, não será necessário verificar se existem os elementos do delito menos grave, isto é, o delito de lesões pessoais graves. Tal análise deverá ser desenvolvida somente quando se neguem os elementos da tentativa (e, em particular, se concluir-se no sentido da inexistência do *animus necandi*).

(a) *Elementos subjetivos*

Em primeiro lugar, é necessário verificar se o Vladimir atirou com a vontade de causar a morte da vítima. No nosso caso, valorizando os indicadores aos quais a jurisprudência recorre para distinguir o *animus necandi* do *animus laedendi* (em particular, a natureza do meio utilizado e a parte do corpo atingida ou apontada), é possível concluir que o Vladimir agiu com o dolo de homicídio. Ele usou a arma mortal e, mesmo tendo atirado somente um golpe, ele apontou ao denominado *alvo grosso*, ou seja, àquela parte do corpo onde se encontram os órgãos vitais, como a cabeça e o coração.

---

[152] Art.º 22.º, 23.º e 131.º do CP português.

(b) *Elementos objetivos*

Não há qualquer dúvida de que atirar à altura do homem seja um ato *idóneo* a matar, ou seja, um ato *executivo* de homicídio e, certamente, definível, segundo todas as teorias em matéria de tentativa, como *direto em modo não equivocável* a causar a morte da vítima, que porém não se realizou por circunstâncias independentes da vontade de Vladimir.

(c) *Antijuridicidade*

A favor de Vladimir poderia ser invocada a causa de justificação da legítima defesa.

Existe aqui, certamente, um *perigo atual de ofensa injusta*, prrenchida não apenas pela presença ilícita de Zeno na habitação de Vladimir, que constitui uma ofensa para a *liberdade de domicílio* ainda em fase de desenvolvimento e, portanto, ainda atual ex art. 52, co. 1, c.p. italiano. Mas também, o perigo de ser consumado o furto da estátua, que é de iminente verificação, com a consequente configuração também do perigo atual contra o *património* de Vladimir.

Tal duplo perigo *não foi culposamente causado* pela conduta precedente de Vladimir. Existem, portanto, todos os requisitos da situação de exclusão que caracteriza a hipótese de legítima defesa.

Contudo, ainda é necessário verificar se a *reação* de Vladimir é mantida entre os limites da licitude estabelecida pelo art. 52 c.p. italiano.[153]

A verificação dos requisitos de necessidade e proporção indicados pelo co. 1 tem um êxito certamente negativo. O Zeno não estava armado e a simples ameaça de usar a arma ou disparar um tiro à altura da pessoa, teriam, certamente, sido suficientes para dissuadir a agressão e, até mesmo, para ser detido em flagrante (art. 382 c.p.p. italiano[154]) o intruso. Portanto, a reação não era necessária, nem era proporcional, visto que a defesa de um bem patrimonial, embora de elevado valor como a obra de Modigliani, não pode em qualquer caso justificar um ato lesivo da vida humana.

153 Art.º 32.º do CP português.

154 Art.º 255.º do CPP português.

Contudo, visto que a presença de Zeno é consequência de uma violação do domicílio ex art. 614 c.p. italiano[155], é necessário verificar se a conduta pode ser justificada no sentido do co. 2 e do co. 4 do art. 52 c.p. italiano.[156]

Obviamente, o Vladimir estava *legitimamente presente* na sua habitação. Ele usou, também, uma arma *legitimamente detida* para defender os *bens próprios.* Contudo, o Vladimir agiu sem que tivesse um *perigo de agressão,* ou seja, um perigo para a seguranla física das pessoas, como requerido pelo art. 52, co. 2, let. *b* c.p. italiano, segundo a leitura de tal disposição que é fornecida pela jurisprudência que tem abordado a legitimidade. O Zeno tinha se introduzido sem armas no apartamento de Vladimir e não tinha realizado qualquer agressão física contra ele.

Portanto, não existem os requisitos da causa de justificação ex art. 52, co. 2, c.p. italiano.

Não poderá ser aplicada a previsão mais favorável contida no novo co. 4 do art. 52 c.p. italiano porque, certamente, a conduta de Vladimir não foi finalizada para rejeitar uma intrusão realizada com «violência ou ameaça de usos de armas ou outros meios de coação física». O Zeno tinha se introduzido clandestinamente no apartamento pela janela aberta e na madrugada anterior, e, portanto, ele não tinha utilizado – na madrugada do facto – qualquer violência sobre as coisas.

(d) *Culpabilidade*

Contudo, ainda deve ser avaliada a possibilidade de reconhecer a Vladimir um *excesso culposo em legítima defesa* (art. 55 c.p. italiano)[157], que pressupõem a existência de uma exclusão, mas também uma superação dos limites de licitude da conduta ex art. 52 c.p. italiano.

No nosso caso existe uma situação de exclusão representada pela agressão ainda no domicílio e quanto ao património (isto é, o Zeno está fugindo com a estátua, que ele acabou de subtrair),que poderia legitimar uma reação defensiva de Vladimir.

---

155 Art.º 190.º do CP Português.

156 Art.º 32.º do CP português.

157 Art.º 33.º do CP português.

É necessário, então, compreender se a superação dos limites de uma legítima reação de Vladimir é dolosa, ou seja, a consequência de um erro e, em particular, de uma sobrevalorização do perigo de agressão ou de um erro na execução da conduta. Verossimilmente, excluída esta segunda possibilidade (por exemplo, não se tem conhecimento que ele tinha atirado à altura da pessoa e tudo leva a pensar que o Vladimir direcionou o tiro contra o corpo do intruso), poderia parecer plausível uma alegação defensiva que procurasse sustentar que ele tenha representado, mesmo que erroneamente, um perigo para a própria segurança diante a presença do desconhecido, que se introduziu na própria habitação e que ele tinha descoberto ao pé da sala.

Nesta ordem de ideias, é necessário avaliar se o excesso de legítima defesa tem de ser atribuído a Vladimir a título de culpa ou se ele tem de ser isento de qualquer repreensão. Para concluirmos esta verificação, é necessário considerar o novo co. 2 do art. 55 c.p. italiano. Segundo tal disposição, a responsabilidade é certamente excluída contra quem cometeu o facto para salvaguardar a segurança própria ou alheia (ou seja, *acreditando* que o facto fosse necessário para salvaguardar a própria segurança), e agiu num *estado de grave perturbação* resultante da situação de perigo em concreto, o que poderia ser considerado existente pelo juiz naquela situação.

Seria, então, possível sustentar que o Vladimir, deparando-se com um intruso na sua casa, foi apanhado – como qualquer pessoa numa situação semelhante – por uma *grave confusão* e, temendo que o intruso estivesse armado e, por isso, fosse perigoso para a própria segurança, atirou para se defender de uma iminente agressão. Ademais, esta é a versão que ele mesmo forneceu, após ser interrogado pelo Ministério Público.

Em sentido contrário, a acusação pública poderia sustentar que o Vladimir não se encontrava numa situação de defesa diminuída – tendo ele à disposição uma arma – e nem tinha agido numa situação de grave perturbação, mas antes ter agido com fria e lúcida determinação. De facto, tendo visto a janela quebrada e mesmo podendo se subtrair ao encontro com o agressor (por exemplo, chamando a polícia), o Vladimir decidiu entrar em casa, dirigir-se até à gaveta da cozinha onde estava guardada a arma, e, depois de ter pegado a arma em mãos, entrou na sala, pronto evidentemente para atirar contra qualquer pessoa que tivesse encontrado.

Ambas as teses parecem sustentáveis em julgamento e a decisão do juiz em respeito a esse ponto parece incerta.

Tudo isso demonstra como é difícil, ainda hoje, os problemas de verificação da legítima defesa (real e putativa) e de excesso de defesa, embora as múltiplas intervenções legislativas neste sentido.

Noutras situações, a avaliação em respeito à existência dos elementos do art. 55, co. 2, c.p. italiano seria mais fácil.

Quando, por exemplo, o Vladimir tivesse surpreendido o intruso e este já estivesse claramente a fugir (por exemplo, no ato de saltar da janela) e lhe tivesse atirado nas costas, a causa de exclusão deveria certamente ser afastada, visto que nesse caso o Vladimir não teria agido para salvaguardar a própria segurança, que evidentemente não estaria em perigo.

Por outro lado, um excesso inculpado de defesa *ex* art. 55, co. 2, c.p. italiano é, provavelmente, reconhecível em todos os casos em que o agente acorde a meio da madrugada na própria habitação e – ouvindo barulhos provenientes de outro quarto – atire na direção do intruso, visto que, nestes casos, ele poderia se considerar imediatamente exposto a uma grave situação de segurança e não ter outra opção se não atirar contra o agressor (embora se descubra sucessivamente que o agressor não estava armado).

(e) *Circunstâncias*

Quando não se encontrem preenchidos os requisitos de exclusão *ex* art 55, co. 2, c.p. italiano poderia se reconhecer a favor de Vladimir a circunstância atenuante comum da provocação, *ex* art. 62, n. 2, c.p. italiano[158]. Uma vez apurado que o Vladimir agiu influenciado por uma grave perturbação devido à presença de um intruso na sala de casa, é possível sustentar, facilmente, que tal estado de ira foi determinado por um facto injusto alheio, como deve ser considerado o furto realizado na habitação por Zeno.

(f) *Punibilidade*

Não existem causas de exclusão da punibilidade em sentido estrito.

---

[158] Art.º 72.º, n.º 2, alínea b), do CP português.

Conclusão

O Vladimir poderia ser considerado responsável pelo delito em epígrafe, com a atenuante da provocação, quando o juiz reconheça a seu favor a causa de exclusão *ex* art. 55, co. 2, c.p. italiano.[159]

V. Relações entre crimes

Os delitos cometidos por Zeno na segunda e na terceira noite podem ser considerados ligados pelo nexo da continuação porque foram realizados no âmbito do mesmo desenho criminoso *ex* art. 81, n. 2, c.p. italiano.[160]

---

159 Art.º 33.º do CP português.

160 Art.º 77.º do CP português.

CASO N. 5
ROMANCE CRIMINAL

O Alegri, Panama e Berna pertencem a um grupo de jovens infames na periferia de Lisboa, conhecidos por assustar os seus pares com ameaças e perseguições reiteradas. Numa noite, O Alegri transmite aos companheiros que pretende dirigir-se a um bairro próximo para poder encontrar os membros de um grupo rival e "acertar contas". Discutindo com o Panama e Berna, o Alegri afirma: «*Desta vez os farei pagar!*».

No dia seguinte, ocorre efetivamente entre os dois gangues uma violenta discussão, com insultos, ameaças e empurrões recíprocos. De repente, o Alegri pega numa faca e com a mesma atinge a coxa de Minsk, o chefe do grupo rival. A vítima desmaia e cai no chão. O golpe dado por Alegri penetrou 13 cm na coxa de Minsk, numa zona entre as pernas, e cortou a artéria femoral, causando um grave choque hemorrágico, que em poucos minutos lhe causa a morte.

O Alegri, Panama e Berna fogem, porém poucas horas mais tarde são presos pela polícia. Durante o inquérito apura-se o seguinte:

1. Desde há pouco tempo, o Alegri interrompeu a relação amorosa com a Sara, a qual começou a frequentar o bairro do gangue rival.
2. O Panama e o Berna, embora conscientes que poderia acontecer uma discussão violenta, desconheciam que o Alegri tivesse consigo uma faca e, portanto, não tinham forma de prever que o confronto poderia concluir com a morte de um dos membros do grupo rival.
3. Somente o Panama, algum tempo antes, tinha estado envolvido noutro confronto violento entre gangues, no qual também tinha participado o Alegri, que, de repente, tinha pegado uma faca, ferindo no braço um dos adversários, não tendo denunciado o Alegri por receio de também arcar com consequências penais.
4. Somente o Panama tem antecedentes penais, acumulando duas condenações, transitadas em julgado, que foram decretadas há sete e quatro anos atrás, tendo uma sido por um furto em supermercado e a outra por tráfico de estupefacientes em doses pequenas.

Interrogado pela polícia, Alegri declara ter pegado a faca somente com a finalidade defensiva porque tinha sido agredido pelo grupo rival.

Quais os crimes de que o Alegri, Panama e Berna poderão ser acusados?

Esquema de solução

(I) O confronto entre os dois gangues

(A) Alegri

1. **art. 110[161], 575, cp. italiano, agravado pelo art. 577, co. 1, n. 3[162] e 4, c.p. italiano (com referência ao art. 61, n. 1 c.p. italiano)[163] (?)**

    (a) *Elementos objetivos (X)*
    - causa da morte de um homem (√)

    (b) *Elementos subjetivos (?)*
    - Dolo (?)

    (c) *Antijuridicidade* (√)

    (d) Culpabilidade (√)

    (e) Circunstâncias
    - 577, co. 1, n. 3 e 4 c.p. italiano: premeditação (?)
    - 61 n. 1 c.p. italiano: ou fúteis (X)

    (f) Punibilidade (√)

2. **art. 110, 584, cp. italiano, agravado pelo art. 585, n. 1, c.p. italiano, com referência ao art. 577, co. 1, n. 3 e 4 c.p. italiano, em face do art. 61 n. 1 c.p. italiano (√)[164]**

---

[161] Art.º 26º do CP português.

[162] Art.º 132, n.º 2, alínea j), do CP Português.

[163] Art.º 132, n.º 2, alínea d), e), g), h), e j) do CP Português. Nas referidas alíneas encontram-se as circunstâncias agravantes que se assemelham às previstas no art.º 61º do CP italiano.

[164] Em tese, as normas penais italianas apontadas são suscetíveis de encontrarem correspondência no CP português, ou no crime de homicídio qualificado (artº 132º, n.º 2, alínea h) ou j)), ou no crime de ofensa à integridade física grave, com resultado agravado pela morte (art.º 144º e 147º).

(a) *Elementos objetivos* (√)
- Atos diretos a lesar (√)
- Causa da morte de um homem (√)

(b) *Elementos subjetivos* (√)
- Dolo de agressão ou lesões (*animus laedendi*) (√)
- Culpa respeitante ao evento morte (√)

(c) *Antijuridicidade* (√)
(d) Culpabilidade (√)
(e) Circunstâncias
- 577, co. 1, n. 3 c.p. italiano: premeditação (√)
- 61 n. 1 c.p. italiano: motivo fútil (*X*)

(f) Punibilidade (√)

3. art. 588, cp. italiano[165], agravado pelo art. 588, co. 2, c.p. italiano e pelo art. 112, co. 1. n. 2 c.p. italiano[166] (√)

(a) *Elementos objetivos* (√)
- Participação numa briga (√)

(b) *Elementos subjetivos* (√)
- Dolo (√)

(c) *Antijuridicidade* (√)
(d) Culpabilidade (√)
(e) Circunstâncias
- Art. 588, co. 2, c.p. italiano: morte de um participante na briga (?)
- Art. 112, co. 1. n. 2 c.p. italiano: ter promovido a cooperação no crime (√)

(f) Punibilidade (√)

---

165 Artº 151º do CP português.

166 No ordenamento jurídico português, a punição dos intervenientes com base no crime de participação em rixa apresenta uma relação concursal contempla a punição dos intervenientes em rixa se não provar a sua responsabilidade em crime do homicídio ou de ofensas corporais para os quais estão previstas circunstâncias agaravantes; provando-se qualquer um destes últimos crimes, respondem por ele e não por participação em rixa, que então fica consumida.

(B) Panama

1. **art. 110[167], 116[168], 575[169], cp. italiano, agravado pelo art. 99, co. 4, c.p. italiano[170] (com referência ao art. 61, n. 1 c.p. italiano) (?)**

   (a) *Elementos objetivos* (√)
   - Realização, por outros, de um facto típico do crime (?)
   - Contribuição moral ou material (√)
   - Nexo causal (√)

   (b) *Elementos subjetivos* (√)
   - Dolo respeitante à realização de um crime diferente (√)
   - Culpa respeitante ao crime efetivamente cometido (√)

   (c) *Antijuridicidade* (√)

   (d) Culpabilidade (√)

   (e) Circunstâncias
   - Art. 99, co. 4 c.p. italiano: reincidência reiterada inferior a conco anos (?)
   - 116, co. 2, c.p. italiano (√)

   (f) Punibilidade (√)

2. **art. 110, 584, cp. italiano, agravado pelo art. 99, co. 4, c.p. italiano (√)**

   (a) *Elementos objetivos* (√)
   - Realização, por outros, de um facto típico do crime (?)
   - Contribuição moral ou material (√)
   - Nexo causal (√)

   (b) *Elementos subjetivos* (√)
   - Dolo respeitante à realização de um crime diferente (√)

---

[167] Art.º 26º do CP português.

[168] A partir do referido preceito penal italiano associa-se a infração pretendida, mas não cometida, aos atos preparatórios, que – em regra – não são puníveis no ordenamento jurídico português (artº 21º do CP português), e à tentativa e sua punibilidade (artigos 22º e 23º do CP português). Quanto à infração cometida imputa-se ao autor(es) e cúmplices (artigos 26º e 27º do CP português) o tipo de crime que se venha a preencher no caso concreto.

[169] Art.º 132, n.º 2, alínea j), do CP Português.

[170] Artº 75 e 76 do CP português.

- Culpa respeitante ao crime efetivamente cometido (√)

(c) *Antijuridicidade* (√)
(d) Culpabilidade (√)
(e) Circunstâncias
- Art. 99, co. 4 c.p. italiano: reincidência reiterada inferior a cinco anos (*?*)

(f) Punibilidade (√)

3. art. 110, 588, cp. italiano, agravado pelo art. 588, co. 2, c.p. italiano e pelo art. 99, co.4, c.p. italiano (√)

(a) *Elementos objetivos* (√)
- Participação numa briga (√)

(b) *Elementos subjetivos* (√)
- Dolo (√)

(c) *Antijuridicidade* (√)
(d) Culpabilidade (√)
(e) Circunstâncias
- Art. 588, co. 2, c.p. italiano: morte de um participante na briga (*?*)
- Art. 99, co. 4 c.p. italiano: reincidência reiterada inferior a cinco anos (*?*)

(f) Punibilidade (√)

(C) Berna

1. art. 110, 116, 575, cp. italiano (*X*)

(a) *Elementos objetivos* (√)
- Realização, por outros, de um facto típico do crime (√)
- Contribuição moral ou material (√)
- Nexo causal (√)

(b) *Elementos subjetivos* (*X*)
- Dolo respeitante à realização de um crime diferente (√)
- Culpa respeitante ao crime efetivamente cometido (X)

2. art. 110, 584, cp. italiano (*X*)

(a) *Elementos objetivos* (√)
- Realização, por outros, de um facto típico do crime (*?*)
- Contribuição moral ou material (√)
- Nexo causal (√)

(b) *Elementos subjetivos* (*X*)
- Dolo respeitante à realização de um crime diferente (√)
- Culpa respeitante ao crime efetivamente cometido (X)

3. art. 110, 588, cp. italiano, agravado pelo art. 588, co. 2, c.p. italiano

(a) *Elementos objetivos* (√)
- Participação numa briga (√)

(b) *Elementos subjetivos* (√)
- Dolo (√)

(c) *Antijuridicidade* (√)

(d) Culpabilidade (√)

(e) Circunstâncias
- Art. 588, co. 2, c.p. italiano: morte de um participante na briga (*?*)

(f) Punibilidade (√)

Tudo aquilo que precede o confronto entre os dois gangues – em particular, o acordo feito entre os três jovens na noite anterior – é penalmente irrelevante até ao momento em que se inicia a execução do acordo, segundo o previsto pelo art 115 c.p. italiano[171]. Portanto, a análise jurídica do caso deve iniciar-se apenas com a luta violenta entre os dois grupos rivais.

Como no caso n. 1, este caso encontra-se, também, articulado em volta de um único núcleo factual (o confronto entre os dois gangues). Contudo, diferentemente do primeiro caso, aqui ocorre entre três sujeitos cuja responsabilidade penal deve ser analisada individualmente (Alegri, Panama e Berna).

[171] Artigos 22º, 23º e 29º do CP português.

(I) O confronto entre os dois gangues

(A) Alegri

1. Concurso em homicídio doloso (art. 110, 575, cp. italiano), agravado pelo art. 577, co. 1, n. 3 e 4, c.p. italiano (com referência ao art. 61, n. 1 c.p. italiano)[172]

O Alegri poderia ser chamado a responder – como autor do crime e em concurso com Panama e Berna – pelo crime em epígrafe por ter causado voluntariamente a morte de Minsk, esfaqueando-o na coxa e provocando-lhe uma hemorragia grave e efeito letal, com a agravante de ter agido com premeditação e por motivos fúteis.

(a) *Elementos objetivos*

Não existe qualquer dúvida sobre o *nexo causal* entre a conduta e o evento letal. A morte de Minsk deriva, certamente, da facada inferida por Alegri, que atingiu a artéria femoral, causando-lhe um grave choque hemorrágico, o qual por sua vez determinou a imediata morte da vítima.

(b) *Elementos subjetivos*

O problema encontra-se no elemento subjetivo do crime.

No nosso caso, a existência do dolo contra Alegri – nos termos de uma intenção precisa de causar a morte da vítima – poderia ser sustentada, essencialmente, com base nos seguintes argumentos.

1. Em primeiro lugar, a faca é um instrumento potencialmente letal. Além disso, a faca foi usada com bastante violência, visto que a lâmina

[172] No CP português encontram-se previstos os crimes de homicídio (artº 131º), de homicídio qualificado (artº 132º), de homicídio privilegiado (artº 133º) e de homicidio a pedido da vítima (artº 134º), para os quais se exige – no âmbito da culpa – o dolo, e o crime de homicidio (artº 137), para o qual se exige – a título de culpa – a negligência.

foi afundada por 13 cm na coxa da vítima. A zona do corpo atingida, entre as pernas, é atravessada pela artéria femoral, cuja incisão pode provocar uma gravíssima hemorragia, capaz de provocar em poucos minutos a morte da vítima.

2. Além de tais indicadores objetivos, é possível relevar o motivo do ciúme. De facto, o Minsk tinha iniciado uma relação amorosa com a ex-namorada de Alegri.

Contudo, poder-se-ia observar em sentido contrário que a parte do corpo apontada e atingida – a coxa – não se encontra na zona do corpo que qualquer pessoa associa à presença de órgãos vitais, como a cabeça, o tórax e o abdómem. E que a presença da artéria femoral, facilmente atingível na zona entre as pernas, não é de conhecimento para qualquer pessoa, especialmente a quem não tenha algum conhecimento de anatomia, como se verifica verosimilmente com o imputado. Além disso, o facto de Alegri ter dado uma única facada, é pouco indicativo da sua vontade homicida. Por outro lado, a afirmação no dia anterior respeitante à sua vontade de *dar uma lição* ao grupo rival é ambígua, sendo perfeitamente compatível com a mera vontade de causar lesões aos membros do grupo, sem necessariamente implicar a vontade de matar alguém. Por fim, nem o motivo pessoal, o ciúme, é univocamente indicativo de um *animus necandi*, sendo possível conciliá-lo com um *animus laedendi*.

Seria, então, possível supor um dolo meramente *eventual*, integrado pela *representação* do *possível* êxito letal da conduta (embora não perseguido intencionalmente) e pela decisão de *levar em consideração* esse êxito como exequível, cujo preço o Alegri estava disposto a pagar para dar uma lição severa ao grupo rival e ao chefe do mesmo (que, também, foi responsável por ter-lhe roubado a namorada).

Contudo, até mesmo nesta perspetiva, não seria fácil para a acusação demonstrar, além de qualquer dúvida razoável, que o Alegri tenha efetivamente *representado* (e, consequentemente, tenha realmente levado em consideração) a possibilidade de causar a morte de Minsk somente com uma facada numa zona do corpo, que muito provavelmente não sabia que se encontrava atravessada por uma artéria tão importante, como a femoral. A explicação alternativa – ou seja, que o Alegri quisesse simplesmente *ferir* a vítima, sem ter levado em consideração a possibilidade de matá-lo com uma facada direcionada à sua perna – parece verosímil e não ao ponto de ser considerada como implausível. Tudo isso faz emergir uma dúvida razoável em respeito à suposição acusatória.

Em conclusão, parece mais verosímil supor que o juiz *não* considere existente no nosso caso um homicídio voluntário, embora que o êxito oposto não possa ser excluído com certeza.

(c) *Antijuridicidade*

Na hipótese em que se considerasse existente o dolo, o facto não poderia ser considerado coberto por qualquer causa de justificação. Em particular, não teria qualquer virtude uma eventual alegação defensiva segundo a qual o Alegri teria se limitado a pegar na faca somente com a finalidade defensiva porque tinha sido agredido por um elemento do grupo rival.

A jurisprudência dominante afirma que não é invocável a legítima defesa em relação a crimes cometidos num contexto de rixa de grupo, faltando o requisito implícito da causa involuntária de uma situação de perigo determinada pela agressão. Independentemente de tal argumento (que se sustenta numa leitura restritiva do art. 52 c.p. italiano[173] totalmente razoável, mas privada de base literal), faltaria aqui o *ictu oculi, isto é,* o requisito de proporcionalidade da reação (previsto na hipótese do art. 52, co. 1, c.p. italiano, relevante no nosso caso), não resultando de alguma forma que o Alegri e os outros membros do gangue estivessem expostos, durante a briga, a um perigo imediato de morte ou lesões graves.

(d) *Culpabilidade*

Em favor de Alegri, também, não existem causas de exclusão da culpabilidade. Em particular, não são concebíveis o erro sobre a legítima defesa (o qual pressupõe que o agente tenha representado uma situação de exclusão correspondente àquela prevista pelo art. 52 c.p. italiano), nem o excesso de legítima defesa, visto que no nosso caso a legítima defesa – segundo a jurisprudência consolidada que acabamos de rever – não é invocável *a priori,* tendo sido a agressão voluntariamente causada por Alegri.

---

[173] Art.º 32º do CP português.

(e) *Circunstância*

Em respeito a uma possível imputação por homicídio doloso poderia ser preenchida a circunstância agravante da premeditação (art. 577, co. 1, n. 3, c.p. italiano)[174], visto que a agressão ao grupo rival – durante a qual foi realizada a conduta homicida – foi planificada e criada pelo grupo liderado por Alegri. Contudo, no caso em que seja reconhecido contra o Alegri um mero dolo eventual – com dolo intencional ou direto, não parecendo ser suportado por um compêndio probatório –, a circunstância não seria aplicada, visto que a jurisprudência dominante considera já, em abstrato, incompatível a premeditação que exprime um grau particularmente intenso de volição criminosa e o dolo eventual[175].

Além disso, poderíamos chamar a atenção para a circunstância ex art. 577, co. 1, n. 4, c.p. italiano (que recorda a circunstância ex art. 61, n. 7, c.p. italiano[176], relativa aos motivos desprezáveis e fúteis). Um mero acerto de contas entre gangues de jovens parece um motivo plenamente desproporcional (e portanto fútil) em respeito ao delito que veio dar origem (homicídio). Contudo, tendo em conta que o momento desencadeador do facto é o ciúme, a agravante deve ser considerada inexistente, visto que o ciúme é um sentimento que (exatamente como a finalidade de lucro) pode notoriamente provocar impulsos para o cometimento de factos muito graves.

O precedente episódio criminoso em que o Alegri foi envolvido poderá, no máximo, relevar em sede de determinação da pena, mas não justifica a aplicação da agravante da *reincidência* (art. 99 c.p. italiano), que opera somente diante de condenações anteriores definitivas.

Certamente deve-se excluir a circunstância da provocação ex art. 62, n. 2, c.p. italiano, não sendo possível, em geral, considerar "facto injusto" – nem sequer do ponto de vista ético-social – roubar a namorada a outra pessoa.

É difícil, também, supor neste caso a circunstância atenuante genérica ex art. 62-bis c.p. italiano.

---

174 Art.º 132, n.º 2, alínea j), do CP Português.

175 Com endereço constante, a jurisprudência tem incompatibilzado a agravante da premeditação com o dolo eventual: v., Cass. Secção I, 24 de março 1986, depositada em 5 de junho 1986, n. 5073, Fioravanti.

176 Art.º 132, n.º 2, alínea d), e), g), h), e j) do CP Português. Nas referidas alíneas encontram-se as circunstâncias agravantes que se assemelham às previstas no art.º 61º do CP italiano.

(f) *Punibilidade*

Não parece existir causas de exclusão da punibilidade.

Conclusão

Não é possível excluir totalmente que o Alegri seja considerado responsável pelo delito (não agravado) em epígrafe, embora tal hipótese pareça dificilmente compatível com o princípio processual (art. 533 c.p.p. italiano)[177], que requer uma prova *além de qualquer dúvida razoável* da responsabilidade do imputado. Em caso de condenação com este título, a pena deveria ser determinada próxima do limite mínimo, em face da baixa intensidade do dolo (a ser identificado, no máximo, na forma do dolo eventual).

2. Concurso em homicídio preterintencional (110, 584, cp. italiano), agravado pelo art. 585, n. 1, c.p. italiano, com referência ao art. 577, co. 1, n. 3 e 4 c.p. italiano (este último, em face do art. 61 n. 1 c.p. italiano)

Excluindo-se a responsabilidade a título de homicídio voluntário, o Alegri poderia ser chamado a responder – como autor do crime e, em concurso com Panama e Berna – do delito de homicídio preterintencional ex art. 584 c.p. italiano[178], por ter, com actos diretos a provocar lesões, causado a

[177] O princípio da livre apreciação da prova (artº 127º do Código de Processo Penal português) está intimamente ligado à obrigatoriedade de motivação ou fundamentação fáctica das sentenças criminais (art.º 374º/2 do Código de Processo Penal português). A persistência de dúvida razoável após a produção da prova tem de atuar em sentido favorável ao arguido e, por conseguinte, conduzir à consequência imposta no caso de se ter logrado a prova completa da circunstância favorável ao arguido (princípio *in dubio pro reo* – artº 32º, nº 2 da CRP).

[178] O tipo de crime de homicídio preterintencional previsto no artº 584º do CP italiano pode ser enquadrada no CP português, ou no tipo de crime de homicídio qualificado (artº 132º, n.º 2, alínea j), ou no tipo de crime de ofensa à integridade física grave, com resultado agravado pela morte (art.º 144º e 147º).

morte de Minsk, dando-lhe uma facada na coxa, a qual provocou uma grave hemorragia com efeito letal. Acresce referir a agravante do Alegri ter agido com premeditação e por motivos fúteis.

(a) *Elementos objetivos*

O art. 584 c.p. italiano pune qualquer pessoa que, com actos diretos a lesar ou ferir outra pessoa, causa a morte como um evento não desejado.

Na hipótese de se excluir que os actos realizados por Alegri fossem diretos a matar a vítima, não existiria qualquer dúvida em considerar que os ditos actos fossem *diretos*, pelo menos, para *causar lesões*. Por outro lado, como observamos, é certo que tais actos causaram a morte de Minsk, cortando-lhe a artéria femoral e provocando-lhe uma hemorragia responsável pelo êxito fatal.

(b) *Elementos subjetivos*

Aparecem aqui integrados os elementos subjetivos do delito em exame.

O uso de uma faca contra a perna da vítima é, pelo menos, indicativo de um *animus laedendi*. Portanto, é necessário apenas verificar se o evento letal é atribuível ao agente, em face de uma *interpretação constitucionalmente orientada ao princípio de culpabilidade* do art. 584 c.p. italiano, que – repudiando a leitura de uma hipótese residual de responsabilidade objetiva – requer um coeficiente de culpa, *sub specie* de *concreta previsibilidade* da realização do evento letal.

A propósito, é necessário, desde logo, precisar que tal previsibilidade não pode ser presumida, como ainda é considerada, hoje, pela generalidade da jurisprudência, por uma suposta perigosidade intrínseca de qualquer conduta direta a ferir ou lesar uma pessoa, mas deve ser motivada com referência às específicas características concretas da agressão feita pelo agente, que devem criar um risco significativo de um êxito fatal, sendo reconhecível aos olhos de um observador médio.

Além disso, parece possível, no nosso caso, alcançar uma avaliação de *previsibilidade* de um tal desenvolvimento causal, visto que penetrar uma faca na coxa da vítima por uma profundidade 13 cm é uma conduta que cria um significativo perigo de ruptura dos vasos arteriais que atravessam a perna, e que por esta razão poderia certamente induzir um observador médio a prever consequências graves, até mesmo trágicas como aquela que em concreto se realizou.

(c) *Antijuridicidade*

Valem as mesmas considerações feitas – v., *supra*, (I)(A)(1)(c) – em respeito à impossibilidade para o Alegri invocar a causa de exclusão da legítima defesa, exprimindo os requisitos da não voluntariedade da agressão e da proporcionalidade da defesa, que valem também para a imputação de homicídio preterintencional.

(d) *Culpabilidade*

Não existem causas de exclusão da culpabilidade.

(e) *Circunstâncias*

Pode-se configurar a circunstância agravante da premeditação – v., *supra*, (I)(A)(1)(e) –, que é aplicável ao homicídio preterintencional porque chamada pelo art. 585 c.p. italiano[179].

Não é aplicável a circunstância de ter agido por motivos fúteis ex art. 61, n. 1, c.p. italiano, chamado pelo art. 577, co. 4, c.p. italiano[180], por sua vez aplicável ao homicídio preterintencional em face do art. 585 c.p. italiano, pelas mesmas razões analisadas *supra*, (I)(A)(1)(e).

(f) *Punibilidade*

Não parece existir causas de exclusão da punibilidade.

---

179 A agravante da premeditação è também aplicável ao art. 584 c.p. italiano, e neste caso, deve ser aos atos diretos a causar a lesão: assim, Cass., Secção V, 13 de setembro de 2018, depositada 7 de novembro de 2018, n. 50505, Ferraro.

180 Art.º 132, n.º 2, alínea d), e), g), h), e j) do CP Português., Nas referidas alíneas encontram-se as circunstâncias agravantes que se assemelham às previstas no art.º 61º do CP italiano.

Conclusão

Na hipótese de ser afastada a responsabilidade por homicídio doloso, o Alegri será certamente considerado responsável pelo delito em epígrafe.

3. Participação em rixa (art. 588, cp. italiano), agravado pelo art. 588, co. 2, c.p. italiano e pelo art. 112, co. 1. n. 2 c.p. italiano

Por fim, o Alegri poderia ser chamado a responder por ter participado numa rixa, junto com o Panama, Berna, Minsk e um número indeterminado de outros membros dos gangues, com as agravantes determinadas, respetivamente, pela circunstância que na briga o Minsk perdeu a vida e pelo facto de ter promovido a cooperação no delito.

(a) *Elementos objetivos*

O legislador não forneceu uma definição normativa do conceito de "briga"[181], limitando-se a prever que é punido pelo art. 588 c.p. italiano «*qualquer pessoa que participe à uma briga*». Segundo a jurisprudência consolidada, a "briga" consiste numa luta em que se chega a vias de facto e, portanto, assume as formas da luta violenta, na qual participam três ou mais pessoas, motivadas pela dupla intenção, ora de ofender os adversários, ora de se defender da violência dos rivais.

No nosso caso, não há dúvida de que surgiu entre os dois gangues uma discórdia violenta, composta não somente pela agressão verbal (insultos e

[181] O tipo legal de crime de rixa no ordenamento jurídico português também pretere uma definição de rixa. Ora vejamos o teor da norma: "*Quem intervier ou tomar parte em rixa de duas ou mais pessoas, donde resulte morte ou ofensa à integridade física grave, é punido com pena de prisão até 2 anos ou com pena de multa até 240 dias.*" (artº 151.º n.º 1 do CP português). Perante a omissão conceitual compete à doutrina e à jurisprudência efetuar a respetiva concretização. Veja-se, por exemplo, a concretização feita por um acórdão do STJ: "Deve definir-se rixa como a situação de conflito ou de desordem em que intervêm obrigatoriamente mais de duas pessoas, e que é caracterizada pela oposição dos contendores sem que seja possível individualizar ou distinguir a actividade de cada um, não pode, pois, restringir-se a duas pessoas, como crime colectivo que é, ou de concurso necessário, porquanto nesse caso haverá apenas um conflito recíproco e não rixa.". Cfr. http://www.dgsi.pt/jstj.nsf/-/73511E40270EECFC8025742100357FC3

ameaças) como também pela agressão física (empurrões recíprocos). E é pacífico que a tal discórdia implica a participação de três ou mais pessoas.

(b) *Elementos subjetivos*

A modalidade executiva e as afirmações pronunciadas pelo Alegri, no dia anterior, evidenciam a vontade de provocar a rixa com o grupo rival. Portanto, está preenchido o elemento subjetivo, na forma mais intensa do dolo intencional.

(c) *Antijuridicidade* e (d) *Culpabilidade*

Não parece existir causas de justificação. Em particular, não é invocável a legítima defesa da parte de quem, como neste caso, tenha voluntariamente provocado a briga quando a podia ter evitado, não existindo qualquer *necessidade* de reagir. Também não parece existir causas de exclusão da culpabilidade.

(e) *Circunstâncias*

Verosimilmente, o Ministério Público poderia contestar a Alegri a agravante prevista pelo art. 588, co. 2, c.p. italiano, pelo facto da rixa causar a morte de uma pessoa (ou causar lesões pessoais).

Tal disposição prevê que a briga, ou imediatamente após e como consequência desta, seja causa da morte de uma pessoa ou de lesões pessoais, e a pena é agravada pelo simples facto da participação em rixa. Trata-se, portanto, de um delito agravado pelo evento.

No nosso caso, a configurabilidade da agravante poderia ser facilmente sustentada no argumento de que a morte de Minsk é consequência de uma acção, que é parte integrante do conjunto de condutas violentas constitutivas da briga. Por outro lado, segundo a jurisprudência tal agravante aplica-se, também, a quem seja o autor do homicídio.

Em contrapartida, seria possível observar que tal leitura da norma conduz ao duplo sancionamento do autor do homicídio pelo mesmo evento letal, nomeadamente a título de homicídio (voluntário ou preterintencional, a segunda dos casos) e a título de briga agravada, com a consequente violação substancial ou material do princípio do *ne bis in idem*. Portanto, parece preferível uma interpretação normativa que limite a aplicação da agravante ao co-participante em rixa que não tenha diretamente causado a morte da vítima, nem a título de concurso (o que seria um cenário bem possível pois quem participa numa briga, sobretudo da parte da vítima, pode não ter realizado qualquer conduta causalmente relevante para a morte daquela, provocada por outro co-participante em rixa). Adotando tal interpretação, embora não compartilhada pela jurisprudência dominante, deveria ser concluído que o Alegri deve responder somente nos sentidos do co. 1 do art. 588 c.p. italiano, com a exclusão da agravante ex co. 2.

Contra o Alegri poderia ser contestada a agravante prevista pelo art. 112, co. 1, n. 2, c.p. italiano, circunstância que segundo a jurisprudência maioritária aplica-se, também, aos crimes plurisubjetivos necessários[182], por ter promovido a cooperação no crime, visto que se deve a ele a ideia de agredir o gangue rival e o envolvimento dos companheiros na execução do plano criminoso.

(f) *Punibilidade*

Não parece existir causas de exclusão da punibilidade. A causa de exclusão ex art. 131-bis c.p.[183] italiano, em particular, é *a priori* inaplicável ex co. 2, visto que a conduta causou a morte de uma pessoa.

---

[182] Em particular, a jurisprudência pronunciou-se também em relação à aplicabilidade aos crimes plurisubjetivos necessários da circunstância agravante contida no art. 112, co. 1, n. 1, c.p. italiano (participação ao crime de cinco ou mais pessoas): v., entre as muitas, Cass., Secção III, 9 de novembro de 2017, depositada 12 de fevereiro de 2018, n. 6714.
A jurisprudência portuguesa tem-se pronunciado de modo semelhante, ora veja-se o acórdão do STJ: *"...tratando-se a participação em rixa de crime plurisubjetivo, o que sucede, na grande maioria das vezes, é que cada interveniente atua de per si; circunstância é certo, que não exclui que se formem grupos de agressores e agredidos simultaneamente. Acontece, porém, que nestas situações falha o "domínio funcional" e a "decisão conjunta", que caraterizam a coautoria (artigo 26.º do Código Penal), os quais, contudo, in casu, se mostram presentes.»* Cfr. http://www.dgsi.pt/jstj.nsf/954f0ce6ad9dd8b980256b5f003fa814/f86724f30439d8ee802586790068f360?OpenDocument

[183] O art.º 50º do CP português como a norma mais próxima da referida norma italiana.

Conclusão

Verosimilmente, o Alegri será considerado responsável pelo delito em epígrafe, sendo duvidoso apenas o preenchimento da circunstância agravante ex art. 588, co. 2, c.p. italiano.

(B) Panama

1. Concurso *anómalo* em homicídio doloso (art. 110, 116, 575, cp. italiano), agravado pelo art. 99, co. 4, c.p. italiano[184]

No caso de atribuição da responsabilidade a Alegri por homicídio doloso (v., supra, (I)(A)(1)), o Panama poderia ser chamado a responder na qualidade de concorrente moral *anómalo*, nomeadamente por ter participado numa fase de ideação do facto e de ter reforçado o propósito criminoso de Alegri. Acresce referir que o Panama incorre na agravante pela reincidência reiterada inferior a cinco anos, visto ter sido condenado definitivamente por dois delitos precedentes, cujo segundo foi cometido nos cinco anos precedentes ao facto.

(a) *Elementos objetivos*

A nível objetivo, é necessário que a conduta do participante tenha exercido uma influência causal na realização do facto típico criminoso.

No nosso caso, é possível considerar que a conduta do Panama (como, também, a conduta do Berna) tenha tido, efetivamente, uma influência causal para a realização do facto, em particular com a participação na fase de idealização da briga da qual decorreu o homicídio. A fase de idealização foi concretizada num autêntico *acordo* criminoso, que como tal é considerado pela jurisprudência e pela doutrina uma das possíveis formas de concurso moral. O acordo reforça a intenção criminosa recíproca, induzindo todos os participantes a agir e a confiar no plano acordado e na ajuda mútua dentro do gangue.

---

184 Artigos 26º, 75º, 76º e 132º, nº 2, alínea j), do CP português.

Além disso, em casos como o presente, a jurisprudência deduz com frequência o concurso moral da mera *copresença* dos co-participantes em rixa, que pertencem ao grupo no momento do homicídio – ou da lesão – causada a uma determinada vítima. Em particular, tal concurso moral traduz-se numa adesão implícita à conduta do agente, que reforçaria o seu propósito criminoso, tranquilizando-o e tornando-o desta forma mais corajoso.

O facto do Panama não ter trazido qualquer contribuição material à conduta do Alegri, não exclui que contra si seja possível supor uma *contribuição moral* em respeito à conduta homicida do autor, potencialmente relevante ex art. 110 c.p. italiano.

(a) *Elementos subjetivos*

Normalmente, o elemento subjetivo que caracteriza o concurso de pessoas no crime ex art. 110 c.p. italiano é a presença do dolo, ou seja, a consciência e vontade do concorrente em contribuir causalmente na realização do crime. No nosso caso, a reconstrução do elemento subjetivo em termos de dolo (mesmo que dolo eventual) contra o Panama não é sustentável. Não é possível afirmar, nem que o Panama tenha *representado* a possibilidade concreta de se verificar o evento morte, nem que ele tenha decidido agir *levando em consideração* a possível realização desse evento.

Em primeiro lugar, o Panama ignorava que o Alegri tivesse uma faca e, portanto, não tinha previsto que do confronto poderia decorrer a morte de algum dos opositores. Por outro lado, a circunstância de que no passado o Panama tivesse participado numa outra rixa, na qual o Alegri tivesse levado uma faca, não pode ser considerado um elemento suficiente para demonstrar a *efetiva consciência* do imputado em respeito à presença de uma arma no nosso caso.

Mais, não parece que o Panama soubesse da possível motivação passional, ou seja, que o Alegri tivesse interrompido a sua relação amorosa com a Sara e que ela tivesse começado a namorar o Minsk. Nem as palavras pronunciadas pelo Alegri antes da briga («*Desta vez os farei pagar!*») podem ser interpretadas como se o Alegri tivesse manifestado claramente a sua intenção de matar alguém.

Excluída, então, uma responsabilidade a título de dolo, até mesmo na forma de dolo eventual, deve ser avaliada a responsabilidade do Panama a título de *concurso anómalo* ex art. 116 c.p. italiano, o qual estabelece que «quando o crime cometido seja diferente daquele desejado por um dos concorrentes, este também responde pelo crime, se o evento é consequência de sua ação ou omissão».

Nas intenções do legislador, trata-se de uma hipótese de responsabilidade objetiva porque atribui ao concorrente, a título de dolo, um facto que ele não quis, tendo somente contribuído causalmente para a sua realização.

Contudo, a norma deve ser interpretada em obediência ao *princípio constitucional de culpabilidade*. O âmbito de aplicabilidade do art. 116 c.p. italiano deve ser limitado, em via hermenêutica, ao caso em que ao participante possa ser reprovado o facto de ter contribuído *por culpa* para a realização de um crime diferente daquele desejado. E, portanto, limitado à hipótese em que as circunstâncias sejam tais ao ponto de consentir a um observador médio de *prever a possível realização daquele diferente crime.*

Até mesmo em respeito a esta interpretação constitucionalmente orientada do art. 116 c.p. italiano, é necessário sublinhar que a previsibilidade da realização do crime mais grave deve ser demonstrada não em abstrato, em face do mero confronto entre a natureza do crime desejado e aquela do crime efetivamente realizado, mas em face das circunstâncias concretas do facto e, em particular, das peculiaridades do plano criminoso ao qual o sujeito aderiu.

No nosso caso, parece ser possível concluir que o *Panama poderia ter previsto* que o confronto entre gangues rivais seria concluído com a morte de algum dos co-participantes em rixa, tendo ele conhecimento da índole violenta do próprio companheiro. Ademais, no passado, o Panama foi envolvido noutro confronto violento no qual o Alegri também tinha participado e, naquela ocasião, o Alegri tinha pegado numa faca, ferindo o braço de um dos adversários. Tal circunstância poderia nos fazer pensar, pelo menos a um observador perspicaz, sobre uma possível reiteração do comportamento por parte de Alegri.

(c) *Antijuridicidade* e (d) *Culpabilidade*

Não parece existir causas de justificação, nem causas de exclusão da culpabilidade.

(e) *Circunstâncias*

De imediato, deve ser considerada contra o Panama a aplicabilidade da circunstância agravante da *reincidência reiterada* ex art. 99, co. 4, c.p. italiano. De facto, ele teve duas condenações definitivas por delitos não culposos. Visto que o delito foi cometido dentro dos cinco anos contados da condenação precedente (mais precisamente quatro anos antes), encontra-se preenchida a hipótese ex co. 2, n. 2, contida no co. 4, e no fim determinado o aumento da pena, que neste caso é fixado na medida de dois terços em respeito à moldura penal simples ou de base. No sentido do art. 69, ultm. inciso, c.p. italiano[185], as eventuais circunstâncias atenuantes não podem ser consideradas prevalentes em respeito à reincidência reiterada.

A jurisprudência, comum e constitucional, esclareceu que a aplicação da reincidência é *facultativa*. A sua aplicação pressupõe uma avaliação, a ser realizada em concreto, da maior culpabilidade e da maior perigosidade do reincidente. No nosso caso, é duvidoso que a nova condenação constitua efetivamente um *surplus* de culpabilidade e de perigosidade do autor, visto que os crimes precedentemente conexos são antigos e heterogéneos em respeito ao novo crime, considerando que não pressupõem o uso da violência. Nesta ótica, o juiz poderia não aplicar a reincidência e, consequentemente, não proceder ao aumento de pena previsto pelo art. 99, co. 4, c.p. italiano, evitando, contemporaneamente, excluir a possibilidade de um julgamento de prevalência das circunstâncias atenuantes.

Certamente não é aplicável ao Panama a circunstância da *premeditação*, considerada pela jurisprudência incompatível com a realização, pelos outros concorrentes, de um crime não desejado.

Visto que o crime realizado (o homicídio) é mais grave daquele desejado pelo Panama (uma simples briga), será necessário aplicar a circunstância atenuante ex art. 116, co. 2, c.p. italiano, e a pena aplicável pelo homicídio voluntário deverá ser diminuída em um terço.

Por fim, a jurisprudência (embora não recente, sobre este ponto) exclui que seja possível, também, aplicar a quem não quis o crime, a circunstância da *mínima importância* da contribuição ex art. 114, co. 1, c.p. italiano[186]

[185] Artº 71º do CP português.

[186] Artº 27º do CP português.

– atenuante que, em ponto de facto, parece de qualquer forma problemática a quem participou, como o Panama, na fase de idealização do projeto criminoso do qual derivou o evento letal.

(f) *Punibilidade*

Não parece existir causas de exclusão da punibilidade em sentido estrito.

Conclusão

No caso em que o Alegri fosse condenado por homicídio voluntário, o Panama poderia ser considerado responsável por concurso anómalo em tal delito, com o risco de que – por efeito da eventual aplicação da reincidência reiterada inferior a cinco anos – o juiz possa considerar inaplicável a diminuição da pena prevista pelo art. 116, co. 2, c.p. italiano.

É digno de particular atenção o **rigor da disciplina vigente** no tema do crime ser diferente daquele desejado por um dos concorrentes, que a interpretação constitucionalmente orientada pelo princípio de culpabilidade – sobre o qual a doutrina insiste – não consegue atenuar significativamente.

No caso em que o Alegri fosse condenado por homicídio voluntário – hipótese que certamente não pode ser excluída, embora os argumentos acima que tentamos desenvolver – o Panama poderia beneficiar da atenuação da pena ex art. 116, co. 2, c.p. italiano, que poderia conduzir a uma pena mínima de 14 anos de prisão (igual a uma pena mínima de 21 anos por homicídio voluntário menos um terço). Contudo, tal pena poderia aparecer desproporcionada por excesso em respeito ao conteúdo real de culpabilidade do facto, que se resolve num facto culposo, na qual a reprovação se radicaliza no *não ter previsto* o que seria previsível por um observador médio, ou seja, a *possibilidade* que o Alegri extraísse a faca durante a briga programada e matasse um adversário. Na falta do art.

116 c.p. italiano, tal conduta poderia gerar uma responsabilidade por homicídio culposo, punido com uma pena máxima de cinco anos de prisão.

Porém, a situação sancionatória do Panama poderia parecer muito mais grave. O juiz poderia considerar que as duas condenações precedentes do Panama – expressivas da sua propensão para delinquir – sejam relevantes aos fins de um julgamento de maior culpabilidade e de maior perigosidade, e, portanto, poderia considerar aplicável a reincidência reiterada inferior a cinco anos, contestada pela acusação pública. Visto que o art. 116, co.2, c.p. italiano, configura, segundo a consolidada jurisprudência, uma mera *circunstância atenuante*, a diminuição da pena prevista por tal disposição seria destinada neste caso a ser aplicada, tendo em conta que o art. 69 ultm. co., c.p. italiano[187], acima mencionado no texto, *proíbe* a prevalência das atenuantes em caso de reincidência reiterada ex art. 99, co. 4, c.p. italiano. Com o resultado de que a pena *mínima* aplicável ao Panama poderia ser de *vinte e um* anos de prisão (a mesma pena mínima prevista para o homicídio doloso) em caso de considerada equivalência entre as circunstâncias, podendo chegar até *trinta e um* anos no caso de considerada a prevalência da agravante da reincidência (visto que a pena base infligida para o homicídio doloso deveria ser, neste caso, aumentada em medida fixa de dois terços, até ao limite máximo consentido para a reclusão em presença de circunstâncias agravantes ex art. 64, co. 2, c.p. italiano).

Vinte e um ou trinta e um anos de prisão por um homicídio *não desejado*, em face de uma precedente condenação por um furto em supermercado e por pequenos tráficos de substâncias estupefacientes.

2. Concurso em homicídio preterintencional (art. 110, 584, cp. italiano), agravado pelo art. 99, co. 4, c.p. italiano

Na hipótese em que contra o Alegri fosse identificado um mero homicídio preterintencional (v., supra, (I)(A)(2)), o Panama poderia ser chamado a responder em qualidade de concorrente moral neste diferente delito, em particular por ter participado na fase de idealização do facto e ter reforçado o propósito criminoso de Alegri.

[187] Artº 71º do CP português.

(a) *Elementos objetivos*

A nível objetivo, valem as considerações já desenvolvidas *supra*, (I)(B)(1)(a): o Panama deu, certamente, uma contribuição moral à execução do homicídio.

(b) *Elementos subjetivos*

Como observado, o Panama certamente não previu, nem desejou a morte da vítima. Contudo, ele, como o Berna, participaram na fase ideativa de uma expedição punitiva contra o grupo rival, que contemplava o uso da violência, e portanto, possuía certamente o *animus laedendi*, que caracteriza o elemento subjetivo do homicídio preterintencional.

A necessidade de uma interpretação constitucionalmente orientada pelo princípio de culpabilidade ex art. 584 c.p. italiano exige que a morte da vítima seja atribuída ao sujeito que aja com *animus laedendi* somente quando exista a necessidade de imputar-lhe uma reprovação a título de *culpa*, nos termos de uma *previsibilidade* do evento letal aos olhos de um observador médio que se encontrasse a agir em seu lugar.

Como observado a propósito do precedente título de responsabilidade, a possibilidade de uma degeneração da agressão do Alegri era, verosimilmente, previsível pelo Panama, que conhecia a índole violenta do companheiro e já antes o tinha visto armado de faca em situações potencialmente críticas.

Portanto, parece possível considerar existente contra o Panama o elemento subjetivo ex art. 584 c.p. italiano.

Segundo a jurisprudência[188], o art. 116 c.p. italiano pode ser aplicado somente nos casos em que o crime é efetivamente cometido por um dos concorrentes – e diferente daquele efetivamente desejado por um dos participantes – e é desejado pelo autor, sendo portanto cometido com *dolo*. Consequentemente, a aplicabilidade do art. 116 c.p. italiano é feita aos casos em que o crime cometido tenha natureza *preterintencional*.

[188] V., por exemplo, Cass., Secção I, 26 de outubro de 2011, depositada 23 de janeiro de 2012, n. 2652, Papa.

Portanto, todos os concorrentes, autores e participantes, responderam neste caso com o mesmo título (no nosso caso, homicídio preterintencional), por terem *desejado* realizar lesões, das quais derivaram, como consequência não desejável mas previsível, a morte da vítima.

(c) *Antijuridicidade* e (d) *Culpabilidade*

Não parece existir causas de justificação, nem causas de exclusão da punibilidade.

(e) *Circunstâncias*

Para as argumentações relativas à contestação da reincidência (art. 99, co. 4, c.p. italiano): v., *supra*, (I)(B)(1)(e).

(f) *Punibilidade*

Não parece existir causas de não punibilidade.

3. Participação em rixa (art. 588, cp. italiano), agravado pelo art. 588, co. 2, c.p. italiano e pelo art. 99, co.4, c.p. italiano

O Panama poderia, também, ser chamado a responder pelo crime em epígrafe, por ter participado numa briga, com o Alegri, o Berna, o Minsk, e um número indeterminado de outras pessoas, com a agravante determinada pela circunstância de que na briga o Minsk perdeu a vida.

(a) *Elementos objetivos*

Valem aqui as mesmas considerações já feitas a propósito da actuação do Alegri. No nosso caso, não há dúvida de que a briga entre os dois gangues provocou um confronto violento que integra o conceito de *briga* cOntemplado pelo art. 588 c.p. italiano e que em tal confronto o Panama também participou.

(b) *Elementos subjetivos*

Até mesmo em respeito ao elemento subjetivo podem ser rechamadas as mesmas considerações já feitas com referência à posição do Alegri. Embora tenha sido o Alegri a elaborar a ideia de agredir o grupo rival, o Panama participou no plano acordado, sabendo que isso comportaria a participação numa briga.

(c) *Antijuridicidade* e (d) *Culpabilidade*

Não parece existir causas de justificação, nem causas de exclusão da punibilidade.

(e) *Circunstâncias*

Contra o Panama poderia, também, ser contestada a circunstância agravante ex art. 588, co. 2, c.p. italiano pela hipótese em que – como ocorrido no nosso caso – durante a rixa alguém morra. Por outro lado, para a aplicação desta agravante contra o Panama expõe-se as mesmas objeções examinadas em relação à posição do Alegri, visto que a este já se imputa a morte do Minsk a título, alternativamente, de concurso "anómalo" em homicídio voluntário ou de concurso em homicídio preterintencional. Neste caso, também poderia ser aplicada a reincidência (art. 99, co. 4, c.p. italiano): v., *supra*, (I)(B)(1)(e).

(f) *Punibilidade*

Não existem causas de exclusão da punibilidade.

Conclusão

Verosimilmente, o Panama será considerado responsável pelo delito em epígrafe, permanecendo duvidosa a configurabilidade contra o mesmo da agravante ex art. 588, co. 2, c.p. italiano.

(C) Berna

1. Concurso anómalo em homicídio doloso (art. 110, 116, 575, cp. italiano)

No caso em que o Alegri fosse condenado por homicídio doloso na modalidade eventual (v., *supra*, (I)(A)(1)), o Berna também poderia ser chamado a responder – em qualidade de concorrente moral anómalo – por tal delito, em particular por ter participado na fase de idealização do facto e ter reforçado o propósito criminoso de Alegri.

(a) *Elementos objetivos*

A nível objetivo, a conduta de Berna exerceu a mesma influência causal em respeito à realização do homicídio como aquela exercida pela conduta de Panama. Portanto, valem as considerações feitas *supra* (I)(A)(1).

(b) *Elementos subjetivos*

Contudo, é a nível de elemento subjetivo que a responsabilidade de Berna se distingue daquela imputada ao outro concorrente.

Ambos ignoravam que o Alegri tivesse consigo uma faca. É possível, portanto, concluir que eles não tivessem previsto que o confronto poderia gerar a morte de um dos opositores. Mas somente ao Panama pode ser feita uma reprovação por não ter previsto essa eventualidade, visto que apenas a ele se dá possibilidade de notar que o Alegri tivesse consigo uma faca e não tivesse demoras em utilizá-la. No entanto, parece pouco plausível encontrar uma concreta previsibilidade deste decurso causal por parte de Berna. De facto, dificilmente o Berna poderia ter previsto a eventualidade de um uso letal de uma arma, cuja efetiva presença não era percetível de qualquer forma, nem durante o acordo criminoso, nem ainda durante a fase de execução seguinte. Portanto, para o Berna não era previsível que da briga entre os gangues de jovens, embora violenta, se pudesse concluir com a morte de um dos co-participantes na rixa.

Uma interpretação constitucionalmente orientada pelo art. 116 c.p. italiano exige que contra o concorrente que quis o crime menos grave seja formulável pelo menos uma reprovação por culpa, por isso parece inexistente o elemento subjetivo requerido aos fins de uma possível responsabilidade de Berna em respeito ao delito em questão.

Conclusão

Verosimilmente, o Berna poderá responder pelo delito em epígrafe.

2. Concurso em homicídio preterintencional (art. 110, 584, cp. italiano)

No caso em que o Alegri tivesse que ser condenado por homicídio preterintencional (v., *supra*, (I)(A)(2)), o Berna também deveria ser chamado a responder na qualidade de concorrente moral de tal delito, nomeadamente por ter participado na fase ideativa do facto e de ter reforçado o propósito criminoso de Alegri.

(a) *Elementos objetivos*

A nível objetivo, é pacífica a influência causal em respeito à realização do homicídio exercida pela conduta de Panama, pelas considerações já feitas anteriormente.

(b) *Elementos subjetivos*

Se é duvidosa a presença de *um animus laedendi* contra o Berna, deve-se provavelmente negar o outro requisito da *previsibilidade concreta* do evento letal, pelas considerações já feitas a propósito da sua responsabilidade ex art. 116 c.p. italiano.

A hipótese de concurso anómalo quanto ao homicídio preterintencional exige, a nível subjetivo, um coeficiente de reprovação pelo menos por culpa do evento não desejado, de modo que a imputação de tal evento deve ser excluída quando represente um desenvolvimento concreto previsível pelo agente.

Em concreto, não sendo previsível pelo Berna que poderia ter ocorrido o homicídio, porque ele não sabia – nem poderia ter sabido – que o Alegri tivesse consigo uma faca, deve ser concluído que, pela morte de Minsk, o Berna não deve ser chamado a responder, nem sequer a título de concurso em homicídio preterintencional.

Conclusão

Verosimilmente, o Berna não poderá responder pelo delito em epígrafe.

3. Participação em rixa (588, cp. Italiano), agravada pelo art. 588, co. 2, c.p. italiano

Por fim, o Berna poderia, também, ser chamado a responder pelo crime em epígrafe, por ter participado numa briga juntamente com o Alegri, o Panama, o Minsk e um número indeterminado de outros membros dos gangues, com a agravante determinada pela circunstância, que durante a briga, o Minsk perdeu a vida.

(a) *Elementos objetivos*, (b) *elementos subjetivos*, (c) *antijuridicidade*, (d) *culpabilidade*

Valem aqui as mesmas considerações já feitas em relação aos outros dois co-participantes em rixa, para as quais se remete.

(e) *Circunstâncias*

Não tendo o Berna que responder pelo homicídio (nem doloso, nem preterintencional) de Minsk, não há algum obstáculo em supor que a agravante ex art. 588, co. 2, lhe seja pessoalmente imputada.

Contudo, visto que o art. 59, co. 2, c.p. italiano[189] requer, aos fins da imputação de qualquer agravante, pelo menos a culpa, a circunstância

[189] Art.º 72.º, n.º 1, do CP português.

em análise também requererá a prova da concreta previsibilidade do evento contra o co-participante em rixa. Previsibilidade que, em face das considerações feitas acima em respeito à possível imputação a título de homicídio, parece, contudo, dificilmente existente contra o Berna.

Portanto, é mais correto excluir igualmente contra o Berna a aplicação da circunstância agravante[190].

(f) *Punibilidade*

Não existem causas de exclusão da punibilidade.

Conclusão

Verosimilmente, o Berna será considerado responsável pelo delito em epígrafe, com a exclusão da agravante ex art. 588, co. 2, c.p. italiano.[191]

II. Relação entre crimes

Os delitos de concurso em homicídio (voluntário e preterintencional) e de participação em rixa configuráveis contra o Panama e o Alegri estão, entre si, numa relação de *concurso formal*, visto que o homicídio foi cometido mediante uma das condutas que integram o delito de briga de grupo.

---

[190] É útil, no entanto, evidenciar que a jurisprudência, preterindo a regra contida no art. 59, co. 2, c.p. italiano e o princípio constitucional de culpabilidade, coloca a agravante a cargo, objetivamente, de todos os co-participantes em rixa (até mesmo de quem tenha sofrido lesões), com base no seguinte argumento: «quem participa voluntariamente na conduta violenta coletiva direta a ofender, além de se defender, assume a responsabilidade pela briga simples ou agravada segundo os efeitos do confronto físico»: assim, textualmente, Cass., Secção V, 24 de novembro de 2017, depositada 5 de março de 2018, n. 9933, Conti.

[191] Artº 151º do CP português.

CASO N. 6

O CIÚME É UMA "FERA TERRÍVEL"

A Alice, jovem de dezasseis anos, comunica ao seu namorado Mário, apenas mais velho um ano, a sua intenção de interromper a relação sentimental que os liga há alguns meses. O Mário desesperado e ao mesmo tempo irritado pela inesperada decisão de Alice, manifesta ao amigo Ricardo, de trinta anos, a intenção de *punir* a rapariga e pede-lhe ajuda.

O Ricardo, sem muitas hesitações, convida o jovem Mário a destruir com ácido o rosto de Alice e declara-se disposto a dar a sua contribuição. Então, os dois elaboram um plano para ser realizado naquela mesma noite porque sabem que a rapariga estará sozinha em casa, visto que os pais foram passar um fim-de-semana à casa de praia. O Mário entrará, à noite, na casa de Alice para consumar a própria vingança, e o Ricardo ficará de vigia na parte exterior da casa da jovem.

No horário estabelecido, por volta da meia-noite, os dois jovens – já na posse do ácido – encontram-se ao pé da casa de Alice. Uma vez verificado que todas as luzes da habitação estão desligadas, o Mário cobre o seu rosto com uma meia preta de nylon e entra na habitação da ex-namorada, rompendo o vidro de uma pequena janela traseira, enquanto o Ricardo permanece fora da habitação pronto para chamar o Mário caso seja necessário. Chegando ao quarto de Alice, o Mário descobre que a Alice não dorme sozinha. Junto a ela, na cama, encontra-se um rapaz a dormir profundamente. Cego pela ira, o Mário avança contra os dois jovens e retira uma faca que trazia consigo, com o cabo bem visível no bolso da calça, executando rápidas e violentas facadas no peito de ambos, que causam imediatamente as suas mortes.

Cheio de sangue, o Mário foge precipitadamente e regressa à casa de uma antiga prima, a Adelaide, que o viu crescer desde pequeno quando tinha ficado órfão e que ainda mantém muita afeição por Mário como se fosse um filho. A Adelaide, vendo-o naquele estado, diz-lhe para entrar sem fazer perguntas e leva-o para o quarto que era de Mário quando era pequeno. A Adelaide hospeda-o por alguns dias até que a polícia – que estava em sua busca, desde o dia do duplo homicídio – o descobre e executa contra Mário a medida de prisão determinada pelo Ministério Público.

Submetido a assistência psicológica, o Mário é considerado capaz de entender e querer no momento do facto.

Avalie a posição de Mário, Ricardo e Adelaide.

Esquema de solução

(I) O acesso ilegal à casa de Alice

(A) Mário

1. **art. 110, 614, co. 1, cp. italiano[192], agravado pelo art. 614, co. 4, c.p. italiano[193], e pelo art. 61, n. 2, c.p. italiano (√)**

   (a) *Elementos objetivos* (√)
   - Introdução (√)
   - Na habitação alheia
   - Clandestinamente (√)

   (b) *Elementos subjetivos* (√)
   - Dolo (√)

   (c) *Antijuridicidade* (√)
   (d) Culpabilidade (√)
   (e) Circunstâncias
   - Art. 614, co. 4, c.p. italiano: violência sobre as coisas (√)
   - Art. 61 n. 2, c.p. italiano: nexo teleológico (√)
   - Art. 94 c.p. italiano: menor de idade (√)[194]

   (f) Punibilidade (√)

[192] Art.º 190.º do CP Português.
[193] Art.º 190, nº 3 do CP português.
[194] Artº 86º do CP português.

(B) Ricardo

1. art. 110, 614, co. 1, cp. italiano, agravado pelo art. 614, co. 4, c.p. italiano e pelo art. 61, n. 2 c.p. italiano e 112, co. 1, n. 4, c.p. italiano) (√)

(a) *Elementos objetivos* (√)
- Realização, por outros, de um facto típico do crime (√)
- Contribuição moral (√) ou material (√)
- Nexo causal (√)

(b) *Elementos subjetivos* (√)
- Dolo (√)

(c) *Antijuridicidade* (√)

(d) Culpabilidade (√)

(e) Circunstâncias
- Art. 614, co. 4, c.p. italiano: violência sobre as coisas (√)
- Art. 61 n. 2, c.p. italiano: nexo teleológico (√)
- 112, co. 1, n. 4, c.p. italiano: ter determinado um menor de anos 18 (√)[195]

(f) Punibilidade (√)

II. A agressão à Alice e ao novo namorado

(A) Mário

1. art. 110, 575[196], cp. italiano, agravado pelo art. 61, nn. 5 e 11-quinquies, c.p. italiano (no dano à Alice) (√)

(a) *Elementos objetivos* (√)
- causa da morte de um homem (√)

(b) *Elementos subjetivos* (√)
- Dolo (√)

(c) *Antijuridicidade* (√)

(d) Culpabilidade (√)

---

[195] Artºs 26.º, 29º e 71º do CP português.

[196] Art. 131.º CP Português.

(e) Circunstâncias
- Art. 61, n. 5 c.p. italiano: aproveitamento da vulnerabilidade de pessoa menor (√)
- Art. 61 n. 11-quinquies c.p. italiano: menoridade da vítima de um delito não culposo contra a vida (√)
- Art. 98 c.p. italiano: menoridade (√)[197]
- Art. 62, n. 2 c.p. italiano: provocação (*X*)[198]

(f) Punibilidade (√)

2. art. 110, 575, cp. italiano, agravado pelo art. 61, n. 5, c.p. italiano (no dano ao novo namorado) (√)

(a) *Elementos objetivos* (√)
- causa da morte de um homem (√)

(b) *Elementos subjetivos* (√)
- Dolo: *animus necandi* (√)

(c) *Antijuridicidade* (√)

(d) Culpabilidade (√)

(e) Circunstâncias
- Art. 61, n. 5 c.p. italiano: aproveitamento da vulnerabilidade de pessoa menor (√)
- Art. 98 c.p. italiano: menoridade (√)
- Art. 62, n. 2 c.p. italiano: provocação (*X*)

(f) Punibilidade (√)

(B) Ricardo

1. art. 110, 116, 575, cp. italiano, agravado pelo art. 61, nn. 5 e 11-quinquies, c.p. italiano (e pelo art. 112, co. 1, n. 4, c.p. italiano no dano à Alice) (√)

(a) *Elementos objetivos* (√)
- Realização, por outros, de um facto típico do crime (√)

---

[197] Artigo 19º do CP português. Consultar REGIME PENAL APLICÁVEL A JOVENS DELINQUENTES (Decreto-Lei n.º 401/82, de 23 de Setembro).

[198] Art.º 72.º, n.º 2, alínea b), do CP português.

- Contribuição moral ou material (√)
- Nexo causal (√)

(b) *Elementos subjetivos* (√)
- Dolo em respeito à realização de um crime diferente (√)
- Culpa em respeito ao crime efetivamente cometido (√)

(c) *Antijuridicidade* (√)
(d) Culpabilidade (√)
(e) Circunstâncias
- Art. 61, n. 5 c.p. italiano: aproveitamento da vulnerabilidade de pessoa menor (√)
- Art. 61 n. 11-quinquies c.p. italiano: menoridade da vítima de um delito não culposo contra a vida (√)
- Art. 112, co. 1, n. 4, c.p. italiano: ter determinado um menor de 18 anos (√)
- Art. 116, c. 2 c.p. italiano: (√)

(f) Punibilidade (√)

2. **art. 110, 116, 575, cp. italiano, agravado pelo art. 61, n. 5, e pelo art. 112, c. 1, n. 4, c.p. italiano (no dano ao novo namorado) (*X*)**

(a) *Elementos objetivos* (√)
- Realização, por outros, de um facto típico do crime (√)
- Contribuição moral ou material (√)
- Nexo causal (√)

(b) *Elementos subjetivos* (*X*)
- Dolo em respeito à realização de um crime diferente (√)
- Culpa em respeito ao crime efetivamente cometido (X)

III. Na casa de Adelaide

A) Adelaide

1. **art. 378 c.p. italiano (*?*)**[199]

(a) *Elementos objetivos* (√)

[199] Artº 367º do CP português.

- Realização, por outros, de um delito punido com a pena da reclusão ou perpétua (√)
- Ausência de concurso no crime pressuposto (√)
- Ajuda a eludir as investigações da autoridade judiciária ou a subtrair as buscas (√)

(b) *Elementos subjetivos* (√)

- Dolo (√)

(c) *Antijuridicidade* (√)

(d) Culpabilidade (?)

- Art. 384 c.p. italiano (?)[200]

(e) Circunstâncias

- Art. 62-bis c.p. italiano: atenuantes genéricas (√)

(f) Punibilidade (√)

Atenção: todos os factos que precedem à entrada de Mário na casa de Alice – expressa na instigação de Mário e o acordo feito entre os dois jovens – são **penalmente irrelevantes** até ao momento em que se inicia a execução do acordo criminoso, ex art. 115 c.p. italiano[201]. Portanto, a análise jurídica do caso deve-se iniciar no momento do acessoilegal de Mário à casa de Alice.

Considerando que Mário é o autor das condutas penalmente típicas no sentido previsto pelas normas incriminatórias da Parte Especial do Código Penal, deve a análise principiar-se pelo apuramento da sua responsabilidade, ao passo que a responsabilidade de Ricardo, derivando unicamente das condutas relevantes a título de concurso (ex art. 110 c.p. italiano) no crime cometido por Mário, deve ser examinada no momento posterior.

---

200 Artº 367º, nº 5 do CP português como a norma mais próxima da respetiva norma penal italiana.

201 Artigos 22º, 23º e 29º do CP português.

(I) O acesso ilegal à casa de Alice

(A) Mário

1. Concurso em violação de domicílio (art. 110, 614[202], co. 1, cp. italiano), agravado pelo art. 614, co. 4, c.p. italiano, e pelo art. 61, n. 2, c.p. italiano

De imediato, o Mário poderia ser chamado a responder, como autor do crime de violação de domicílio em concurso com Ricardo, por se ter introduzido clandestinamente na habitação de Alice. A atuação de Mário conta com a agravante de ter usado violência sobre as coisas para executar o delito, quebrando o vidro da janela, e de ter cometido o crime para executar um outro (a agressão planeada com ácido contra a vítima).

(a) *Elementos objetivos*

O Mário entra na casa de Alice – e, portanto, na sua *habitação* – sem que a Alice soubesse – e, deste modo, *clandestinamente*. Isto integra uma das condutas alternativas que preenchem o delito abstrato descrito no art. 614, co. 1, cp. italiano.

(b) *Elementos subjetivos*

A modalidade executiva escolhida (a entrada por uma janela fechada) evidencia a plena consciência e vontade de Mário em aceder clandestinamente à habitação da ex-namorada.

(c) *Antijuridicidade* e (d) *culpabilidade*

Não existem causas de justificação, nem causas de exclusão da culpabilidade. Em particular, o Mário – embora sendo menor – demonstrou ser capaz de entender e querer em razão da perícia psicológica feita.

[202] Art.º 190.º do CP Português.

(e) *Circunstâncias*

A quebra do vidro da janela integra o elemento objetivo da agravante de violência sobre as coisas, descrita pelo art. 164, co. 4, c.p. italiano.[203] A agravante é realizada com consciência e vontade, e, portanto, é também subjetivamente imputável a Mário, ex art. 59, co. 2, c.p. italiano.[204]

Além disso, a violação de domicílio é cometida com o fim de executar a agressão planeada com o ácido. Isto integra a agravante comum, ex art. 61, n. 2, c.p. italiano.

Contudo, a favor de Mário encontramos a menoridade como atenuante, prevista pelo art. 98 c.p. italiano e designada por (in)imputabilidade.

Em respeito à agravante ex art. 61, n. 2, c.p. italiano, aqui não é necessário deter-se na imputação subjetiva ex art. 59, co. 2, c.p. italiano, visto que se trata de uma circunstância consubstanciada exatamente no seu elemento subjetivo (a intenção de realizar um outro crime concebido como objetivo final, como se evidencia pela preposição final *per*), que deve necessariamente existir para que a agravante se configure. Apreciada a estrutura totalmente subjetiva desta agravante, não seria possível supor uma intenção do agente a mero título de culpa, como previsto, em geral, pelo art. 59, co. 2, c.p. italiano.

(f) *Ausência de causas de exclusão da punibilidade em sentido estrito*

Não existem causas de exclusão da punibilidade em sentido estrito. Em particular, não parece sequer ser abstratamente aplicável a causa de não punibilidade por particular tenuidade do facto ex art. 131-bis c.p. italiano, visto que a pena máxima para a violação de domicílio agravada é de seis anos ex art. 614, co. 4, c.p. italiano (constituindo uma circunstância com efeito especial ex art. 131-bis, co. 4, c.p. italiano), e, portanto, superior ao limite de cinco anos que condiciona em geral a aplicabilidade daquela exclusão.

---

[203] Artº 50.º do CP português.

[204] Art.º 72.º, n.º 1, do CP português.

Conclusão

Verosimilmente, o Mário será considerado responsável pelo delito em epígrafe.

(B) Ricardo

1. Concurso em violação de domicílio (art. 110, 614, co. 1, cp. italiano), agravado pelo art. 614, co. 4, c.p. italiano e pelo art. 61, n. 2 c.p. italiano e 112, co. 1, n. 4, c.p. italiano)

O Ricardo poderia ser chamado a responder, na dupla qualidade de instigador e concorrente material, pela violação de domicílio realizada pelo Mário e precedentemente descrita no parágrafo (I)(A)(1), com a outra agravante de ter determinado um menor de 18 anos a cometer um delito para o qual está previsto a prisão em flagrante delito.

(a) *Elementos objetivos*

A ideia de punir a Alice, derramando na sua face o ácido foi elaborada por Ricardo, o qual fez surgir no Mário o propósito criminoso, que confluiu em seguida num plano, decidido conjuntamente ao detalhe, que previa como momento necessário o acesso clandestino à habitação da vítima. A sua conduta parece, portanto, *condicio sine qua non* para a realização da ação delituosa, que o Mário não teria concebido, nem executado daquela forma sem a intervenção de Ricardo. Isto permite-nos considerar o Ricardo é instigador e, portanto, um concorrente moral para o crime realizado pelo Mário.

Por outro lado, permanecendo fora da habitação de Alice para vigiar, ou seja, para controlar que ninguém chegasse para perturbar a ação criminosa projetada, ele oferece também uma contribuição material na execução da conduta. Até esta contribuição, segundo o que geralmente se aprecia na doutrina e na jurisprudência, deve ser considerada *condicio sine qua non* para a realização do crime, visto que permite ao executor material agir em segurança.

(b) *Elementos subjetivos*

O plano acordado previa, como sublinhado acima, o acesso clandestino à habitação da vítima, que foi, portanto, objeto de previsão e volição pelo próprio Ricardo. Desta feita, está presente o dolo inerente à participação.

(c) *Antijuridicidade* e (d) *culpabilidade*

Não existem causas de justificação, nem causas de exclusão da culpabilidade.

(e) *Circunstâncias*

A circunstância agravante de violência sobre as coisas, já considerada a cargo de Mário, pode ser comunicada também ao concorrente do crime, não sendo entre as categorias de circunstâncias que «são avaliadas somente em relação às pessoas às quais se referem» em face do art. 118 c.p. italiano. Segundo o previsto pelo art. 59, co. 2, c.p. italiano[205], relevante também ao fim da imputação das circunstâncias ao concorrente no crime, esta deve ser aplicada também ao Ricardo, o qual estava consciente da necessidade de Mário em quebrar a janela da casa.

A circunstância do nexo teleológico (art. 61, co. 2, c.p. italiano) refere-se aos «motivos para delinquir», compreendendo desta forma as circunstâncias mencionadas pelo art. 118 c.p. italiano, que, em princípio, não *se comunicam* aos concorrentes. Contudo, esta aplica-se diretamente a todos os concorrentes, que sejam motivados pela vontade de realizar crimes para permitir que sejam executados outros crimes. De facto, este é o caso de Ricardo, que estava consciente do facto de que a violação do domicílio fosse instrumental à execução do subsequente delito de lesões pessoais infligidas à Alice.

Além disso, ao Ricardo é aplicável a circunstância agravante prevista para os concorrentes do crime ex art. 112, co. 1, n. 4 c.p. italiano, por ele ter determinado um menor de 18 anos a cometer um delito para qual está prevista a prisão em flagrante delito[206].

---

[205] Art.º 72.º, n.º 1, do CP português.

[206] O delito de violação de domicílio ex art. 614, co. 1, c.p. italiano é incluído entre aquele pelos quais é consentida a prisão facultativa em flagrância de delito: v. art. 381, co. 1, let. f-*bis* c.p.p. italiano.

Ao Ricardo, maior de idade, não se comunica a circunstância atenuante ex art. 98 c.p. italiano (menoridade), que constitui uma circunstância «inerente à pessoa do culpado» no sentido da definição ex art. 70, co. 2, c.p. italiano[207] e aplica-se, somente, à pessoa à qual se refere.

(f) *Punibilidade*

Não existem causas de exclusão da punibilidade em sentido estrito.

Conclusão

Verosimilmente, o Ricardo será considerado responsável pelo delito em epígrafe.

II. A agressão contra a Alice e o novo namorado

Uma advertência preliminar.

A narração do caso evidencia a existência de um *acordo criminoso* entre o Mário e o Ricardo, cujo objeto é um crime diferente daquele realizado, ou seja, a tentativa de deformação do visual de uma pessoa com lesões permanentes na sua face, ex art. 583-quinquies c.p. italiano[208]. Na verdade, o autor designado (Mário), uma vez no interior da habitação da vítima, modifica o seu plano e realiza dois delitos totalmente diferentes (o homicídio de dois jovens).

Portanto, a solução mais óbvia para quem analisa o caso é considerar o entendimento entre os dois protagonistas como um **acordo não acompanhado pela execução** do crime, não punível ex **art. 115, co. 1, c.p.** italiano[209]. Como veremos, tal acordo será relevante neste caso somente para a reconstrução da responsabilidade do participante (Ricardo), o qual de facto

207 Artºs 10º a 20º do CP português.

208 Artº 144º alínea a) do CP português.

209 Art. 22º, 23º e 29º do CP português.

quis um crime diferente (aquele ex art. 583-quinquies c.p. italiano) e menos grave daquele realizado pelo autor (o duplo homicídio doloso).

Um aluno particularmente escrupuloso e astuto poderia objetar que, entrando na habitação de Alice com o ácido em mãos, o Mário poderia já ter realizado *atos idóneos e diretos de forma não equivocável* para realizar o delito ex art. 583-quinquies c.p. italiano (sempre que, naturalmente, se considere integrado o requisito da univocidade da ação diante os atos imediatamente precedentes aquele executado, que demonstrem de forma clara a intenção criminosa do agente). A não punibilidade de Mário, a título de tentativa, deste delito derivaria, então, da causa de não punibilidade da desistência voluntária ex art. 56, co. 3, c.p. italiano[210], tendo ele decidido não levar adiante *aquela* conduta criminosa sem ser obrigado.

Contudo, esta solução obrigaria o nosso aluno a considerar o Ricardo responsável por *concurso na tentativa* do delito ex art. 583-quinquies c.p. italiano, não sendo aplicável àquele a causa de não punibilidade da desistência, que opera somente contra quem voluntariamente desiste do crime, e não tendo aquele realizado qualquer conduta que pudesse neutralizar a própria contribuição causal para a realização do crime.

Neste caso, porém, seria razoável considerar tal responsabilidade *absorvida* naquela mais grave de concurso no homicídio voluntário de Alice, em homenagem à lógica da *subsidiariedade*, segundo a qual o grau mais grave de ofensa à incolumidade da vítima (representado aqui pela sua morte) absorve o grau inferior (a causa de meras lesões à própria vítima).

Portanto, configurar-se-ia contra o Ricardo um mero *concurso aparente* entre a responsabilidade por tentativa de delito ex art. 583-quinquies c.p. italiano e o concurso (como diremos, *anómalo*) no delito de homicídio doloso, com a consequente aplicabilidade somente da pena prevista para este delito e se somaria, desta forma, o mesmo resultado prático ao qual se conforma o presente parecer.

---

210 Art.º 23.º do CP português.

(A) Mário

1. Concurso em homicídio doloso no dano causado à Alice (art. 110, 575, cp. italiano), agravado pelo art. 61, nn. 5 e 11-quinquies, c.p. italiano

O Mário poderia ser chamado a responder na qualidade de autor do delito de homicídio doloso, em concurso com o Ricardo, por ter causado voluntariamente a morte de Alice com numerosas facadas dadas no seu peito, que provocaram imediatamente o falecimento, com a agravante de se ter aproveitado das circunstâncias de tempo e local, ao ponto de obstaculizar a defesa pública e privada, e de ter cometido o facto danoso a uma menor de dezoito anos.

(a) *Elementos objetivos*

A morte da Alice foi causada pelas facadas dadas no peito pelo Mário. Portanto, existem pacificamente todos os requisitos objetivos do delito em questão.

(b) *Elementos subjetivos*

O homicídio de Alice não foi planeado pelo Mário, que tinha entrado na habitação da vítima com o mero objetivo de lesioná-la com o ácido. Contudo, não há dúvidas de que a ação homicida tenha sido realizada com dolo intencional, embora por ímpeto, ou seja, por efeito de uma decisão tomada somente alguns minutos antes da execução, motivada pela descoberta da ex-namorada na cama com o novo companheiro. As modalidades da ação – i.e., facadas numerosas e violentas dirigidas à zona do corpo na qual se concentram os órgãos vitais – são univocamente indicativas da vontade de assassinar a vítima.

(c) *Antijuridicidade* e (d) *culpabilidade*

Não existem causas de justificação, nem causas de exclusão da culpabilidade. Em particular, a imputabilidade do autor – verificada pelo perito – não é diminuída, nem excluída em consequência do forte estado de perturbação emocional no qual se encontrava, ex art. 90 c.p. italiano.[211]

(e) *Circunstâncias*

Existe a circunstância agravante ex art. 61, n. 5, c.p. italiano, visto que o Mário se aproveitou bastante de uma situação de tempo e local ao ponto de obstaculizar a defesa pública e privada (entrando no quarto da vítima, em plena noite, quando as pessoas estão mais vulneráveis e indefesas). Tal circunstância era – obviamente – conhecida de Mário e, portanto, também lhe é subjetivamente imputável, ex art. 59, co. 2, c.p. italiano[212].

A menoridade da vítima (16 anos) integra, também, a circunstância agravante comum ex art. 61, n. 11-quinquies c.p. italiano. Esta circunstância também é subjetivamente imputável a Mário, que certamente tinha consciência da idade de Alice, já que foi seu namorado.

Não é aplicável ao autor a circunstância atenuante comum da provocação, disciplinada pelo art. 62, n. 2, c.p. italiano[213]. Certamente o Mário agiu dominado por um estado de raiva acentuado determinado por ter visto a ex-namorada com outro homem, mas deve-se, sem dúvidas, excluir que a sua relação com outro rapaz, além de que a precedente relação já se tinha concluído, possa ser considerada como um *facto injusto*, nem sequer da perspetiva de uma avaliação social do facto.

Por outro lado, a favor do autor é aplicável a circunstância atenuante da menoridade, prevista pelo art. 98 c.p. italiano, mencionada precedentemente.

(f) *Punibilidade*

Não existe qualquer causa que determine a não punibilidade do facto.

Conclusão

Verosimilmente, o Mário deverá responder pelo delito em epígrafe.

---

[211] Artº 133º do CP português.

[212] Art.º 72.º, n.º 1, do CP português.

[213] Art.º 72.º, n.º 2, alínea b), do CP português.

2. Concurso em homicídio doloso no dano causado ao novo namorado (art. 110, 575, cp. italiano), agravado pelo art. 61, n. 5 c.p. italiano

O Mário poderia ser chamado a responder na qualidade de autor, em concurso com o Ricardo, de um segundo delito de homicídio doloso, por ter voluntariamente causado a morte do novo namorado de Alice com a mesma modalidade. Em respeito a este diferente tipo de crime, valem todas as considerações feitas em relação ao homicídio de Alice, salvo o que se refere à agravante ex art. 61, n. 11-quinquies c.p. italiano, pela falta de qualquer indicação na narração do facto em respeito à menoridade desta segunda vítima.

> Visto que a situação é idêntica aquela precedentemente analisada, um novo exame detalhado dos elementos objetivos, subjetivos, das circunstâncias etc., seria inutilmente repetitivo. Uma simples remissão para o já exposto é suficiente, salva a especificação relativa à agravante da menoridade da vítima.

(B) Ricardo

1. Concurso *anómalo* em homicídio doloso no dano causado à Alice (art. 110, 116, 575, cp. italiano), agravado pelo art. 61, nn. 5 e 11-quinquies, c.p. italiano (e pelo art. 112, co. 1, n. 4, c.p. italiano)

O Ricardo poderia ser chamado a responder, na dupla qualidade de concorrente moral e material *anómalo*, pelo homicídio voluntário de Alice realizado pelo Mário e precedentemente descrito no parágrafo (II)(A)(1).

(a) *Elementos objetivos*

O Ricardo instigou o Mário a entrar na casa de Alice para lesioná-la com ácido. Desta forma, o Ricardo fez surgir no executor um propósito criminoso, cuja concreta exteriorização determinou a realização da ação homicida, que não se teria verificado caso o Mário não tivesse seguido os conselhos do amigo e, portanto, não tivesse entrado na casa da vítima. Portanto, a conduta de Ricardo foi causal, segundo a fórmula da *condicio sine qua non*, em respeito à realização do delito. E isto é suficiente para configurar, contra o Ricardo, os elementos objetivos da sua participação, a título de *concurso moral*, no delito materialmente realizado pelo Mário.

Por outro lado e pelas razões já expostas, é configurável também contra o Ricardo o *concurso material*, em razão de *ter feito a vigilância* no exterior da habitação de Alice.

(b) *Elementos subjetivos*

Contudo, o plano acordado entre o Mário e o Ricardo previa que a vítima fosse lesionada com ácido e não assassinada. Não parecendo plausível supor que o Ricardo tivesse efetivamente *previsto* e *aceitado*, nos termos do dolo eventual, a possibilidade do Mário modificar o seu propósito e decidir matar a vítima – até mesmo porque o Ricardo desconhecia plenamente a circunstância que desencadeou a reação do Mário, ou seja, a presença do novo namorado de Alice –, é necessário concluir que o crime cometido pelo Mário é *diferente daquele desejado por Ricardo*. Em tal hipótese, o art. 116 c.p. italiano prevê que quem desejou o crime menos grave tenha de qualquer forma responder pelo crime realizado, embora com uma pena diminuída. O rigor de tal princípio, expressivo da antiga lógica do *qui in re illicita versatur tenetur etiam pro casu*, foi temperado pela doutrina e pela jurisprudência, excluindo-se assim a imputação do crime mais grave quando este represente uma consequência *imprevisível* do plano acordado.

Contudo, parece difícil no nosso caso excluir totalmente a previsibilidade de tal desenvolvimento causal, visto que a faca utilizada pelo Mário estava guardada no seu bolso, com o cabo bem visível. Isto poderia ter levado a refletir, pelo menos a um observador atento, sobre um possível uso da faca, com êxitos letais, por um rapaz carregado de instintos agressivos contra a *ex*-namorada.

Para aprofundar sobre o art. 116 c.p. italiano, v. a box no parecer relativo ao caso n. 5.

(c) *Antijuridicidade* e (d) *culpabilidade*

Não existem causas de justificação, nem causas de exclusão da culpabilidade.

(e) *Circunstâncias*

Ao Ricardo parecem igualmente aplicáveis as circunstâncias agravantes da *menor defesa* ex art. 61, n. 5, c.p. italiano, e da menoridade da vítima ex art. 61, n. 11-quinquies, c.p. italiano, por ele conhecer ou ser-lhe conhecível ex art. 59, co. 2, c.p. italiano.

Contra o Ricardo será aplicável a circunstância ex art. 112, co. 1, n. 4, c.p. italiano, por ele ter determinado um menor de dezoito anos a realizar um delito para o qual está prevista a prisão em flagrante delito.

Em seu favor deverá ser aplicada a diminuição de pena ex art. 116, co. 2, c.p. italiano, que constitui uma verdadeira circunstância atenuante, sendo tal submetida ao julgamento de equilíbrio das circunstâncias ex art. 69 c.p. italiano.

Tendo que ser levado em conta em razão dos princípios de culpabilidade e proporcionalidade da pena, a falta de dolo contra o Ricardo pelo homicídio de Alice é uma circunstância que deveria ser considerada *prevalente* em respeito à agravante, para assegurar pelo menos uma diminuição da pena diante de quem causou com a própria conduta um homicídio, mas com um grau de culpabilidade reduzido em respeito à hipótese *standard* de homicídio doloso, para a qual é estabelecida a pena prevista pelo art. 575 c.p. italiano.

(f) *Punibilidade*

Não existem causas de exclusão da punibilidade em sentido estrito.

Conclusão

Verosimilmente, o Ricardo deverá responder pelo crime em epígrafe.

2. Concurso anómalo em homicídio doloso no dano causado ao novo namorado (artt. 110, 116, 575, cp. italiano), agravado pelo art. 61, n. 5, e pelo art. 112, c. 1, n. 4, c.p. italiano

Por fim, o Ricardo poderá ser chamado a responder, na qualidade de concorrente moral anómalo, também pelo homicídio cometido por Mário no dano causado ao novo namorado de Alice, descrito precedentemente no parágrafo (II)(A)(2).

(a) *Elementos objetivos*

O elemento objetivo do concurso de Ricardo no segundo homicídio cometido pelo Mário fundamenta-se nas mesmas considerações feitas a propósito da sua participação no homicídio de Alice, dado que a contribuição moral de Ricardo foi também *condicio sine qua non* deste segundo homicídio.

(b) *Elementos subjetivos*

Também neste caso, o homicídio concretamente realizado representa um desenvolvimento certamente *não previsto* e *não desejado* pelo Ricardo em respeito ao plano acordado. Isto levanta o problema da eventual aplicação contra o Ricardo da responsabilidade ex art. 116 c.p. italiano.

Além disso, em respeito ao homicídio de Alice, parece mais difícil encontrar uma previsibilidade concreta deste desenvolvimento causal. De facto, o Ricardo não sabia nada em respeito à presença na casa do novo namorado, nem a sua presença poderia ter sido suposta por um hipotético observador médio, o qual de repente poderia até ter previsto a eventualidade de um uso letal da faca para causar um dano na ex-namorada, mas não um dano a uma terceira pessoa cuja presença não era de algum modo percetível no momento do acordo criminoso.

Portanto, neste caso não parece existir o coeficiente de culpa que caracteriza a responsabilidade de participação no concurso ex art. 116 c.p. italiano, levando em conta uma interpretação desta norma por via do princípio constitucional de culpabilidade.

Conclusão

Portanto, parece razoável concluir no sentido da exclusão de qualquer responsabilidade – nem sequer no sentido do art. 116 c.p. italiano – de Ricardo pelo segundo homicídio.

III. Na casa de Adelaide

A) Adelaide

1. Favorecimento pessoal (art. 378 c.p. italiano)[214]

A Adelaide poderia ser chamada a responder pelo delito de favorecimento pessoal, por ter ajudado o Mário a subtrair-se às buscas das autoridades no momento posterior à realização dos delitos descritos acima, sem se tornar concorrente nesses mesmos delitos.

(a) *Elementos objetivos*

Hospedando o Mário por alguns dias na sua própria casa, a Adelaide ajudou-o a subtrair-se das buscas das autoridades logo após a descoberta do duplo homicídio, ou seja, dos dois delitos punidos com a pena de prisão. Contra a Adelaide parece, portanto, preenchida a *facti species* objetiva descrita pelo art. 378 c.p. italiano. Por outro lado, a Adelaide também não contribuiu causalmente, nem na realização dos homicídios, nem sequer na conexa violação do domicílio.

(b) *Elementos subjetivos*

A Adelaide não pergunta nada a Mário e, portanto, não adquire qualquer certeza em respeito à precedente realização dos delitos por parte daquele. Contudo, a mulher dá conta que o Mário está manchado de sangue e, por essa

---

[214] Artº 367º do CP português.

razão, não pode deixar de suspeitar – sobretudo diante do silêncio do jovem em respeito às razões do seu estado – que ele esteja lhe pedindo hospedagem para se esconder das buscas da polícia, cuja suspeita não pode deixar de ser reforçada nos dias seguintes pelo Mário permanecer fechado na sua casa, temendo evidentemente ser preso. Existem, portanto, os sinais de um dolo, pelo menos eventual, em respeito ao pressuposto da prévia realização de um delito e, também, em respeito à valia peculiar – em termos de ajuda a subtrair-se às buscas das autoridades – da hospedagem concebida ao primo naquelas circunstâncias.

(c) *Antijuridicidade*

Não parecem existir causas de justificação.

(d) *Culpabilidade*

É possível perguntar se a Adelaide pode beneficiar da causa de exclusão (que, como tal, excluiria a sua culpabilidade) disciplinada pelo art. 384, co. 1, c.p. italiano. Tal norma prevê a não punibilidade de quem cometeu uma série de delitos, entre os quais o delito de favorecimento pessoal, porque constrangido pela necessidade de salvar-se a si ou um parente *próximo* de um grave e inevitável prejuízo à sua liberdade ou honra, que poderia estar representado – no nosso caso – pela perspetiva de uma longa pena privativa da liberdade em resultado de uma condenação pelos delitos cometidos pelo primo. De facto, a noção de parente *próximo* é objeto de uma definição normativa contida no art. 307, co. 4, c.p. italiano[215], que não abrange os primos.

Na verdade, não pareceria implausível supor uma possível *aplicação analógica* e conjugada do disposto nos art. 384, co. 1, c.p. italiano e 307, co. 4, c.p. italiano, num caso – como o nosso em exame – em que entre as pessoas envolvidas há uma afeição de natureza substancialmente filial, derivada da circunstância de Adelaide ter cuidado, no passado, de Mário como um filho. A *ratio* que sustenta as hipóteses de relações normativamente regulamentadas

[215] Artº 367º e 299 do CP português.

– a inexigibilidade de um comportamento conforme ao direito por quem entender salvar-se a si ou uma pessoa do seu afecto de um grave prejuízo à liberdade ou à honra – parece de facto perfeitamente ajustável ao nosso caso, embora recaia fora da previsão normativa. Por outro lado, nenhum obstáculo à dita aplicação analógica da disposição pode ser deduzido do art. 14 Preleggi c.c. italiano, que, impedindo a aplicação analógica da lei penal, entende excluir somente a extensão analógica de normas incriminatórias a hipóteses não cobertas pelo elemento literal da disposição, mas não proíbe razoavelmente a aplicação analógica das normas que determinam, de modo oposto, a redução da área penalmente relevante.

Contudo, considerando que a maioria da doutrina e da jurisprudência aprecia que as normas que estabelecem causas de exclusão sejam de estreita interpretação, porque são normas que estabelecem *exceções* ao princípio geral da punibilidade de todos aqueles que realizam factos considerados como crime, a aplicação analógica pelo juiz da disposição aqui em discussão parece ser, em definitiva, muito improvável.

(e) *Circunstâncias*

Não parece existir circunstâncias *nominadas*.

Contudo, a Adelaide poderia invocar as circunstâncias atenuantes genéricas ex art. 62-bis c.p. italiano. De facto, no caso de não ser reconhecida, por via da analogia, a atenuante ex art. 384 c.p. italiano acima examinada, permaneceria verdadeiro que a mulher agiu para salvar uma pessoa, que ela tinha visto crescer como um filho, do perigo de um procedimento e uma possível condenação penal, e, portanto, por uma finalidade que a lei considera merecedora de eximir a responsabilidade penal, se cometida em favor de pessoas próximas. Na impossibilidade de se alcançar tal resultado no nosso caso – tendo em conta a não transmissão do parentesco até ao quarto grau, como aquele que liga a Adelaide ao Mário, à noção legal de parente próximo – parece, contudo, razoável valorizar a finalidade em questão como circunstância *atípica*, que pode determinar, pelo menos, a diminuição até um terço da pena.

(f) *Punibilidade*

Nem sequer seria excluída *a priori* a possibilidade de que a favor de Adelaide se aplique uma causa de não punibilidade de especial atenuação ex art. 131-bis c.p. italiano[216], visto que o crime que se atribui aquela é punido com a pena de prisão até quatro anos e, portanto, é compatível com a atenuação em questão. Caso resulte da situação a não habitualidade da conduta de Adelaide, o juiz poderia avaliar se o facto realizado tenha causado um dano ou um perigo exíguo para o bem jurídico tutelado ex art. 378 c.p. italiano.

Contudo, uma conclusão, como esta, muito favorável à Adelaide parece dificilmente concebível, visto que a sua conduta obstaculizou significativamente o inquérito relativo a crimes gravíssimos, como o duplo homicídio. Isto parece pouco compatível com um julgamento de *particular tenuidade* da ofensa ao bem jurídico determinado pela sua conduta.

Conclusão

No caso de se considerar que a Adelaide não pode beneficiar da isenção ex art. 384 c.p. italiano, a mesma deverá responder pelo crime em epígrafe.

IV. Relações entre crimes

Como foi antes esclarecido, o Mário e o Ricardo seriam, provavelmente, chamados a responder, em concurso entre ambos, pelo crime de violação de domicílio agravado e pelo crime de homicídio voluntário agravado no dano causado à Alice. Tratam-se de crimes que derivam de ações diferentes, mesmo que cometidas em estreita sequência temporal e no mesmo local, assumindo aquelas uma reciprocidade de uma relação de concurso material.

Surge, então, o problema se tais condutas podem constituir um crime continuado ex art. 81, co. 2, c.p. italiano[217], porque cometidas em execução do *mesmo desenho criminoso*. Uma resposta positiva parece problemática

[216] Art.º 50º do CP português como a norma mais próxima da respetiva norma italiana.

[217] Art.º 30.º, n.º 2 do CP português.

porque os homicídios não estavam contidos no plano originário, mas são o resultado de uma decisão tomada pelo Bruno somente alguns instantes antes da execução do facto, em consequência da descoberta da ex-namorada na cama juntamente com o novo companheiro. Parece, portanto, excluída a continuidade entre tais crimes.

Uma relação de *continuação* ex art. 81, co. 2, c.p. italiano verifica-se, por outro lado, entre os dois homicídios voluntários cometidos pelo Mário, sendo neste caso concebido o mesmo desenho criminoso por aquele no instante em que descobriu a Alice junto ao novo namorado.

CASO N. 7

UMA NOITE DE VERÃO

Num dia quente de agosto, o Artur, de 27 anos, e o primo Bartolomeu, de apenas 17 anos, decidem roubar um automóvel descapotável vermelho da marca Porsche, que eles sabem estar estacionado na *box* de uma moradia que se encontra próximo de um jardim onde geralmente ambos se encontram.

Ao anoitecer, os dois dirigem-se até à moradia para concretizar o plano. Como tinham combinado, o Bartolomeu fica a vigiar na rua em frente à casa e o Artur, após ter saltado o portão de entrada, destrói a fechadura da *box* com um pé-de-cabra para poder levantar a porta.

Uma vez dentro, ele apercebe-se, imediatamente, que a *box* está vazia. Desapontado, mas intencionado a não abandonar o local de mãos vazias, o Artur observa o seu redor e dá conta que a porta da *box* conduz diretamente ao primeiro andar da moradia e está entreaberta. O Artur decide, então, entrar na casa com a convicção de encontrar algo para roubar.

Contudo, chegando à sala ele é novamente surpreendido pelas circunstâncias pois está dormindo no sofá a Carlota, filha do proprietário da casa, o Donato. O Artur fica admirado com a aparência da rapariga, cujas formas amadurecidas lhe fazem pensar que se trate de uma colega sua, quando na verdade ela tem apenas dezassete anos. Com um gesto repentino o Artur aproxima-se do sofá e imobiliza-a com uma mão e, com a outra mão, acaricia os seus seios e as nádegas, começando de seguida a rasgar o seu pijama. A rapariga acordou e, começou a contorcer-se e a gritar aterrorizada.

Naquele instante, o Bartolomeu vê o descapotável vermelho aproximar-se do portão da moradia e deduz, portanto, que o Donato está a chegar a casa. Convicto que o primo ainda se encontra dentro da *box* e, temendo que ele seja surpreendido, decide avisá-lo chamando-o em voz alta. O Artur, ouvindo os gritos do companheiro, decide fugir pela janela, mas, após se ter pendurado no peitoril, perde o equilíbrio e cai de pé no chão, quebrando o fémur. O Bartolomeu consegue levantá-lo e carrega-o com urgência na própria *scooter*.

Então, ambos regressam ao apartamento na periferia da cidade, onde o Artur vive com a esposa Evita. Em casa, o Bartolomeu deixa o primo entregue às mãos da esposa. O Artur perde muito sangue e sente uma forte dor na perna direita, que o impede de ficar em pé. A Evita, sem fazer perguntas, ajuda o esposo a repousar no sofá, dissolve um saquinho de antidolorífico num copo de água e administra-o a Artur. Por sua vez, a Evita ajuda o esposo a tirar as roupas encharcadas de sangue e coloca-as num saco preto do lixo. Porém, a dor da perna não diminui e o Artur – não tendo à disposição o seu telemóvel, que ficou danificado em consequência da queda – pede à esposa para o acompanhar na ambulância. A mulher dá-se conta da gravidade da situação, mas decide não levá-lo ao hospital porque teme que o marido esteja envolvido em problemas graves. A Evita tem medo das consequências, que poderiam derivar para toda a família se o marido fosse denunciado à polícia e tendo em conta que, há pouco tempo, o Artur encontrou um trabalho que é a única fonte de sustento de toda a família (formada pelo casal e duas crianças em tenra idade). Portanto, a Evita persuade o marido a deixar de lado a ida ao hospital e a tentar que seja ela a curá-lo com uma faixa e uma tala improvisada.

Somente oito dias depois, quando compreende que o marido não dá sinal de melhora, a Evita decide chamar uma ambulância, limitando-se a dizer aos profissionais de saúde que o Artur perdeu muito sangue e desmaiou. O Artur é transportado ao hospital, onde chega em fim de vida. Após tê-lo submetido imediatamente a uma transfusão, os médicos são obrigados a operá-lo com urgência na perna direita, verificando-se na operação uma gravíssima e súbita infeção, com consequente risco de vida.

Após duas semanas os médicos intervieram novamente para lhe amputar uma perna, que ficou comprometida irreversivelmente com os atos precedentes. Em seguida, o Artur começa a recupera lentamente da infeção.

O Ministério Público abre um inquérito para reconstruir o ocorrido. Entre outros, o Procurador-Adjunto conclui sublinhando que o Artur se tivesse sido levado imediatamente ao hospital não teria incorrido em perigo de vida e não teria sido necessário amputar-lhe uma perna.

Submetido a consulta psicológica, o Bartolomeu é considerado capaz de entender e querer no momento do facto.

Avalie a responsabilidade penal emergente contra o Artur, o Bartolomeu e a Evita.

Esquema de solução

(I) A tentativa de furto do Porsche

(A) Artur

1. **art. 110[218], 56, 624-bis, co. 1, cp. italiano[219], agravado ex art. 624-bis, co. 3, cp. italiano, em face dos art. 625, co. 1, n. 2 [220]e 61, n. 7, c.p. italiano[221], e ex art. 112, co. 1, n. 4, c.p. italiano[222] (?)**

   (a) *Elementos subjetivos* (√)
   - Dolo (√)

   (b) *Elementos objetivos* (X)
   - Falta de execução do delito (√)
   - Não equivocidade dos atos (?)
   - Idoneidade dos atos (?)

   (c) *Antijuridicidade* (√)
   (d) Culpabilidade (√)
   (e) Circunstâncias
   - 625, co. 1, n. 2, c.p. italiano: violência sobre coisas (√)
   - 61, n. 7, c.p. italiano: dano patrimonial de relevante quantidade (?)
   - 112, co. 1, n. 4, c.p. italiano: ter-se servido de um menor de anos 18 (√)

   (f) Punibilidade (√)

2. **Art. 110, 614, co. 1, c.p. italiano, agravado pelo art. 614, co. 4, e pelo art. 112, co. 1, n. 4, c.p. italiano (√)**

   (a) *Elementos objetivos* (√)

---

[218] Art.º 26º do CP português.

[219] Art.º 22.º e 23.º, e 210.º, n.º 1 e n.º 2, com remissão para o 204.º, n.º 1, alínea f) do CP português.

[220] Artº 190º, nº 1 e nº 3 do CP português.

[221] Art.º 204º, nº 2, alínea a), e 210º, nº 2, alínea b), do CP português.

[222] Artºs 26.º, 29º e 71º do CP português.

- Se introduzir (√)
- Habitação alheia ou pertencentes a estes (√)
- Clandestinamente (√)

(b) *Elementos subjetivos* (√)

- Dolo (√)

(c) *Antijuridicidade* (√)

(d) Culpabilidade (√)

(e) Circunstâncias

- 614, co. 4, c.p. italiano: violência sobre coisas (√)
- 112, co. 1, n. 4, c.p. italiano: ter-se servido de um menor de anos 18 (√)

(f) Punibilidade (√)

B) Bartolomeu

1. art. 110, 56, 624-bis, co. 1, c.p. italiano, agravado ex art. 624-bis, co. 3, cp. italiano, em face dos artt. 625, co. 1, n. 2 e 61, n. 7, c.p. italiano (?)

(a) *Elementos subjetivos* (√)

- Dolo (√)

(b) *Elementos objetivos* (?)

- Realização, por outros, de um facto típico do crime (?)
- Contribuição moral ou material (√)
- Nexo causal (√)

(c) *Antijuridicidade* (√)

(d) Culpabilidade (√)

(e) Circunstâncias

- 625, co. 1, n. 2, c.p. italiano: violência sobre coisas (√)
- 61, n. 7, c.p. italiano: dano patrimonial de relevante quantidade (√)
- 98 c.p. italiano: menoridade (√)[223]

(f) Punibilidade (√)

---

[223] Artigo 19º do CP português. Consultar REGIME PENAL APLICÁVEL A JOVENS DELINQUENTES (Decreto-Lei n.º 401/82, de 23 de Setembro).

2. **Art. 110, 614, co. 1, c.p. italiano, agravado pelo art. 614, co. 4 (√)**

(a) *Elementos objetivos* (√)
- Realização, por outros, de um facto típico do crime (√)
- Contribuição moral ou material (√)
- Nexo causal (√)

(b) *Elementos subjetivos* (√)
- Dolo (√)

(c) *Antijuridicidade* (√)
(d) Culpabilidade (√)
(e) Circunstâncias
- 614, co. 4, c.p. italiano: violência sobre coisas (√)
- 98c.p. italiano: menoridade (√)

(f) Punibilidade (√)

(II) A agressão danosa causada à Carlota

A) Artur

1. **art. 110, 609-bis c.p. italiano[224], agravado ex art. 609-ter, co. 1, n. 5 c.p. italiano[225] (√)**

(a) *Elementos objetivos* (√)
- Violência (√)
- Coação ou obrigação a realizar ~~subir~~ (√)
- Ato sexual (√)

(b) *Elementos subjetivos* (√)
- Dolo (√)

(c) *Antijuridicidade* (√)
(d) Culpabilidade (√)
(e) Circunstâncias
- 609-ter, co. 1, n. 1 c.p. italiano[226]: facto cometido contra pessoa que não completou 18 anos (?)

(f) Punibilidade (√)

---

[224] Artº 164º do CP português.
[225] Art.º 164º e 177º, n.º 1, alínea c) do CP português.
[226] Art.º 164º e 177º, n.º 1, alínea a) do CP português.

B) Bartolomeu

1. art. 110, 116, 609-bis c.p. italiano, agravado ex art. 609-ter, co. 1, n. 5 c.p. italiano (*X*)

(a) *Elementos objetivos* (√)
- Realização, por outros, de um facto típico do crime (√)
- Contribuição moral ou material (√)
- Nexo causal (√)

(b) *Elementos subjetivos* (*X*)
- Dolo em respeito à realização de um crime diferente (√)
- Culpa em respeito ao crime efetivamente cometido (*X*)

III. A fuga de Artur

A) Bartolomeu

1. Art. 586[227], 590 c. p. italiano[228], agravado pelo art. 590, co. 2, c.p. italiano, em face do art. 583, co. 2, n. 3, c.p. italiano[229] (*X*)

(a) *Elementos objetivos* (√)
- Realização de um facto previsto como delito doloso (√)
- causa de lesões de uma pessoa (√)

(b) *Elementos subjetivos* (*X*)
- Culpa (*X*)

IV. Na casa de Artur

A) Evita

1. art. 378 c.p. italiano (*X*)[230]

(a) *Elementos objetivos* (√)

---

[227] Artº 144º e 147º n.º 1 do CP português.

[228] Artº 148º do CP português.

[229] Artº 144º, alínea a) do CP português.

[230] Artº 367º do CP português.

- Realização, por outros, de um delito punido com a pena da reclusão ou prisão perpétua (√)
- Ausência de concurso no crime pressuposto (√)
- Ajuda a iludir as investigações da autoridade judiciária ou a subtrair as buscas (√)

(b) *Elementos subjetivos* (√)

- Dolo (√)

(c) *Antijuridicidade* (√)

(d) Culpabilidade (X)

- Art. 384 c.p. italiano (√)[231]

2. Art. 40[232], cpv, 582 c.p. italiano, agravado pelo art. 583[233], co. 2, n. 3, c.p. italiano, e 585 c.p. italiano, em face do art. 577, co. 1, n. 1 c.p. italiano

(a) *Elementos objetivos* (√)

- verificação de um evento típico: doença no corpo ou na mente (√)
- estranheza do sujeito em respeito à causa do evento (√)
- posição de garantia (√)
- falta de realização do dever de conduta (√)
- eficácia impeditiva do dever de conduta omitido (nexo causal) (√)

(b) *Elementos subjetivos (X)*

- Dolo (*X*)

3. Artt. 40, cpv, 590 c.p. italiano[234], agravado pelos artt. 590, co. 2, c.p. italiano e 61, n. 3 c.p. italiano (√)

(a) *Elementos objetivos* (√)

- verificação de um evento típico: doença no corpo ou na mente (√)

---

[231] Art.º 367º, n.º 5, do CP português como a norma mais próxima da respetiva norma italiana.

[232] Artº 10.º do CP português.

[233] Artº 10.º do CP português.

[234] Artº 148º do CP português.

- estranheza do sujeito respeito a causação do evento (√)
- posição de garantia (√)
- falta de realização do dever de conduta (√)
- eficácia impeditiva do dever de conduta omitido (nexo causal) (√)

(b) *Elementos subjetivos* (√)

- Culpa (√)

(c) *Antijuridicidade* (√)

(d) Culpabilidade (√)

(e) Circunstâncias

- 590, co. 2, c.p. italiano: lesão gravíssima (√)
- 61, n. 3 c.p. italiano: culpa consciente (√)

(f) Punibilidade (√)

(I) A tentativa de furto da Porsche

(A) Artur

1. Concurso na tentativa de furto em habitação (art. 110, 56, 624-bis, co. 1, cp. italiano)[235], agravado ex art. 624-bis, co. 3, cp. italiano, em face dos art. 625, co. 1, n. 2[236] e 61, n. 7, c.p. italiano, e ex art. 112, co. 1, n. 4, c.p. italiano

Desde logo, o Artur poderia ser chamado a responder, como autor de crime em concurso com o Bartolomeu, pelo delito de tentativa de furto em habitação, por ter realizado atos idóneos e diretos de modo não equívoco a se apoderar do Porsche descapotável de Donato, após ter-se introduzido na garagem ou *box* da habitação daquele, sem contudo conseguir realizar o seu intento. Acresce referir que aquela conduta teve a agravante de ter sido realizada usando violência sobre as coisas para executar o delito, em particular por ter arrebentado a fechadura da *box* e ter tentado causar à vítima um dano patrimonial de relevante gravidade, sendo o Porsche um bem móvel de

[235] Art.º 22.º e 23.º, e 210.º, n.º 1 e n.º 2, com remissão para o 204.º, n.º 1, alínea f) do CP português

[236] Artº 190º, nº 1 e nº 3 do CP português.

considerável valor, e ter-se servido da colaboração de um menor de 18 anos na realização de um delito para o qual está prevista a prisão em flagrante delito.

(a) *Elementos subjetivos*

O Artur introduziu-se na *box* adjacente à moradia de Donato com a intenção de roubar o Porsche descapotável vermelho e que ele sabia estar estacionado naquele local. Não há alguma dúvida, portanto, que exista em Artur a intenção de realizar o facto criminoso descrito pelo art. 624-bis c.p. italiano, que é preenchido pela subtração e pelo sucessivo apoderamento de uma coisa móvel alheia (como um automóvel) com a introdução – para o que importa neste caso – nas divisões de um edifício destinado a habitação privada (como uma garagem), a fim de obter um lucro pelo empoderamento do bem.

Nota-se, neste caso, como as poucas linhas precedentes mencionam, todos os elementos objetivos da *facti species* do furto em habitação ex art. 624-bis c.p. italiano, que na tentativa de delito devem ser pontualmente abrangidos pela representação e pela volição do sujeito agente, embora não tendo sido realizado continuamente (ou tendo sido realizado somente em partes como neste caso, em que já se verificou o elemento de entrada num dos locais indicados pela norma).

(b) *Elementos objetivos*

Certamente os atos realizados pelo agente são qualificáveis como *atos unívocos*, até mesmo segundo a leitura mais restritiva, que circunscreve aqueles aos atos*executivos*, ou seja, aqueles que correspondem pelo menos em partes a uma conduta descrita pela norma incriminatória. Tendo o Artur já se introduzido na *box* e, portanto, na divisão de um local privado – a habitação –, iniciou a execução da conduta típica do crime.

Quanto ao requisito da *idoneidade*, que requer ao juiz avaliar se os atos tenham criado no caso concreto um perigo na consumação do crime, é necessário definir preliminarmente quais os elementos que têm de ser levados em consideração nesse juízo.

Segundo a jurisprudência maioritária e uma parte da doutrina, o juízo de idoneidade deveria ser formulado adotando uma *base parcial*, ou seja, levando em consideração somente as circunstâncias que, ao momento da ação, eram conhecíveis por um observador imparcial, valorizando eventualmente aquelas (circunstâncias) maiores aplicáveis ao agente concreto. Consequentemente, o requisito da idoneidade para efeitos de tentativa existiria cada vez que um observador imparcial, que se encontrasse na mesma situação concreta em que se encontrava o agente, teria julgado possível a realização do crime. Adotando esta base de julgamento, deveríamos concluir que os atos realizados pelo Artur são, no nosso caso, todos *idóneos* à realização do furto, visto que a momentânea ausência do automóvel da *box* é uma circunstância não conhecida pelo agente e não conhecível por um observador dos factos dotado de conhecimentos médios.

Para o mesmo resultado de considerar a *idoneidade* dos atos realizados pelo Artur, poder-se-ia alcançar pela leitura sistemática do art. 56[237] e do art. 49, co. 2, c.p. italiano[238], que disciplina o crime impossível, excluindo em particular a punibilidade no caso de *ação inidónea* e de *inexistência do objeto desta*. Segundo uma ampla parte da doutrina, enquanto a primeira hipótese constituiria não o reverso negativo do requisito da idoneidade dos atos previsto pelo art. 56 c.p. italiano aos fins da punibilidade da tentativa, a ser interpretada utilizando uma prognose póstuma com *base parcial* nos termos que acabamos de ilustrar, a segunda seria preenchida somente nos casos de *inexistência in rerum natura* (ou inexistência absoluta) do objeto material – como no caso da pessoa já morta no momento da ação homicida –, e não naqueles de *falta ocasional ou contingente* do objeto material no local ou no tempo do facto. No caso em exame, portanto, dever-se-ia admitir a idoneidade dos atos – e, correlativamente, a não existência de um crime impossível, vista a existência *in rerum natura* do Porsche que o Artur queria apoderar-se, o qual simplesmente não estava por acaso presente na *box* no momento da ação.

Segundo outra parte da doutrina, o juízo de idoneidade deveria antes requer uma prognose póstuma d*a base total*, a ser realizado levando em consideração todas as circunstâncias existentes no momento da ação, embora não conhecíveis por um observador externo e nem pelo agente naquele momento, mas verificadas somente num momento subsequente. A adoção

---

[237] Art.º 22.º e 23º do CP português.

[238] Artº 23º, nº 3 do CP português.

deste segundo critério parece mais coerente com o *princípio constitucional da ofensividade*, o qual postula que se recorra à sanção penal somente em respeito a comportamentos que lesam ou, pelo menos, colocam em perigo um bem jurídico. Não levar em consideração, no juízo de idoneidade, as circunstâncias não conhecidas e não conhecíveis, mas em concreto presentes no momento do facto, que tornam impossível a consumação do crime, significa atrair para a área do penalmente relevante – e, em particular, da tentativa punível – comportamentos que nem sequer expuseram ao perigo um bem jurídico tutelado. Assim, se o bem móvel, cujo aspirante a ladrão pretende se apoderar, não está presente no local onde acontece a ação (como no nosso caso), o património do titular daquele bem não correu nenhum perigo. Portanto, esta seria a solução a ser adotada no caso concreto. Na verdade, o Porsche de Donato não correu nenhum perigo de ser subtraído; *ergo*, os atos realizados pelo Artur deveriam ser considerados *inidóneos* em respeito à consumação do delito. O crime deveria ser considerado *impossível* no sentido do art. 49, co. 2, c.p. italiano, vista a inidoneidade da ação, a ser entendida como incapacidade da própria ação em alcançar a consumação do delito; incapacidade avaliada, até mesmo aos fins desta norma, em face de todas as circunstâncias efetivamente presentes na situação dada; e, portanto, com um julgamento *com base total*.

Em definitivo, é possível que o juiz possa considerar preenchidos os elementos objetivos da tentativa do delito em epígrafe, embora argumentos sólidos poderiam ser colocados contra esta solução.

A particular problemática da questão de direito subentendida, da qual depende a solução do caso concreto, justifica aqui um exame mais profundo do habitual debate doutrinal em matéria de **idoneidade dos atos** e **crime impossível**, e sugere uma resposta aberta, como aquela proposta.

Por outro lado, não poderia ser considerada errada uma resposta assertiva, tanto num sentido como outro, após avaliação e crítica das teses que conduziriam a soluções opostas.

Naturalmente, no caso em que se concluísse pela *existência* do requisito da idoneidade dos atos, não seria necessário avaliar a hipótese do crime de violação de domicílio, aqui examinada *infra*, que seria absorvida na tentativa de furto em habitação.

Analogamente, no caso em que se considere *inexistente* tal requisito, a análise da tentativa de furto em habitação seria interrompida e seria necessário passar diretamente à análise da hipótese de violação de domicílio.

(c) *Antijuridicidade* e (d) *culpabilidade*

Não parecem existir causas de justificação, nem de exclusão da responsabilidade.

(e) *Circunstâncias*

Parecem existir as circunstâncias indicadas em epígrafe.

Desde logo, o Artur utilizou a violência sobre as coisas para executar o delito, arrebentando concretamente a fechadura da *box* e, fê-lo com plena consciência e vontade.

Tentou, também, causar à vítima um dano patrimonial de relevante gravidade, sendo o Porsche um bem móvel de relevante valor e estando ele consciente disso. A jurisprudência dominante considera que a agravante em questão possa igualmente ser aplicada na hipótese de tentativa – *sub specie* de tentativa de delito circunstanciado –, embora seja possível deduzir com certeza das modalidades do facto e em face de um preciso julgamento hipotético, que se a ação delituosa tivesse sido concretizada, o dano patrimonial para a pessoa ofendida teria sido de relevante gravidade: v., *amplius*, sobre este ponto, caso n. 4, (II)(A)(1)(e).

Por fim, o Artur recorreu à colaboração de um menor de dezoito anos na realização de um delito para o qual está prevista a prisão em flagrante delito, que é o furto em habitação.

(f) *Punibilidade*

Não parecem identificadas causas de não punibilidade. Em particular, a aplicação da dispensa da particular tenuidade do facto é excluída *a priori* porque o furto em habitação agravado pelo co. 3 é punido com a pena máxima de dez anos. Tratando-se de uma circunstância agravante com efeito especial, é em face da pena prevista que se deve ponderar a aplicação da dispensa ex art. 131-bis c.p. italiano[239], que está subordinada ao crime ser punido no máximo com uma pena não superior a cinco anos. Tal limite é superado, levando, também, em consideração a diminuição obrigatória, na medida não superior a um terço, que deve ser feita tratando-se de mera tentativa. De facto, visto que um terço de dez anos corresponde a três anos e quatro meses, a pena máxima pela tentativa de delito em questão é de seis anos e oito meses e, portanto, amplamente superior ao limite de cinco anos.

Conclusão

O Artur poderia ser chamado a responder pelo crime em epígrafe, caso o juiz considere que ele tenha realizado atos idóneos à consumação do delito.

2. Concurso em violação de domicílio (art. 110, 614 c.p. italiano[240]), agravado pelo art. 614, co. 4, e pelo art. 112, co. 1, n. 4, c.p. italiano

No caso em que fosse excluída a responsabilidade pelo delito de tentativa de furto em habitação, o Artur poderia ser chamado a responder pelo delito de violação de domicílio, por ter-se introduzido clandestinamente, primeiro, na *box* e, portanto, nas divisões da habitação, e, em seguida, na moradia de Donato. Tudo com a agravante de ter usado violência sobre as coisas para executar o delito, arrebentando, em particular, a fechadura da *box,* e ter recorrido à colaboração de um menor de dezoito anos na realização do delito para o qual está prevista a prisão em flagrante delito.

Como já dito, a análise separada deste caso deveria ser omitida quando se concluísse no sentido da clara existência da tentativa de furto em habitação.

[239] Art.º 50º do CP português como a norma mais próxima da respetiva norma italiana.
[240] Art.º 190.º do CP Português.

Neste caso, de facto, a introdução clandestina na *box* e na habitação de Donato pareceriam condutas cobertas pela *facti species* ex art. 624-bis c.p. italiano, permanecendo funcional a execução de possíveis furtos (do Porsche ou de outros objetos presentes na habitação).

(a) *Elementos objetivos*

O Artur introduziu-se, primeiro, na *box* e, em seguida, na moradia de Donato – e, portanto, nas *divisões* de uma habitação e, consequentemente, na própria *habitação* – sem o consenso de Donato, e, desta feita, *clandestinamente*. Isto preenche os elementos de duas das condutas alternativas contempladas pela *facti species* delituosa descrita pelo art. 614, co. 1, c.p. italiano.

(b) *Elementos subjetivos*

As modalidades pelas quais foram realizadas as ações (ter-se introduzido num local arrebentando a fechadura com um pé-de-cabra, após ter saltado o portão) evidenciam a plena consciência e vontade por parte de Artur em aceder clandestinamente à habitação alheia ou às divisões desta.

(c) *Antijuridicidade* e (d) *culpabilidade*

Não parecem existentes causas de justificação, nem de exclusão da responsabilidade.

(e) *Circunstâncias*

Tendo arrebentado a fechadura da *box*, o Artur usou intencional e conscientemente violência sobre as coisas. Isto integra a agravante ex art. 614, co. 4, c.p. italiano.

Além disto, ao Artur será aplicável a circunstância agravante ex art. 112, co. 1, n. 4, c.p. italiano, por ter usufruído da colaboração de um menor de dezoito anos, consciente da idade deste, na violação de domicílio (crime para o qual está prevista a prisão em flagrante delito).

(f) *Punibilidade*

Não existem causas de exclusão da punibilidade em sentido estrito.

Conclusão

Verosimilmente, o Artur será considerado responsável pelo delito em epígrafe.

B) Bartolomeu

1. Concurso na tentativa de furto em habitação (art. 110, 56, 624-bis, co. 1, c.p. italiano)[241], agravado ex art. 624-bis, co. 3, cp. italiano, em face dos art. 625, co. 1, n. 2 e 61, n. 7, c.p. italiano

O Bartolomeu poderia ser chamado a responder, na qualidade de participante, pelo delito de tentativa de furto em habitação realizado pelo Artur e precedentemente descrito no parágrafo (I)(A)(1), por ter fornecido uma contribuição moral à execução de tal crime, desenvolvendo em particular a função de vigia enquanto o primo se introduzia na *box* para se apoderar do Porsche descapotável de Donato. Tudo com a agravante de ter usado violência sobre as coisas para executar o delito e de ter tentado causar à vítima um dano patrimonial de relevante gravidade.

(a) *Elementos subjetivos*

A intenção comum aos dois primos é roubar o Porsche, que acreditam estar estacionado na *box* anexa à moradia de Donato. Portanto, não existe

[241] Art.º 22.º e 23.º, e 210.º, n.º 1 e n.º 2, com remissão para o 204.º, n.º 1, alínea f) do CP português.

qualquer dúvida de que o Bartolomeu tenha a intenção de contribuir, com a própria conduta atípica, para a realização de um furto num local de habitação privada ou nas suas divisões.

(b) *Elementos objetivos*

A relevância penal da conduta atípica do participante é subordinada à realização pelo autor de um *facto típico* de crime, na forma consumada ou da tentativa. Se o *facto principal* (ou seja, o facto ao qual acede a conduta do participante) não é um facto delituoso porque não alcança o nível da tentativa punível, então até mesmo a conduta atípica será uma conduta penalmente irrelevante.

No caso em exame, o Bartolomeu poderá responder penalmente – por ter realizado, com a própria conduta uma *condicio sine qua non* à realização do crime, vigiando no exterior da moradia para controlar que ninguém chegasse e perturbasse a execução – somente se considerar-se que a ação realizada pelo Artur seja idónea em respeito à consumação e, portanto, preenche os elementos da tentativa. Sobre este ponto, v., *supra*, (I)(A)(1)(b).

(c) *Antijuridicidade* e (d) *culpabilidade*

Não existem causas de justificação, nem de exclusão da culpabilidade. Embora a sua menoridade, de facto, o Bartolomeu foi considerado capaz de entender e querer ao momento da realização do facto.

(e) *Circunstâncias*

As agravantes ex art. 625, co. 1, n. 2 e 61, n. 7, c.p. italiano, compreendido no art. 624-bis, co. 3, cp. italiano, aplicáveis ao Artur tem toda a natureza objetiva e comunicam-se também ao Bartolomeu, o qual sabia que o próprio companheiro teria usado violência sobre as coisas, tinha intenção de se apoderar de uma coisa com um valor significativo, como o Porsche. De qualquer forma, o Bartolomeu deverá, em face da sua menoridade, ver reconhecida a atenuante ex art. 98 c.p. italiano.

(f) *Punibilidade*

Não existem causas de exclusão da punibilidade em sentido estrito.

Conclusão

Verosimilmente, o Bartolomeu poderia ser considerado responsável pelo delito em epígrafe, quando se considere que o Artur tenha realizado uma tentativa punível do mesmo delito.[242]

2. Violação de domicílio (Art. 110, 614, co. 1, c.p. italiano), agravado pelo art. 614, co. 4

Quando os dois primos fossem considerados responsáveis pela tentativa de furto em habitação, o Bartolomeu seria verosimilmente considerado responsável, como concorrente, pela violação de domicílio cometida pelo Artur, tendo o Bartolomeu fornecido conscientemente uma contribuição causal de natureza material – ter sido vigia – à execução do facto, com a agravante da violência sobre as coisas realizada materialmente pelo Artur, mas extensível também ao Bartolomeu, atenta a sua natureza objetiva e a clara consciência do Bartolomeu da necessidade de arrebentar a fechadura da *box* para poder entrar.

Contudo, a seu favor será aplicada a circunstância atenuante da menoridade ex art. 98 c.p. italiano.

A breve análise que precede pode ser considerada aqui suficiente para ilustrar esse possível perfil de responsabilidade de Bartolomeu, sem que seja necessária uma apreciação mais detalhada, em face da simplicidade da referida análise e da ausência de perfis problemáticos.

[242] Art.º 190.º do CP Português.

(II) A agressão danosa à Carlota

A) Artur

1. Concurso em violência sexual (art. 110, 609-bis c.p. italiano), agravado ex art. 609-ter, co. 1, n. 5 c.p. italiano

O Artur poderia ser chamado a responder, na qualidade de autor do crime e em concurso com o Bartolomeu, pelo delito de violência sexual, por ter obrigado – de modo violento – a Carlota a praticar atos sexuais, concretizados particularmente através de apalpões dos seios e dos glúteos, com a agravante de ter cometido o facto contra uma pessoa que ainda não tinha completado dezoito anos.

(a) *Elementos objetivos*

Colocando as mãos nos seios e nos glúteos de Carlota, o Artur cometeu *atos sexuais* sobre a mesma. De facto, desta forma devem ser entendidos não somente atos que comportam uma introdução do órgão sexual do réu no corpo da vítima, mas também qualquer outro ato que, envolvendo partes erógenas do corpo da vítima, seja feito pelo agente com a finalidade de satisfazer o próprio instinto sexual.

Por outro lado, a Carlota é obrigada a praticar atos sexuais, tendo o Artur agido não somente sem o seu consentimento, mas tendo-a também imobilizada com uma mão – e, portanto, mediante uma conduta violenta – para realizar os próprios atos.

Note-se que a *facti species* da violência sexual releva aqui na sua forma consumada, visto que cada toque lascivo no corpo da vítima realizado por uma conduta violenta, ameaçadora ou abusiva já integra o requisito da coação ou da indução à prática de atos sexuais.

Uma mera tentativa poderia, por exemplo, configurar na hipótese do agente seguir a vítima com a evidente intenção de abusar da mesma, mas que não conseguisse alcançá-la.

(b) *Elementos subjetivos*

A violência sexual contra a Carlota não se refere ao plano combinado entre os dois primos. Contudo, não há alguma dúvida de que a conduta do Artur seja sustentada por *dolo intencional,* embora a decisão de abusar da rapariga tenha surgido somente no momento antes da execução, ou seja, quando o agente encontrou a vítima dentro da habitação, sozinha e adormecida no sofá. Desta forma, não há dúvida em respeito à vontade de utilizar a força física (ou seja, uma conduta de violência) para vencer a resistência da rapariga e, portanto, para obrigá-la.

(c) *Antijuridicidade* e (d) *culpabilidade*

Não existem causas de justificação, nem de exclusão da culpabilidade.

(e) *Circunstâncias*

A Carlota tem somente dezassete anos e, portanto, estão preenchidos os elementos objetivos da circunstância ex art. 609-ter, co. 1, n. 4, c.p. italiano (realização do facto contra uma pessoa menor de dezoito anos).

Contudo, do ponto de vista subjetivo, o Artur considerou que a rapariga fosse, pelo menos, uma pessoa da mesma geração.

Em face da regra ex art. 609-sexies c.p. italiano, a ignorância da idade da vítima – nos crimes contra a liberdade sexual – não pode ser invocada, nem escusa o agente, a não ser que se trate de ignorância *inevitável* e, portanto, inculpada. Em particular, tal critério – que corresponde àquele que, em via de regra, vale para a imputação das circunstâncias agravadas ex art. 59, co. 2, c.p. italiano[243] – deverá, portanto, estabelecer se a menoridade da vítima fosse em concreto conhecível pelo Artur, em face do que poderia ter percebido um agente modelo nas mesmas condições de tempo e local.

Em consideração da proximidade da maioridade da vítima e das suas formas físicas amadurecidas, não pode ser excluída a possibilidade de que a agravante em questão *não* seja considerada aplicável no nosso caso, apenas na aplicação do art. 609-sexies c.p. italiano.

---

[243] Artigos 16º e 17º e, ainda, art.º 72.º, n.º 1, do CP português.

(d) *Punibilidade*

Não existem causas de exclusão da punibilidade em sentido estrito.

Conclusão

Verosimilmente, o Artur será considerado responsável pelo delito em epígrafe, permanecendo duvidosa a aplicação da circunstância agravante contestada.

B) Bartolomeu

1. Concurso anômalo em violência sexual (art. 110, 116, 609-bis c.p. italiano), agravado ex art. 609-ter, co. 1, n. 5 c.p. italiano

O Bartolomeu poderia ser chamado a responder, na qualidade de concorrente *anômalo*, pelo delito de violência sexual realizado pelo Artur e, precedentemente, descrito no parágrafo (II)(A)(1), por ter fornecido também uma contribuição causal à realização desse crime, fazendo, em particular, a vigia no exterior da moradia, com a agravante de ter cometido o facto contra uma pessoa que não tinha completado dezoito anos.

(a) *Elementos objetivos*

Concordando com o primo em roubar o Porsche e permanecendo no exterior da moradia para vigiar, o Bartolomeu forneceu igualmente uma contribuição à realização da violência sexual, que não se teria verificado caso o Artur não tivesse atuado conforme o plano combinado e não tivesse entrado na habitação da vítima.

A conduta do Bartolomeu é, portanto, causal, segundo a fórmula da *condicio sine qua non*, até mesmo em respeito à realização deste delito. Isto basta para poder imputar contra o Bartolomeu os elementos objetivos da sua participação no delito de violência sexual materialmente realizado pelo Artur.

(b) *Elementos subjetivos*

O plano combinado entre o Artur e o Bartolomeu previa que somente o Artur teria de se introduzir na *box* anexa à moradia para roubar o Porsche vermelho descapotável. Certamente, o Bartolomeu *não previu* e nem *aceitou*, em termos de dolo eventual, a possibilidade de que o Artur se afastasse do plano e, decidisse entrar na habitação e violar a Carlota (até porque o Bartolomeu não sabia da circunstância que levou o Artur a se afastar do plano, ou seja, a falta do objeto a ser roubado). Portanto, é necessário concluir que o crime cometido pelo Artur é *diferente daquele desejado* pelo Bartolomeu.

Neste caso, o art. 116 c.p. italiano[244] prevê que quem tenha desejado o crime menos grave, tenha de qualquer forma responder pelo crime realizado, embora com uma pena diminuída. O rigor de tal princípio, expressivo da antiga lógica do *qui in re illicita versatur tenetur etiam pro casu*, foi temperado pela jurisprudência, que exclui a imputação do crime mais grave quando este represente uma consequência *imprevisível* do plano acordado.

No nosso caso, parece difícil encontrar a concreta previsibilidade do concorrente do crime diferente. De facto, o Bartolomeu não sabia nada em respeito à presença na casa da jovem vítima, nem poderia ter representado que o seu companheiro, encontrando uma rapariga, poderia pensar em abandonar o plano originário e obrigá-la a uma relação sexual, preterindo qualquer risco de ser descoberto.

Portanto, uma imputação por este crime ex art. 116 c.p. italiano deve-se excluir.

Conclusão

Verosimilmente, o Bartolomeu não será considerado responsável do concurso na violência sexual realizada pelo primo, nem na forma do concurso *anómalo* ex art. art. 116 c.p. italiano.

---

[244] Artº 28º do CP português.

III. A fuga de Artur

A) Bartolomeu

1. Lesões pessoais culposas como consequência de outro delito (art. 586, 590 c. p. italiano), agravado pelo art. 590, co. 2, c.p. italiano, em face do art. 583, co. 2, n. 3, c.p. italiano

Pela lesão de Artur durante a fuga de Bartolomeu, este poderia ser chamado a responder por lesões como consequência de outro delito, porque a fratura do fémur, que de seguida se agravou ao ponto de se tornar necessária a amputação da perna, representa um evento não desejado pelo Artur, mas é consequência de uma atividade delituosa para a qual o próprio Artur contribuiu, com a agravante de ter sido causada uma lesão gravíssima, composta pela perda de um membro.

(a) *Elementos objetivos*

O art. 586 c.p. italiano prevê que, no caso em que se causem lesões (ou a morte) de uma pessoa como consequência não desejada de um outro delito, se apliquem as sanções previstas para as lesões culposas (ou o homicídio culposo), mas a pena pode ser aumentada até um terço. Portanto, a nível objetivo, a *facti species* resultante da conjugação do disposto dos art. 586 e 590 c.p. italiano exige a realização de uma *atividade delituosa de base* da qual derive, como consequência não desejada pelo agente, um evento que integra os elementos da lesão pessoal.

No nosso caso, é possível encontrar facilmente a existência de um nexo causal entre a tentativa de furto em habitação (ou a violação de domicílio), materialmente realizado pelo Artur, porém o Bartolomeu participou como concorrente moral e material (*supra*, (I)(B)(1) e (I)(B)(2)) no evento responsável pelas lesões. Caso o Bartolomeu não tivesse feito um acordo com o primo para realizar o furto, o Artur, de facto, não se teria introduzido na casa de Donato e não se teria lançado da janela na tentativa de fugir, causando as lesões que tornaram necessária a amputação da sua perna.

A conduta sucessiva de Evita, que culposamente omitiu o acompanhamento do marido ao hospital e o consequente atraso na prestação ao Artur dos cuidados necessários, assume um papel de mera *concausa*, que, no sentido do art. 41, co. 1 e 3 c.p. italiano[245], não excluem, nem interrompem a relação causal entre a conduta e o evento.

Para aprofundamentos da incidência das **concausas** sobre o nexo causal e sobre as possíveis diferentes soluções, que se alcançaria aplicando a teoria da **imputação objetiva do evento**, veja a *box* de aprofundamento relativa ao caso n.º 2.

(b) *Elementos subjetivos*

Mais problemática parece ser a reconstrução do requisito subjetivo solicitado pela *facti species* em análise. Segundo o pensamento, hoje, dominante na doutrina e na jurisprudência[246], em face do princípio constitucional da culpabilidade, o evento não desejado pode ser imputado, ex art. 586 c.p. italiano, ao autor do delito doloso de base somente se for possível repreendê-lo pelo menos *por culpa*, ou seja, somente se um agente atento pudesse ter previsto que da realização daquele delito poderia ter derivado, como consequência não desejada, as lesões ou a morte de uma pessoa.

No nosso caso, certamente se deve excluir a concreta previsibilidade de um tal desenvolvimento dos acontecimentos. De facto, o plano combinado contemplava somente que o Artur se iria introduzir na *box* anexa à moradia para roubar o Porsche. Portanto, o Bartolomeu não tinha motivo de prever, que o primo teria subido ao primeiro andar da moradia para, então, cair da janela durante a fuga, nem poderia ter representado que, uma vez entregue o primo aos cuidados da esposa, esta teria atrasado a hospitalização ao ponto de tornar necessária a amputação do membro.

245 Artº 28º do CP português.

246 Cass., Secções Unidas penais, 22 de janeiro de 2009, depositada 29 de maio de 2009, n. 22276, Ronci.

Conclusão

Verosimilmente, o Bartolomeu não será considerado responsável pelo delito em epígrafe porque o evento realizado em concreto representa, simplesmente, um desenvolvimento de difícil previsão do delito doloso para o qual o Bartolomeu contribuiu.

IV. Na casa de Artur

A) Evita

1. Favorecimento pessoal (art. 378 c.p. italiano)

A Evita poderia ser chamada a responder pelo delito de favorecimento pessoal, por ter ajudado o Artur a subtrair-se às buscas da autoridade após a realização dos delitos até este momento descritos, sem ter concorrido nos mesmos delitos, dando – em particular – assistência ao marido ferido e ocultando as suas roupas sujas de sangue.

(a) *Elementos objetivos*

Acolhendo o Artur em casa e dando a assistência necessária, a Evita ajudou-o a subtrair-se às bucas que a autoridade encetou imediatamente após a descoberta da violação do domicílio e da violência sexual, ou seja, de dois delitos punidos com pena de prisão. Considera-se, portanto, preenchida contra a Evita – que não deu qualquer contribuição causal à realização dos preditos delitos – a *facti species* objetiva descrita pelo art. 378 c.p. italiano.

(b) *Elementos subjetivos*

A Evita não dirigiu qualquer pergunta ao Artur e, portanto, não adquiriu qualquer certeza em respeito à precedente realização de delitos de Artur. Contudo, a esposa dá que o Artur está encharcado de sangue e, portanto, não pode deixar de suspeitar – sobretudo diante do silêncio do marido em respeito às razões do seu estado – que ele esteja envolvido em situações problemáticas e necessite de ajuda para subtrair-se às buscas da polícia. Existem, portanto, os elementos de um *dolo*, pelo menos *eventual em* respeito ao pressuposto da prévia realização de um crime e em respeito à valia peculiar – em termos de ajuda a subtrair-se às bucas da autoridade – da assistência dada ao marido naquela circunstância.

(c) *Antijuridicidade*

Não existem causas de justificação.

(d) *Culpabilidade*

Contudo, a Evita poderia beneficiar da causa de exclusão disciplinada pelo art. 384, co. 1, c.p. italiano. Tal norma prevê a não punibilidade de quem cometa uma série de delitos, entre os quais o favorecimento pessoal, porque obrigado pela necessidade de salvar a si ou um parente próximo de uma grave e inevitável lesão da liberdade ou da honra, que poderia ser representado – no nosso caso – pela perspetiva de uma longa pena privativa da liberdade consequente de uma condenação pelos delitos cometidos pelo marido. A noção de parente próximo é objeto de uma definição normativa contida no art. 307, co. 4, c.p. italiano, que compreende também o cônjuge.

Conclusão

A Evita *não* será considerada responsável pelo delito em epígrafe.

2. Lesões pessoais dolosas mediante omissão (art. 40, cpv, 582 c.p. italiano), agravado pelo art. 583, co. 2, n. 3, c.p. italiano[247], e 585 c.p. italiano, em face do art. 577, co. 1, n. 1 c.p. italiano

A Evita poderia ser chamada a responder pelo crime de lesões pessoais dolosas, por não ter impedido – embora tendo o dever jurídico por ser cônjuge

[247] Art.º 143.º e 144.º do CP português.

de Artur – que as condições de saúde de Artur se agravassem ao ponto de tornar necessária a amputação da perna, rejeitando – em particular – o acompanhamento do marido ao hospital mesmo diante das suas numerosas solicitações assim que chegou a casa. Tudo com a agravante de não ter impedido a ocorrência de uma doença gravíssima, traduzida na perda de um membro, e de ter cometido o facto contra o cônjuge.

A posição de garantia da qual a Evita é titular exclui que ela possa responder somente por **omissão de socorro** ex art. 593 c.p. italiano[248], agravada ex co. 3, sendo da mesma derivada uma lesão pessoal. O delito de omissão de socorro é, da facto, aplicável a qualquer pessoa que *não* seja ligada à pessoa em perigo por um particular vínculo jurídico, como aquele existente entre os cônjuges, que constituem o pressuposto – quando do facto derivem consequências lesivas à integridade física ou à vida da vítima – para uma responsabilidade por omissão de impedimento do evento ex art. 40, co. 2, c.p. italiano.

(a) *Elementos objetivos*

Não há dúvidas de que as lesões de Artur tenham sido causadas pela sua queda e não por uma conduta positiva de Evita.

Contudo, a Evita poderia ser chamada a responder pelo crime de lesões ex art. 40, co. 2, c.p. italiano, ou seja, por *não ter impedido* a realização do evento, que tinha o dever jurídico de impedir.

De facto, a Evita, enquanto esposa de Artur, é titular de uma posição de garantia em respeito ao Artur, em face do art. 143 c.c., que impõem a cada cônjuge o dever de dar assistência material ao outro cônjuge.

Tal posição imporia a Evita, no nosso caso, de chamar a ambulância ou acompanhar o marido na ambulância.

Se tal conduta tivesse sido realizada, a ferida poderia ter sido tratada tempestivamente e – como esclareceu o cirurgião – a amputação da perna não teria sido necessária.

---

[248] Art.º 200º do CP português.

Portanto, existem todos os elementos objetivos da hipótese delituosa em epígrafe.

Observe como, embora sinteticamente, são aqui tocados – por ordem – todos os elementos objetivos da responsabilidade ex art. 40, co. 2, c.p. italiano, assim como elencados na parte I, paragrafo 4.1.

(b) *Elementos subjetivos*

O delito em exame existe somente na condição de que o autor tenha agido com dolo e, portanto, com a consciência e vontade de contribuir a causar – com o próprio comportamento omissivo – as lesões. No nosso caso, seria possível sustentar que a Evita agiu com *dolo eventual*, ou seja, *representando* a possível realização do facto delituoso e *aceitando* tal perspetiva como *preço* a ser pago, a custo de não renunciar alcançar o próprio objetivo, que era evitar as repercussões que teriam derivado da descoberta do crime cometido pelo marido (em primeiro lugar, a possibilidade dele perder o trabalho, com óbvias e graves consequências para a economia familiar).

Contudo, é possível observar – em sentido contrário – que a Evita *representou* – pelo menos em termos genéricos – o risco de um possível agravamento das condições de saúde do marido como consequência da sua não hospitalização. Mas problemática parece ser a afirmação segundo a qual a Evita teria *levado em consideração* um desfecho trágico como *preço* que estava disposta a pagar a custo de não entregar o marido à policia e, consequentemente, renunciar a única fonte de sustento económico da família.

A este propósito é mais verosímil considerar que a Evita tenha confiado – em termos compatíveis com a culpa consciente, ao invés do dolo eventual – nas próprias capacidades de curar sozinha a ferida, subestimando a essência do perigo. De facto, parece implausível afirmar – em termos requeridos pela fórmula de Frank – que a Evita teria agido igualmente, mesmo que certa da realização do evento (uma lesão grave ao ponto de requerer a amputação da perna), porque tanto o próprio evento teria criado sérios problemas à economia familiar, como o assunto é contrariado pela circunstância de que, quando lhe ficou claro que a ferida não teria sarado e que as condições do marido estavam piorando, a própria Evita teve a iniciativa de chamar a emergência médica, demostrando desta forma não ter nenhuma intenção de aceitar o evento.

Além disso, ter administrado medicamentos para tratamento da dor e ter acudido o marido doente constituem *contramedidas*, que demostram a intenção da Evita em evitar o evento lesivo.

Portanto, parece plausível concluir que contra a Evita não é possível demonstrar, para além de qualquer dúvida razoável, a existência de um dolo de lesões, nem sequer na forma menos intensa do dolo eventual.

Embora sintética, a argumentação precedente menciona tanto o momento *representativo* do dolo eventual, quanto aquele *volitivo*, mostrando os problemas de uma conclusão no sentido da existência também deste segundo elemento no caso concreto. Para o efeito, são evocadas a fórmula de Frank (existe dolo eventual quando o sujeito teria agido de qualquer forma, até se tivesse previsto em termos de certeza a realização do evento) e – implicitamente – a conhecida teoria de Armin Kaufmann, pela qual o dolo eventual seria excluído se o agente tivesse adotado contramedidas que impliquem a sua vontade contrária em respeito à realização do evento. Para outras considerações em respeito à verificação do dolo eventual v. casos n. 1, 2 e 5.

Conclusão

Verosimilmente, a Evita não será considerada responsável pelo delito em epígrafe porque não agiu com dolo.

3. Lesões pessoais culposas mediante omissão (art. 40, cpv, 590 c.p. italiano), agravado pelos art. 590, co. 2, c.p. italiano e 61, n. 3 c.p. italiano

A Evita poderia, então, ser chamada a responder pelo crime de lesões pessoais *culposas*, por não ter impedido culposamente que as condições de saúde de Artur piorassem ao ponto de ser necessária a amputação da perna, sabendo do seu dever jurídico atenta a condição de cônjuge e subestimando – em particular – as reais condições de saúde do marido ao atrasar a respetiva hospitalização. Tudo com a agravante de não ter impedido a ocorrência de uma doença gravíssima, traduzida na perda de um membro, e de ter agido contra a previsão do evento.

(a) *Elementos objetivos*

Em relação ao elemento objetivo, valem todas as considerações feitas quanto à hipótese de lesões dolosas.

(b) *Elementos subjetivos*

A natureza culposa da conduta de Evita é indubitável.

Um agente modelo, que se tivesse encontrado nas mesmas circunstâncias de tempo e lugar, teria – de modo certo – reconhecido a gravidade da situação e ativado imediatamente a emergência médica.

Não ativando a emergência médica, a Evita teve um comportamento imprudente, criando o risco específico de um grave dano à saúde do marido, como aquele que se verificou em concreto.

Como esclarecido pelo cirurgião, há também a prova de que a Evita se tivesse levado imediatamente o marido ao hospital, a ferida teria sido curada tempestivamente e a amputação da perna teria sido evitada.

Enfim, não existem circunstâncias que tornem subjetivamente não exigível à Evita o respeito das normas comuns de prudência.

(c) *Antijuridicidade* e (d) *culpabilidade*

Não existem causas de justificação, não podendo operar o consentimento do titular do direito, que – independentemente da *vexata quaestio* relativa à sua possível aplicabilidade aos crimes culposos – não opera quando o bem jurídico tutelado pela norma incriminatória seja indisponível. No nosso caso, o consentimento não poderia cobrir, em face do art. 5 c.c. italiano[249], uma

---

249 Artº 6º do Código Civil português.

melhoria permanente da integridade física que evitasse a amputação de um membro.

Seria possível chegar a uma conclusão diferente se abraçássemos a teoria da **imputação objetiva do evento**, com específica referência ao perfil da exclusão da responsabilidade se *a vítima se tivesse autoexposto ao risco* mediante uma escolha livre e consciente. Nesta ótica seria possível valorizar a posição de Artur em não chamar a ambulância. Desta forma, ele ter-se-ia autoexposto ao risco das feridas motivarem uma lesão mais grave constituída pela amputação da perna. Mais uma vez, é necessário sublinhar como a teoria da imputação objetiva, embora sustentada com autoridade a nível doutrinal, não encontra espaço atualmente na jurisprudência portuguesa.

Não parece existir quaisquer causas de exclusão da culpabilidade.

(e) *Circunstâncias*

Em primeiro lugar, existe a circunstância agravante ex art. 590, co. 2, c.p. italiano porque a lesão é gravíssima ex art. 583, co. 2, n. 3, c.p. italiano, tendo comportado a perda de um membro. Tal apreciação parece absorver, numa lógica de subsidiariedade (segundo a qual a norma que sanciona um grau maior de ofensa absorve, também, o desvalor da norma que sanciona um grau menor de ofensa ao mesmo bem jurídico), a qualificação de lesões como grave ex art. art. 583, co. 2, n. 1, c.p. italiano, pela doença causada ter colocado em perigo a vida da pessoa ofendida. A perda de um membro parece previsível, vista a gravidade das lesões que, certamente, a Evita percebeu durante os oitos dias em que esteve a tentar curar o marido e lhe é, portanto, imputável ex art. 59, co. 2, c.p. italiano[250].

Além disso, pode também aplicar-se a circunstância agravante comum ex art. 61, n. 3, c.p. italiano, sendo plausível considerar, como sublinhado, que a Evita tenha representado a importância da ferida do marido e, portanto,

[250] Art.º 72.º, n.º 1, do CP português.

tenha agido apesar da previsão do evento (mesmo que, como dito, confiando erroneamente nas próprias capacidades de curar a ferida).

A sua finalidade de evitar graves repercussões na economia familiar, tendo dois filhos para sustentar, poderia, por outro lado, induzir o juiz a reconhecer em favor da mulher as atenuantes genéricas ex art. 62-bis c.p. italiano e, a considerá-las prevalentes ou equivalentes em respeito às agravantes contestadas, até mesmo em face do facto de que – no final – o próprio Artur se deixou persuadir para não ativar a emergência médica, compartilhando as preocupações da esposa.

(f) *Punibilidade*

Não existem causas de exclusão da punibilidade pois a aplicação da exclusão ex art. 131-bis c.p. italiano[251], conforme o próprio co. 2, impede a aplicabilidade quando da conduta derivam lesões gravíssimas, cujas consequências não são desejadas.

Conclusão

Verosimilmente, a Evita será considerada responsável pelo delito em epígrafe.

IV. Relações entre crimes

Portanto, o Artur será, verosimilmente, chamado a responder pelos delitos de tentativa de furto em habitação (ou de violação de domicílio agravada) e de violência sexual agravada. Os dois crimes são praticados por duas condutas distintas e colocam-se reciprocamente numa relação de *concurso material*. Poderia ser invocado o vínculo da *continuação* (art. 81, co. 2, c.p. italiano[252]), visto que ambos foram realizados durante a execução do mesmo desenho criminoso (circunstância, esta, que na *práxis* induz, frequentemente, o

[251] Art.º 50º do CP português como a norma mais próxima da respetiva norma italiana.

[252] Artº 30º do CP português.

juiz a reconhecer a continuação). Contudo, segundo a mais rigorosa linha interpretativa da jurisprudência de legitimidade, a continuação deveria ser excluída quando a determinação em realizar o segundo delito tenha surgido somente no decurso da execução do programa criminoso, sem ter sido objeto de uma programação antecipada, nem sequer genérica ou sumária[253].

[253] Neste sentido, v., por exemplo, Cass., Secções Unidas, 18 de maio de 2017, depositada 8 de junho de 2017, n. 28659, Gargiulo.

PARTE III

CASOS NÃO RESOLVIDOS

CASO N. I
CASAMENTO EM LAS VEGAS

O Roco, um empresário poderoso, e a companheira Verónica, uma jovem advogada especialista em divórcios, decidem – após um breve período de namoro – casar. Na véspera do grande evento, como de tradição, os amigos de Roco organizaram-lhe uma festa de despedida de solteiro, que inclui uma *weekend party* em Las Vegas com tudo incluído, para a qual partiram de imediato.

Num momento de euforia, o Roco deixa-se convencer pelos amigos e casa, por brincadeira, com a Nancy, uma *croupier* conhecida, na mesma noite em que vão ao casino. O casal apresenta-se ao altar da *Love Chapel*, na qual uma pessoa mascarada de Elvis Presley celebra o matrimónio do qual o Roco estava convencido ser falso.

Regressando a Portugal no dia seguinte, o Roco conta à sua noiva, em tom jocoso, o evento ocorrido, ainda firmemente convicto de que se tratava somente de uma praxe, privada de qualquer eficácia jurídica. Contudo, a Verónica, atendendo à sua experiência de advogada, entende logo que o casamento celebrado em Las Vegas é, na verdade, juridicamente vinculante e que, portanto, o Roco e a Nancy encontram-se casados para todos os efeitos. Não obstante, a Verónica decide não esclarecer o Roco do que sabia e concretiza o casamento combinado, visto que não estava disposta a renunciar à vida luxuosa que a esperaria com o casamento e, por outro lado, estava convencida que a americana desconhecida nunca tinha aparecido nas suas vidas.

Celebra-se, então, o casamento entre a Verónica e o Roco sem qualquer complicação. Após pouco tempo resulta da união matrimonial o nascimento de uma criança, o Piero, e a vida conjugal segue de modo sereno.

Contudo, num belo dia, a Nancy bate à porta de um dos apartamentos do Rocco e esposa, um luxuoso *loft* de dois andares no centro de Lisboa. De facto, a jovem americana tomou conhecimento do imenso património de Roco e decidiu dirigir-lhe as suas pretensões. A aparição de Nancy e as suas revelações deixam o Roco chocado, que ainda não consegue acreditar no vínculo àquela jovem americana por um casamento válido. Aliás, a própria Verónica confirma o anunciado por Nancy, confessando ter estado sempre ciente da eficácia daquele casamento.

Perdendo completamente a cabeça com a confissão, o Roco agride verbalmente a Verónica, acusando-a de ter casado somente por interesses económicos.

Diante a frieza e indiferença da esposa, o Roco, após um ataque de ira, apodera-se de uma faca pousada sobre a mesa da cozinha e golpeia-a, com toda a raiva que tem, na parte de trás do corpo de Verónica, que se encontra a poucos passos de Roco, enquanto grita: *Bruxa maldita, eu mato-te!* Por sorte, a lâmina direcionada ao pescoço da Verónica, atinge apenas o seu braço com o qual instintivamente se protegeu, causando-lhe somente uma ferida superficial.

O conflito passado foi tão grave ao ponto da Verónica pegar nas chaves do automóvel e sair de casa, ao mesmo tempo que diz ao marido: *vou passar a noite à casa da minha mãe e tu ficas a cuidar da criança.* Portanto, o Roco fica em casa com a Nancy, que assistiu a toda o conflito, e o pequeno Piero, de dois anos, estava a dormir no andar superior do *loft*.

Desta feita, o Roco e a Nancy começam a discutir em voz alta e enquanto estiveram envolvidos na discussão não deram conta do choro desesperado de Piero, que acordou com o forte ruído daquela discussão. De repente, os dois escutam um tombo proveniente da sala e, apressando-se até ao local, viram a criança caída no fundo das escadas. Após um momento inicial de pânico, o Roco e a Nancy dão conta que o Piero ainda respira e decidem não chamar a emergência médica, esperando que a criança recupere sozinha. Embora tendo ambos consciência da gravidade da caída, preferem não chamar uma ambulância, temendo que isso possa agravar ulteriormente as suas posições.

Contudo, após uma hora, a criança deixa de respirar por completo e o batimento cardíaco desaparece.

Avalie quais os perfis de responsabilidade penal imputáveis a Roco, à Verónica e à Nancy.

CASO N. II

AS CONSEQUÊNCIAS IMPREVISÍVEIS DE UMA VINGANÇA

O perigoso e malvado Tomás Tranqueiro planeou, com algum tempo antecedência, matar o Francisco Albuquerque, para vingar-se de uma elevada dívida não paga referente a droga.

Numa noite, munido de uma pistola, o Tomás vai até à zona do parque habitualmente frequentada por traficantes de droga e, após identificar o Francisco, dispara um tiro de pistola contra ele. A bala, contudo, raspa apenas o corpo de Francisco.

Ouvindo o disparo, o Francisco avança na direção de Tomás, o qual foge sabendo que aquele anda, geralmente, armado, ao mesmo tempo que se dá conta que a própria pistola está bloqueada.

O Tomás consegue alcançar o próprio automóvel, estacionado a poucos metros, e dá início à fuga. Mas, o Francisco, também enfurecido, consegue alcançar a própria moto e começa a perseguir Tomás.

Durante a fuga, o Tomás passa na circunvalação por três semáforos com a sinalética vermelha, e fê-lo a uma velocidade de, pelo menos, 120 km/h. Contudo, chegando ao quarto cruzamento em que o semáforo estava novamente com a sinalética vermelha, o Tomás atropela a incapacitada Camila, de oitenta e três anos, que estava a atravessar a rua. Após o choque, o automóvel de Tomás bate contra um lampião, sendo que graças ao *airbag* aquele saiu ileso.

De imediato, o Francisco chega até ao pé do automóvel incendiado e desce da própria moto com a pistola em punho. Dispara, então, três tiros em sequência rápida, que penetram no habitáculo do automóvel de Tomás, atingindo-o no abdómem. O Tomás, após ferido gravemente e correndo perigo de vida, é transportado ao hospital, tendo sido submetido pelos médicos a uma cirurgia delicada, que assegura a sua sobrevivência.

Ao mesmo tempo, a Camila também é conduzida ao hospital. A médica do serviço de urgência, a doutora Melissa Medido, dá-se conta, após ter visitado a Camila, que a paciente não corre perigo imediato de vida e que deveria ser somente submetida a uma operação para a redução da fratura do fémur agravada em consequência do atropelamento. Contudo, considerando a idade avançada da Camila, a solução preferível para a paciente passa por lhe garantir uma *morte doce* e poupar-lhe a mais sofrimento. Então, a médica Melissa ordena ao enfermeiro Pedro para administrar à Camila um *cocktail* letal de fármacos. O enfermeiro Pedro, sem se dar conta das intenções da médica Melissa e sem conhecer as potencialidades letais da mistura de fármacos prescrita, executa a instrução e aplica a injeção. A paciente falece poucos minutos após aquela administração de fármacos.

Avalie os perfis de responsabilidade penal imputáveis ao Tomás, ao Francisco, à médica Melissa e ao enfermeiro Pedro, sem levar em conta eventuais delitos em matéria de estupefacientes.

CASO N. III

SEPARAÇÃO UM POUCO DESAJEITADA

O Afio, o Bartolomeu e o filho Conrado, de 17 anos, decidem roubar uma joalharia conhecida no centro de Lisboa. No dia estabelecido, os três vão até ao local e, enquanto o Conrado permanece na parte exterior para a função de vigia, o Afio e o Bartolomeu entram na loja. O Bartolomeu, com uma faca, ameaça o Dante, proprietário da loja, e intima-o a ficar imóvel. Enquanto isso, o Afio, com um bastão, quebra as prateleiras de vidro existentes no interior da loja e começa a apoderar-se dos objetos preciosos que ali se encontram.

Após um momento de excitação, o Dante decide oferecer resistência aos seus agressores e extrai da gaveta abaixo do balcão da loja uma arma devidamente licenciada. O Afio, dando-se conta da reação súbita do joalheiro, retira, por sua vez, uma arma do bolso de sua casaca, que até aquele momento estava muito bem escondida, e, apontando a arma ao joalheiro, dispara três tiros que atingem mortalmente o homem.

Nesse momento, os três delinquentes fogem, tendo o Afio, escapado com as jóias a bordo de uma motocicleta e, o Bartolomeu e o filho Conrado desaparecido a pé pelas ruas do centro da cidade.

Nos dias seguintes, o Bartolomeu e o filho Conrado tentam em vão contatar o Afio para a distribuição das jóias e não conseguem encontrar o companheiro que, após o roubo, embarcou imediatamente no primeiro voo para a América Latina. O pai e filho decidem, então, se vingar, incendiando a coleção de motos clássicas que o Afio guardava num armazém, situado fora da cidade e em zona sem mais propriedades ao redor.

Na noite estabelecida para a execução, os dois vão até ao local e o Conrado, seguindo as instruções do pai, que espera no carro, introduz-se furtivamente no armazém não vigiado. Derramando o combustível ao longo de todo o perímetro do edifício, o jovem ateia o fogo. Contudo, devido a uma reação súbita no local, as chamas desenvolvem-se muito mais rapidamente do que previsto e acabam aprisionando o jovem e inexperiente Conrado.

Imediatamente transportado por ambulância, o Conrado apresenta queimaduras que o obrigam a repetidas cirurgias e a um longo internamento hospitalar (dois meses). Interrogado pela polícia, o jovem apresenta declarações plenamente confessórias, revelando inclusive os nomes dos cúmplices. Refere, também, que ele e o pai não sabiam que o facto iria ser cometido pelo Afio com o uso de uma pistola porque eles tinham previamente combinado usar somente armas brancas (faca e bastão).

Avalie os perfis de responsabilidade penal imputáveis ao Afio, Bartolomeu e Conrado.

CASO N. IV

QUANDO A SITUAÇÃO FOGE DO CONTROLE...

A Lívia, estudante de 17 anos inscrita no último ano do ensino secundário, começou a relacionar-se com o Ascânio, estudante universitário dois anos mais velho. Passado algum tempo, a Lívia descobre estar grávida e decide informar o Ascânio sobre o seu estado. No momento em que recebe a notícia, o jovem avisa imediatamente a Lívia que não está pronto para assumir uma responsabilidade progenitora e sugere à Lívia para proceder à interrupção da gravidez. Nesse contexto, o jovem informa a namorada que pretende interromper a relação que os vincula somente há poucos meses.

A Lívia, encontrando-se realmente muito apaixonada por Ascânio e tendo intenção de levar a cabo a gravidez, desabafa com a amiga Clélia e refere-lhe que quer tentar, de *todas as formas*, convencer o jovem a retomar a relação afetiva. A Clélia, ficando a saber dos detalhes mais íntimos da relação da Lívia, inclusive o facto de que o Ascânio tinha por hábito se fotografar sem roupas e em poses sedutoras, sugere à Lívia ameaçar o companheiro com a divulgação daquelas imagens aos seus amigos caso não retomasse a relação afetiva. Contudo, a recomendação da Clélia é limitada à mera ameaça do companheiro de Lívia, isto é, sem a difusão imediata das fotos a terceiros. A Clélia encontra-se inscrita no terceiro ano de direito e, conhecendo as responsabilidades penais atribuídas às pessoas que pretendem obter um aproveitamento ilícito de outrem, está consciente de que a difusão ilegal de imagens com conteúdo sexual explícito constitui um facto muito mais grave em comparação com a ameaça sem aquela divulgação.

No dia seguinte, a Lívia envia um *whatsapp* ao Ascânio, pedindo-lhe que pensasse apenas na criança que ambos geraram juntos. E implora ao Ascânio para retomar a relação afetiva, advertindo-o nos seguintes termos: *Eu conservei todas as fotos que tirei de ti e se tu não voltares para mim eu posso acabar contigo...*

Não recebendo qualquer resposta, a Lívia decide no dia seguinte – sem dizer nada à amiga Clélia – postar no *facebook* algumas fotografias em que o Ascânio aparece desnudado sobre a cama.

O jovem, chocado com o comportamento da *ex*-namorada e temendo que aquela pudesse difundir outras imagens que o retrate em poses ainda mais comprometedoras, decide encontrar-se com a Lívia para tentar resolver de vez todas as tensões existentes entre ambos. Os dois marcam, então, um encontro na casa onde a jovem vive com os pais. Mas, logo à entrada da casa a Lívia começa a insultar o Ascânio, dirigindo-lhe todo o tipo de palavrões. Ouvindo as palavras da jovem, o Ascânio fica irado e, após ter pegado a Lívia por um braço, dá-lhe um soco violento atingindo-a em plena face. A jovem, entontecida, perde o equilíbrio e escorrega fatidicamente pelas escadas.

Durante a queda, a Lívia bate várias vezes com a zona do abdómem, mas consegue levantar-se sozinha e entra de imediato em casa, ao mesmo tempo que fecha a porta na cara do *ex*-namorado. Mas, logo de seguida, a Lívia acusa uma forte dor no nariz e, após ir à casa-de-banho, dá-se conta de ter pequenas perdas de sangue, que com o passar do tempo se intensificam.

Pouco tempo depois, a Lívia regressa à casa da sua mãe, a Ernestina, que não sabia nada sobre a relação turbulenta da filha e da sua gravidez. Contudo, depois da Ernestina ficar a par do sucedido, limita-se a deitar a filha na cama e deixa passar mais algum tempo, embora a hemorragia prosseguiu de modo abundante e a Lívia não manifestou qualquer melhoria.

A Ernestina teme que, se a polícia fosse alertada, todos poderiam ter consequências pesadas *por culpa do comportamento irresponsável da filha*.

Somente quatro horas mais tarde, quando o pai de Lívia chega a casa e se dá conta do estado crítico em que a filha se encontra, é que a jovem foi levada finalmente ao hospital, ao qual chega em fim de vida. Após terem submetido imediatamente a Lívia a uma transfusão de sangue, os médicos foram obrigados a realizar uma cirurgia delicada durante a qual, além de removerem os restos do feto, retiraram o útero de Lívia, que tinha ficado comprometido de modo irreversível. Por sorte, no final daquelas intervenções, a jovem acaba por recuperar e, uma semana mais tarde, tem alta hospitalar.

Enquanto a Lívia esteve hospitalizada o corpo médico apercebeu-se do que ocorreu com a jovem, tendo avisado a autoridade judiciária. O inquérito realizado permite apurar, além dos factos já referidos, o seguinte:

1. o punho dado por Ascânio à Lívia causou-lhe uma fratura do septo nasal, sendo tais lesões consideradas curáveis em 30 dias;
2. o aborto foi uma consequência das múltiplas contusões provocadas na parede abdominal da jovem após a queda pelas escadas;

3. se a jovem tivesse sido tempestivamente hospitalizada, o mais provável teria sido não haver necessidade de submeter-se à transfusão de sangue e à remoção do útero;
4. a Lívia estava plenamente capaz de entender e querer no momento do facto, conforme apurado pelo diagnóstico psicológico à qual a menor foi submetida.

Avalie os perfis de responsabilidade penal imputáveis à Lívia, à Clélia, ao Ascânio e à Ernestina.

CASO N. V
UMA DÍVIDA DE DROGA E UM COBRADOR RABUGENTO

O traficante Hércules possui um crédito de aproximadamente 10 mil euros por ter vendido a Demétrio, um pequeno empresário e toxicodependente, algumas doses de droga. Até agora, todos os pedidos de pagamento que Hércules dirigiu àquele devedor foram em vão. O Demétrio continua a não pagar porque – diz – que está a atravessar uma situação económica difícil por causa da falência da sua atividade comercial.

Após alguns meses, Hércules decide pedir ajuda a Gustavo, um *cobrador* conhecido na marginalidade da área de Lisboa por ter sempre conseguido recuperar os créditos – seja por via de condutas pacíficas ou criminosas –, inclusive com os devedores mais obstinados, tendo há pouco tempo saído do estabelecimento prisional após ter cumprido pena pela consumação passada de um delito contra o património. O Hércules conta ao Gustavo a situação sucedida com Demétrio e encarrega-o da cobrança da dívida. Contudo, o Hércules, estando preocupado com as consequências que aquela cobrança poderia acarretar, inclusive para ele caso o Gustavo decidisse empregar violência física, recomenda ao *cobrador* que se limite a ameaçar verbalmente a vítima e, no máximo, efetuar algum gesto intimidatório porque, certamente, o Demétrio iria convencer-se a pagar a dívida após ser confrontado por uma pessoa com aquela fama criminosa.

Na manhã seguinte, o *cobrador* vai até à habitação de Demétrio, que vive num velho casebre, em campo aberto – na zona de plantações de arroz no vale do rio Tejo – e isolado, dado que se encontra a muitos metros de distância do centro habitado e de outras propriedades. Após ter tocado à campainha, o Gustavo espera, na parte de fora do portão, que o Demétrio apareça para abrir a porta. Assim, que o Demétrio aparece, o Gustavo dirige-se a ele de forma ameaçadora e gritando: *Estou aqui para recuperar o dinheiro que tu deves a Hércules*. Em seguida, mostrando a pistola que tem escondida dentro da casaca, o Hércules verbaliza ainda: *dou-te uma hora, em seguida, mato-te!*

Após uma hora, o Gustavo toca novamente à campainha, mas não obtém qualquer resposta. Desta vez, o Demétrio, que tinha visto o Gustavo a aproximar-se do portão, não abre a porta e tranca-se em casa. O Gustavo decide, então, recorrer a um gesto intimidatório. Após ter esperado, escondido atrás de um arbusto, que o Demétrio e a esposa saíssem de casa, o Gustavo espalha uma garrafa inteira de gasolina ao longo do perímetro do casebre e ateia o fogo. Em poucos instantes, desenvolve-se um incêndio que queima uma parte da habitação e alguns metros quadrados do campo envolvente, mas sem que a vida de alguém seja colocada em perigo. As chamas são dominadas pelos bombeiros chamados por Demétrio, que, de longe, viu uma coluna de fumo a levantar-se por cima da sua habitação.

Ainda que o Demétrio tenha recebido aquela intimidação, não chega a pagar a dívida. O Gustavo decide, então, recorrer a técnicas mais dissuasoras. Assim, sem consultar Hércules, elabora um plano para raptar a Ariana, esposa de Demétrio, e chantagear o marido para o pagamento da dívida. Para o efeito, alguns dias mais tarde, o Gustavo esconde-se ao longo da única rua que a Ariana percorre para regressar a casa e, assim que a vê sozinha, aproxima-se da mulher, agride-a e, após imobilizar as suas mãos e pés com uma fita de plástico, conduz aquela para um porão num edifício situado na periferia de Lisboa, que o Gustavo preparou como esconderijo. Logo em seguida, contata o Demétrio e ameaça-o com a possibilidade de matar a sua esposa aprisionada, caso Demétrio não pague a dívida (10 mil euros pela venda feita por Hércules e mais 2 mil euros pelo incómodo causado), tendo ressalvado que aquele não podia divulgar o sucedido a ninguém, caso contrário mataria a Ariana.

Aterrorizado e temendo pela integridade da própria esposa, o Demétrio reúne todo o dinheiro vivo em sua posse, que corresponde aproximadamente a 7 mil euros. Para o montante em falta, o Demétrio, não tendo dinheiro em conta bancária, decide pedir ajuda aos seus progenitores. Deslocando-se até à casa daqueles, o Demétrio implora ao pai para lhe emprestar 5 mil euros, mas sem contar nada sobre o sequestro da esposa, temendo as possíveis repercussões faladas pelo sequestrador. O pai, exasperado pelos vários pedidos de dinheiro do filho e convencido de que se trata do enésimo pedido para comprar drogas, recusa emprestar-lhe até mesmo um centavo. O Demétrio entra em pânico, mas conhecendo o segredo do cofre que se encontra no quarto, aproveita um momento de distração do pai para tirar do cofre todo o dinheiro ali guardado. Em seguida, pega no próprio automóvel para ir entregar o dinheiro e salvar a sua esposa.

Contudo, ao mesmo tempo no esconderijo a Ariana conseguiu-se libertar das fitas de plástico que a imobilizavam e, apoderando-se da pistola que o seu sequestrador tinha, ingenuamente, deixado em cima da cadeira, dispara três tiros atingindo o Gustavo no tórax, que assim cai desmaiado no chão. A mulher chama, imediatamente, a polícia que chega rapidamente ao local. Transportado para o hospital em perigo de vida, o Gustavo é submetido a uma cirurgia delicada, tendo no final se salvado.

Avalie os perfis de responsabilidade penal imputáveis ao Hércules, ao Gustavo, ao Demétrio e à Ariana, sem levar em consideração eventuais delitos relacionados com os estupefacientes.

CASO N. VI

TUDO POR UMAS MALDITAS FÉRIAS

O Ambrósio, estudante universitário com 25 anos após sucessivas reprovações, quer organizar umas férias com os seus amigos em Miami, mas está sem dinheiro. Os progenitores, exaustos pelo enésimo pedido do filho, recusam-lhe emprestar mais dinheiro até que conclua os estudos. Assim, o próprio Ambrósio decide obter o dinheiro e ocorre-lhe organizar um roubo à joalharia da qual os progenitores são proprietários.

O Ambrósio, sabendo que o seu pai (César) possui uma pistola devidamente licenciada, decide cometer o roubo no fim da tarde, logo após o fecho da loja e quando apenas se encontra no estabelecimento a mãe (Diana). Após se ter coberto com um passa-montanhas e conseguido uma arma de brinquedo, o jovem introduz-se na loja pela porta de acesso secundário, que tem ligação à área interna do condomínio. Para chegar até essa porta de serviço, o Ambrósio força o portão de acesso ao condomínio, do qual não possui as chaves. Chegando ao interior da loja, o jovem dá-se conta de que, ao contrário do que é habitual, naquela tarde apenas se encontra o pai na joalharia porque a mãe tinha um compromisso com as amigas para um jogo de cartas. Antes que o progenitor se dê conta de sua presença, o Ambrósio decide ir embora pela mesma porta pela qual entrou, convencido de que o roubo iria ser bem-sucedido no dia seguinte somente com a presença da mãe.

Temendo não conseguir realizar o seu plano sozinho, o Ambrósio decide, então, pedir ajuda ao seu amigo Bernardo, do qual conhece o seu passado criminoso. Três anos antes, o Bernardo foi condenado, de modo definitivo, a três anos por um crime contra o património. Expondo ao amigo os detalhes do golpe, o Ambrósio revela a Bernardo que o pai possui uma pistola, mas assegura que no fim da tarde apenas se encontra na loja a mãe e que esta não irá oferecer qualquer resistência. Portanto, tudo indica que se deveria tratar de um roubo de execução *fácil*. Embora o Ambrósio tivesse recomendado o uso somente de armas de brinquedo, o Bernardo decide se munir de uma pistola verdadeira.

No dia seguinte, o Ambrósio e o Bernardo vão até à joalharia, deslocando-se cada um na própria moto. Após terem verificado pela vitrine que, dentro da loja, se encontrava somente a Diana (mãe de Ambrósio), os dois decidem passar à ação.

Enquanto o Ambrósio permanece na parte exterior para a função de vigia, o Bernardo entra na loja, com a face coberta por um passa-montanhas preto, gritando: *Fiquem todos parados, isto é um roubo!* Então, dirigindo-se à mulher intima-a a encher um saco com o conteúdo da caixa registadora. Contudo, naquele momento aparece o César (o pai de Ambrósio) pela parte traseira da loja. O Bernardo, sem pensar duas vezes, pega na pistola e dispara um tiro contra o homem, para atingi-lo na zona do peito. Mas, o jovem, não tendo qualquer experiência no uso de armas, acaba por atingir a pobre Diana ao invés de César, que, após ter enchido o saco com todo os valores resultantes das vendas do dia, tinha permanecido imóvel ao lado do marido. A pobrezinha cai no chão.

Entretanto, o Bernardo pega no saco com o dinheiro e sai correndo da joalharia, gritando ao amigo para começar a fugir. Ambos sobem para as respetivas motos, mas enquanto o Bernardo consegue escapar imediatamente, o Ambrósio não consegue colocar a sua em funcionamento.

Nesse meio tempo, o César, chocado pelo ocorrido, pega na pistola (para a qual tem licença de porte), que se encontrava no balcão da sua joalharia, e sai da loja gritando: *Maldito, devolva-me o dinheiro ou mato-te!* Vendo na praça um homem com a face coberta e montado na moto, e certo de que se trata do criminoso que acabou de roubar a joalharia e disparar contra a Diana, o César dispara dois tiros contra aquele. Uma das duas balas atinge as costas do jovem, que cai ao chão. Somente naquele momento o César reconhece a moto do filho Ambrósio e dá-se conta de ter atirado contra o próprio filho. De imediato, o César chama a emergência médica.

Enquanto isso, o automóvel de patrulha da polícia, que se encontrava casualmente a poucos metros da joalharia e apanhou o Bernardo, com a face coberta, a montar a moto e a circular a mais de 80 km/h numa rua urbana, iniciou a marcha de perseguição. Coagido pela polícia, a fuga do jovem terminou com um embate violento contra um ciclista, que estava a atravessar a rua. Após o choque, a moto de Bernardo sai deslizando e bate contra a calçada. O Bernardo permanece miraculosamente ileso, enquanto o ciclista azarado (o Hector) cai estrondosamente ao chão, queixando-se da fratura do fémur e uma profunda ferida na coxa.

O Bernardo é preso pela polícia, enquanto o Hector, que perde copiosamente sangue da ferida, é transportado imediatamente para o hospital.

O médico em serviço na ambulância comunica ao paciente que é necessário realizar, urgentemente, uma transfusão de sangue e uma operação para reduzir a fratura do fémur. Contudo, o homem recusa, de modo absoluto, a submeter-se a uma transfusão de sangue e à cirurgia (que, também, iria requerer uma transfusão sanguínea), considerando tal prática contrária aos seus deveres religiosos de Testemunha de Jeová.

Consequentemente, o quadro clínico de Hector agrava-se e, dentro de poucas horas, o paciente morre. O médico legal apura que a transfusão de sangue teria, certamente, salvado a vida do paciente e que a fratura teria se resolvido ao fim, aproximadamente, de 45 dias.

Na mesma ambulância encontrava-se a Diana, que, porém, já chegou sem vida ao hospital, e o Ambrósio, que foi submetido a uma cirurgia complexa para remoção da bala, tendo sido bem-sucedida e conseguiu salvar-se.

Avalie os perfis de responsabilidade penal imputáveis ao Ambrósio, ao Bernardo e ao César.

CASO N. VII
NÃO É AMOR SE FAZ MAL

Durante uma noite e num local público de Lisboa, o Alfredo, aluno do primeiro ano da universidade e com 19 anos, conhece a Violeta, com 13 anos, que, tendo entrado um ano mais cedo para o ensino primário, já se encontrava no primeiro ano do liceu. Após terem bebido e dançado juntos por uma boa parte da noite, trocando inclusive alguns beijos, o casal decide se fechar na casa-de-banho. Por precaução, a Branca, uma amiga da mesma idade de Violeta, fica à porta da casa-de-banho para controlar que ninguém entra, enquanto os dois consumam uma relação sexual completa.

Na manhã seguinte, a Violeta, arrependida pelo ocorrido, liga para o telemóvel de Alfredo e comunica-lhe não estar pronta para iniciar uma relação com um jovem muito mais velho do que ela, antecipando assim as previsíveis reações de repulsa dos pais. O Alfredo, tomando somente naquele momento conhecimento da real idade de Violeta e, enganado pela circunstância de Violeta já estar a frequentar o liceu e pelo aspeto físico daquela demonstrar ter pelo menos 15 anos, confessa estar realmente apaixonado por Violeta e insiste para que aquela mude de ideias.

Nos dias imediatamente sucessivos, o Alfredo envia numerosas mensagens por *whatsapp* à Violeta, escrevendo-lhe – por mais de uma vez – para pensar somente na noite que ambos passaram juntos e pedindo um novo encontro. Não obtendo qualquer resposta, o Alfredo aparece à frente da escola e da habitação de Violeta, começando a importuná-la e a segui-la com uma insistência irritante. A jovem, embora preocupada, recusa todas as *investidas* e dirige-lhe palavras ofensivas.

Alguns dias mais tarde e diante da enésima rejeição, o Alfredo regista no próprio *smartphone* uma mensagem áudio e envia à Violeta, na qual lhe transmite: *Aguardo-te amanhã à tarde fora da escola. Se tu não apareceres, vais pagar!* A jovem, aterrorizada por esta reação e temendo que o Alfredo possa realmente se tornar violento, decide não sair mais de casa sozinha e pede aos progenitores para acompanhá-la no trajeto casa-escola. Decide, inclusive, mudar o número de telemóvel, esperando conseguir interromper deste modo qualquer comunicação com o Alfredo.

Dando-se conta de ter poucas chances de conquistar a Violeta, o Alfredo fica enfurecido e decide se vingar, ferindo a face daquela com ácido. No dia seguinte, o Alfredo, após ter conseguido um frasco de líquido corrosivo, esconde-se atrás de um carro estacionado, na rua que normalmente a Violeta percorre para ir em direção a casa. Assim que vê a Violeta se aproximar, o Alfredo sai do esconderijo e, com toda a raiva que tem no corpo, começa a agitar o frasco na tentativa de jogar o conteúdo em Violeta. Contudo, o ácido não atinge a face de Violeta, mas o seu pai (Valério), que caminhava ao lado de Violeta e que, dando-se conta da agressão, cobriu instintivamente o corpo da filha para protegê-la.

O Alfredo foge imediatamente, embora consciente de não ter conseguido atingir a vítima designada, enquanto o Valério cai ao chão com dores causadas pela queimadura. Um peão que assistiu inteiramente à cena passada, chama a emergência médica, que chega dentro de poucos minutos. O médico presente na ambulância constata que o Valério sofreu queimaduras em sua face, com prováveis cicatrizes. No trajeto em direção ao hospital, a ambulância, que transportava de urgência o Valério, sofre uma violenta colisão causada por um SUV conduzido pela senhora Flora, a qual além de não ter concedido a prioridade ao transporte de socorro com a sirene e as luzes lampejantes acionados, também passou o cruzamento com o semáforo vermelho, circulando a uma velocidade de pelo menos 80 km/h numa zona urbana com um limite de velocidade de 30 km/h.

No impacto, o Valério morre imediatamente, enquanto o enfermeiro que estava ao seu lado tem uma fratura da anca, considerada curável em 45 dias.

Avalie os perfis de responsabilidade penal imputáveis ao Alfredo, à Branca e à senhora Flora.

APÊNDICE
ARGUMENTOS DA PARTE GERAL RELEVANTES PARA A ANÁLISE DOS CASOS

CASOS RESOLVIDOS

Caso n. 1
Nexo causal – Dolo eventual – Culpa consciente

Caso n. 2
Nexo causal e concausas – Dolo eventual e culpa consciente – Culpa genérica e culpa específica – Nexo entre culpa e evento

Caso n. 3
Aberratio ictus – *Error in persona* – *Dolus generalis* – Legítima defesa – Legítima defesa putativa – Crime putativo – Atenuante da provocação

Caso n. 4
Tentativa de crime – Desistência voluntária – Tentativa e circunstâncias de crime – Legítima defesa – Excesso de legítima defesa – Crime continuado

Caso n. 5
Dolo eventual e culpa consciente – Preterintenção – Responsabilidade objetiva e princípio constitucional da culpabilidade – Concurso de pessoas no crime – Concurso anómalo *ex* art. 116 c.p. italiano – Legítima defesa – Reincidência – Concurso formal

Caso n. 6
Concurso de pessoas no crime – Concurso anómalo *ex* art. 116 c.p. italiano – Responsabilidade objetiva e princípio constitucional da culpabilidade – Causas desculpantes e suas possíveis aplicações analógicas – Comunicação das circunstâncias aos concorrentes – Concurso aparente de normas – Concurso material, concurso formal e crime continuado

Caso n. 7

Nexo causal e concausas – Dolo eventual e culpa consciente – Crime omissivo impróprio – Tentativa de crime – Idoneidade dos atos e crime impossível – Concurso de pessoas no crime – Concurso anómalo *ex* art. 116 c.p. italiano – Responsabilidade objetiva e princípio constitucional da culpabilidade – Tentativa e circunstâncias de crime – Imputação subjetiva das circunstâncias e *error aetatis* – Crime continuado

CASOS NÃO RESOLVIDOS

Caso n. I

Dolo eventual e culpa consciente – Erro de direito sobre o facto – Crime omissivo próprio e crime omissivo impróprio – Tentativa de crime – Atenuante da provocação

Caso n. II

Nexo causal e concausas – Dolo eventual e culpa consciente – Erro sobre o facto – Nexos entre culpa e evento – Tentativa de delito – Autoria mediata – Legítima defesa – Atenuante da provocação

Caso n. III

Nexo causal e concausas – Crime de perigo abstrato e princípio da ofensividade – Concurso de pessoas no crime – Concurso anómalo *ex* art. 116 c.p. italiano – Responsabilidade objetiva e princípio constitucional da culpabilidade – Legítima defesa – Concurso material, concurso formal e crime continuado

Caso n. IV

Dolo eventual e culpa consciente – Preterintenção – Responsabilidade objetiva e princípio constitucional da culpabilidade – Crime omissivo improprio – Concurso de pessoas no crime – Concurso anómalo *ex* art. 116 c.p. italiano – Imputação subjetiva das circunstâncias – Atenuante da provocação – Concurso material, concurso formal e crime continuado

Caso n. V

Crime permanente – Crime de perigo abstrato e princípio constitucional da culpabilidade – Tentativa de delito – Concurso de pessoas no crime

– Concurso anómalo *ex* art. 116 c.p. italiano – Responsabilidade objetiva e princípio constitucional da culpabilidade – Legítima defesa – Estado de necessidade – Reincidência – Concurso material, concurso formal e crime continuado – Concurso aparente de normas

Caso n. VI

Nexo causal e concausas – Dolo eventual e culpa consciente – Nexo entre culpa e evento – *Aberratio ictus* – *Error in persona* – Tentativa de delito – Desistência voluntária – Concurso de pessoas no crime – Concurso anómalo *ex* art. 116 c.p. italiano – Responsabilidade objetiva e princípio constitucional da culpabilidade – Legitima defesa – Reincidência – Concurso material, concurso formal e crime continuado

Caso n. VII

Nexo causal e concausas – Crime habitual – *Aberratio ictus* – *Error aetatis* – Culpa genérica e culpa específica – Nexo entre culpa e evento – Preterintenção – Responsabilidade objetiva e princípio constitucional da culpabilidade – Imputabilidade

NOTAS